国际时尚设计丛书·服装

改变历史的12位女设计师

[法]贝特朗·梅耶·斯塔布莱　著

孙丽　译

中国纺织出版社有限公司

原文书名：12 couturières qui ont changé l'histoire
原作者名：Bertrand MEYER-STABLEY

著作权合同登记号：图字：01-2020-0556

图书在版编目（CIP）数据

改变历史的12位女设计师 /（法）贝特朗·梅耶·斯塔布莱著；孙丽译. -- 北京：中国纺织出版社有限公司，2020.7

（国际时尚设计丛书. 服装）

ISBN 978-7-5180-7494-5

Ⅰ. ①改… Ⅱ. ①贝… ②孙 Ⅲ. ①服装设计—设计师—生平事迹—世界 Ⅳ. ① K815.72

中国版本图书馆 CIP 数据核字（2020）第 096155 号

责任编辑：朱冠霖　　责任校对：王花妮　　责任印制：何　建

中国纺织出版社有限公司出版发行
地址：北京市朝阳区百子湾东里A407号楼　邮政编码：100124
销售电话：010—67004422　传真：010—87155801
http：//www.c-textilep.com
中国纺织出版社天猫旗舰店
官方微博 http：//weibo.com/2119887771
北京华联印刷有限责任公司印刷　各地新华书店经销
2020年7月第1版第1次印刷
开本：880 × 1230　1/32　印张：10
字数：268千字　定价：68.00元

译者序

本书作者贝特朗·梅耶·斯塔布莱先生曾长期担任克洛德·蓬皮杜基金会的新闻专员、《ELLE》杂志的记者，是法国著名记者和传记作家。他至今已出版名人传记近五十本，涉猎的范围包括伊丽莎白女王二世、戴安娜王妃、摩纳哥王室、约翰·肯尼迪等王室和政要，英格丽·褒曼、玛丽莲·梦露、奥黛丽·赫本等欧美明星，玛丽·罗兰珊、达利、埃尔顿·约翰等艺术家，香奈儿、迪奥、圣洛朗等时尚大师。

在本书中，作者从众多服装设计师中精挑细选了十二位杰出女性，为我们讲述了十二个精彩的人生故事。从把玛丽·安托瓦内特引上奢靡之路的罗丝·贝尔坦，到为温莎公爵夫人打造高雅气质的艾尔莎·斯基亚帕雷利；从创立高级定制时装公司的第一位女性设计师让娜·帕坎，到将陷入困境的家族企业带上国际时尚舞台的缪西娅·普拉达；从被称为高级时装界建筑师的斜裁大师马德莱娜·维奥内，到被誉为布料雕塑家的褶皱女王格雷夫人；从特立独行、风格永存的可可·香奈儿，到激进叛逆、关注环保的薇薇安·韦斯特伍德；从伴随着女儿的成长一路开拓时尚事业的让娜·朗万，到为了给个子矮小的自己设计服装而走上设计师道路的卡尔旺；从与儿子相辅相成、强强联手的妮娜·里奇，到与女儿相爱相杀、关系微妙的索尼娅·里基尔。她们是女儿也是母亲，是手艺人也是领导者；她们有的出身贫寒，有的生来富贵；有的性格温婉，有的脾气暴躁；有的爱情美满，有的孤独终老；有的谨小慎微、步步为营，有的大刀阔斧、披荆斩棘；她们在事业上都达到了常人无法企及的高度，但是她们也都尝尽了人生百态和悲欢离合。作者笔下呈现的不仅是十二位女设计师、十二个品牌，更是十二个性格迥异、鲜活饱满的女人。

读完这本书，您可以了解到这十二位女性，如何白手起家，成就了自己的事业，如何通过“做衣服”改变了历史。如果您想了解那些被奉为经典的时尚单品的创作理念，如果您想要探究时尚光鲜表面背后的秘辛八卦，在这本书里，您都能找到答案。如果您想成为一名有建树的设计师，如果您恰巧也在艰苦创业，如果您对自己的人生感到迷茫，那么这本书也许还能为您带来一些灵感和力量。

在《改变历史》系列丛书中，本书作者还写了两本，一本是以男性设计师为主题的《改变历史的12位时尚教父》，另一本是以艺术家的灵感缪斯为主题的《改变历史的12位缪斯》，看起来也都挺有意思。

最后要说的是，本人虽然在艺术设计领域做了多年口译和笔译工作，但是出版译著还是第一回。翻译中或有不当之处，欢迎指正。

感谢家人和朋友们在这段时间给我的支持和帮助。

孙丽
2020年4月
于苏州

前　言

20世纪初，“女性服装大师”脱颖而出。这些在高级定制时装业成为领军人物的女性打破了行业的传统和禁忌。在很长一段时间里，时装大师都是男性，而女性只是小裁缝。的确，罗丝·贝尔坦（Rose Bertin）在成为玛丽·安托瓦内特（Marie-Antoinette）的服装供应商之后，迅速成为整个欧洲宫廷的红人。虽然我们称她为时装商，但是她已经初步显现了时装设计大师的形象。她把自己的作品提高到了国际化水平。在1791年行业公会被取消后，得益于制宪议会和帝国政权先后建立的新机构，时尚贸易得以多元化发展，从而迎来新的飞跃。借此东风，1830年的帕尔米尔（Palmyre）夫人，路易·菲利普一世[1]时期的博德朗（Baudrant）夫人，福韦尔（Fauvert）小姐都树立了自己的权威。但是在法兰西第二帝国时期，查尔斯·弗雷德里克·沃斯（Charles Frederick Worth）在很长一段时间里巩固了男性在时尚帝国的垄断地位。他在和平街7号建立了自己的公司，成立了第一家真正意义上的高级定制时尚屋。他一次又一次地展现他的天赋。

从1858年他称霸时装界开始，到1925年的马塞尔·罗莎（Marcel Rochas）为止，期间涌现了一大批男性服装大师，比如雅克·杜塞（Jacques Doucet）、古斯塔夫·贝尔（Gustave Beer）、约翰·雷

❶ Louis-Philippe，1773年10月6日 ~ 1850年8月26日，远祖为路易十三。1830年七月革命后，被资产阶级自由派等拥上王位，法国奥尔良王朝唯一的君主。1848年二月革命中，在无产阶级和中产阶级起义的压力下于2月24日逊位，后逃往英国。隐居和老死于英格兰的萨里。——译者注

德芬（John Redfern）、乔治·德耶（Georges Doeuillet）、保罗·普瓦雷（Paul Poiret）、马夏尔与阿尔芒（Martial et Armand）、贝肖夫·大卫（Beschoff-David）、普雷梅（Prémet）、让·帕图（Jean Patou）、吕西安·勒隆（Lucien Lelong）、爱德华·莫利纽克斯（Edward Molyneux）、罗伯特·皮盖（Robert Piguet）等，男性统治了女性服装世界。然而，女性时装设计师即将形成一股浪潮，她们拥有高超的技术，追求精致的工艺，掌握剪刀和针线的运用技巧，她们将用自身的这些优势，掀翻这座男性堡垒。通过这个行业的独木桥，她们接触到了艺术，将令人无法抗拒的魅力注入了她们的时装。

一大批女性设计师品牌如雨后春笋般涌现，拉费里埃（Lafférière，1869）、让娜·朗万（Jeanne Lanvin，1886）、让娜·帕坎（Jeanne Paquin，1891）、露西尔（Lucille，1894）、卡洛姐妹（les sœurs Callot，1896）、玛德莱娜·谢吕（Madeleine Chéruit，1906）、杰妮（Jenny，1909）、玛德莱娜·邦加尔（Madeleine Bongard，1911）、妮可·格鲁（Nicole Groult，1912）、玛德莱娜·维奥内（Madeleine Vionnet，1912）、可可·香奈儿（Coco Chanel，1915）、路易丝·布朗热（Louise Boulanger，1922）、奥古斯塔·贝尔纳（Augusta Bernard，1923）、苏珊·塔尔博（Suzanne Talbot，1924）、布吕耶尔（Bruyère，1926）、玛塞勒·多尔穆瓦（Marcelle Dormoy，1927）、艾尔莎·斯基亚帕雷利（Elsa Schiaparelli，1928）、玛德莱娜·德劳克（Madeleine de Rauch，1928）、梅吉·罗夫（Maggy Rouff，1929）、露西尔·帕雷（Lucile Paray，1930）、丽娜蕙姿（Nina Ricci，1932）、格雷夫人（Madame Grès，1934）、卡尔旺（Carven，1945），这些女性设计师的作品更好地诠释了女性美，也给人带来了新的设计灵感。她们力求完美呈现独特的想法、超前的理念和卓越的艺术感，从而成功缔造了承载梦想而将手工艺和商业完美融合的世界。这些书写了高级定制时装历史的女设计师用她们的名字织成了一条勋带，让全世界的设计师望而生畏。

在这些时尚女先锋之后，出现了索妮娅·里基尔（Sonia

Rykiel)、薇薇安·韦斯特伍德（Vivienne Westwood）、缪西亚·普拉达（Miuccia Prada）这些现代品牌。作为服装设计师，她们都是时尚界的女皇，塑造的风格形象深入人心。她们都是款式和色彩的创造者，无论是紧身上衣的完美裁剪、裙子褶裥的巧妙起伏、衣袖的精湛设计，还是服装中展现的艺术家的印记，都让人心生欢喜，也让她们的创作从昙花一现的时尚变成了历久弥新的经典。她们可以连续站几个小时，全情投入一件礼服的制作，修剪、撕破、扯掉、重新裹上面料，调整每个细节，用剪刀在服装上反复推敲，只为了能达到完美的效果。昨日女裁缝的自由在当今女设计师这里得以无限延伸。

确实，在这本书里，我们因为这样或者那样的原因略过了一些人。有的确实有些可惜和无奈，比如梅吉·罗夫（Maggy Rouff）；有些因为成就单一，比如玛丽·奎恩特（Mary Quant）和她昙花一现的迷你裙浪潮，劳拉·阿什利（Laura Ashley）和她的印花；有些太过于活在她们哥哥的阴影下，比如罗丝·杜兰朵（Rose Torrente）和多纳泰拉·范思哲（Donatella Versace）。但是我们为十二位充满天赋的标志性女设计师铺上了象征荣誉的红地毯。她们每个人都用自己的方式找到了自己的方向，并且勇敢面对命运的捉弄。她们是英勇善战的时尚偶像，她们给人们塑造了形象，注入了热情，定义了服装准则，美化了服装廓型，她们无视那些关于服装的悲观预测，用蕾丝赢得了所有战争。创造时尚的女裁缝的故事，是由一连串接踵而至的戏剧化的事件和激烈竞争构成的，热情和创意有时夹杂着阴谋诡计或者起立喝彩。高级定制礼服永远都带着一种优雅，这种优雅来自创作它时倾注的专心和天赋，也来自缝制它的工匠们的手艺。

她们是如何攀上事业巅峰的，一路走来又经历了什么？她们标志性的款式、技术和灵感源是哪些？这本书就是要潜入这些载入时装史的、由女性主导的高级定制时装屋和成衣公司，多方位剖析这些散发着精致芬芳的传奇人物，这些精明实干、杀伐果决的女性，这些历经磨难越发坚强的鲜活传奇。在这里，载入史册或是昙花一现只在一念之间，满腹珠玑和浅薄的无聊不分伯仲，抛头露面和妖媚惑众的欲望旗鼓相当，它们共同构成了一幅包含各种品味和流行趋势的拼图。

贝特朗·梅耶·斯塔布莱

作者的其他作品

画册

《纳达尔》[1]，Encre
《希拉克家庭影集》，Éditions de l’Archipel
《玛丽莲·梦露：镜子的另一面》，Tim é e Éditions

传记

《格蕾丝》，Librairie Acad é mique Perrin
《白金汉宫的故事》，Librairie Acad é mique Perrin
《爱丽舍宫的女主人们》，Librairie Acad é mique Perrin
《摩纳哥王室》，Plon
《白金汉宫的日常生活》，Hachette
《查尔斯王子肖像》，Hachette
《西班牙国王胡安·卡洛斯》，Hachette（获得三冠奖[2]）
《玛格丽特公主》，Librairie Acad é mique Perrin
《摩纳哥的卡罗琳公主》，Librairie Acad é mique Perrin
《埃德温娜·蒙巴顿》，Bartillat
《真实的杰奎琳·肯尼迪》，Pygmalion
《贝尔纳黛特·希拉克》，Librairie Acad é mique Perrin

[1] 本名加斯帕德·费利克斯·图尔纳雄（Gaspard-Félix Tournachon，1820 年 4 月 6 日 ~ 1910 年 3 月 23 日）是法国早期摄影家、漫画家、记者、小说家和热气球驾驶者。纳达尔利用摄影术为 19 世纪的许多名人留下肖像而著名。——译者注

[2] 由两位省长和作家皮埃尔·达盖尔（Pierre Daguerre）、加布里埃尔·德洛内（Gabriel Delaunay）于 1958 年在法国巴斯克地区创立的一个文学奖项。——译者注

《真实的摩纳哥王妃格蕾丝》，Pygmalion
《真实的奥黛丽·赫本》，Pygmalion
《真实的英国公主玛格丽特》，Pygmalion
《真实的梅莲娜·梅尔库里》，Pygmalion
《真实的温莎公爵夫人》，Pygmalion
《真实的英格丽·褒曼》，Pygmalion
《真实的索拉娅公主》，Pygmalion
《纽瑞耶夫[1]》，Payot
《真实的索菲亚·罗兰》，Pygmalion
《真实的玛丽莲·梦露》，Pygmalion
《真实的伊丽莎白·泰勒》，Pygmalion
《胡安·卡洛斯和索菲亚》，Payot
《真实的葛丽泰·嘉宝》，Pygmalion
《詹姆斯·迪恩》，Payot
《约翰约翰，小约翰·肯尼迪传奇》，Pygmalion
《真实的加拉·达利》，Pygmalion
《埃尔顿·约翰爵士》，Payot
《真实的戴安娜》，Pygmalion
《真实的玛丽亚·卡拉斯》，Pygmalion
《第一夫人》，é ditions Bartillat
《桀骜不驯的皇后：茜茜》，Pygmalion
《真实的艾娃·加德纳》，Pygmalion
《科克托与马雷，了不起的情人》，Pygmalion
《托尔斯泰伯爵夫人》，Payot
《奥娜·卓别林》，Pygmalion
《玛丽·罗兰珊》，Pygmalion
《陛下》，Pygmalion

[1] 鲁道夫·哈米耶托维奇·纽瑞耶夫（Rudolf Hametovich Nureyev，1938年3月17日 ~ 1993年1月6日），生于西伯利亚，苏联芭蕾舞演员，促进了芭蕾舞的流行和推广，并重新确立了男演员在芭蕾舞剧中的重要地位。——译者注

目　录

罗丝·贝尔坦
（Rose Bertin）

出身贫寒的小姑娘罗丝·贝尔坦在1762年离开了家乡皮卡第（Picardie）来到巴黎工作。凭借着出色的天赋和讨喜的性格，她大受欢迎，并且很快就自立门户，开创了自己的品牌："莫卧尔王国（Le Grand Mogol）"。她既是女装裁缝又是帽饰工匠，又"多了点儿什么"。何止多了一点点。到路易十五统治末期，这位年轻的姑娘将走上通往凡尔赛的康庄大道，她的生命也将因为一段意想不到的灿烂的皇室友谊而大放异彩。因为，玛丽·安托瓦内特即将找到她的"时尚大臣"——罗丝·贝尔坦。她的出现动摇了旧的服装制度，用更加轻柔、流畅、舒适的服装款式取代笨重的鲸骨撑架裙，开发帽子、头饰、手套等配饰，她所打造的全新服装系列将展现出多变和创新的魅力。从那时起，罗丝成为整个欧洲宫廷炙手可热的服装设计师。"贝尔坦（La Bertin）"也成为第一个把名字当作品牌的法国服装大师。在她之前也有过其他知名服装商，但要说时尚明星，她确实是第一人。她就像是一个时尚炼金士，往炼丹炉里抛了点引子，经过几个世纪的锤炼，成就了今天的巴黎高级定制时装。在命运的安排下，玛丽·安托瓦内特和她的服装商在凡尔赛相识，此后两人一路并肩前行，直到1793年10月，在革命广场上阴阳两隔[1]。

---

[1] 1793年10月16日约11时，玛丽·安托瓦内特在革命广场（即协和广场）被公开执行死刑。——译者注

罗丝·贝尔坦在20年后的1813年离世，她的一生成就了一个色彩绚烂、跌宕起伏的传奇故事。她的成功之路日后也让查尔斯·沃斯——高级定制时装的奠基人，欧仁妮皇后的御用设计师——获得了启发，并成功借鉴。时代发生了怎样的演变，让她，一个服装商，靠着裁剪制衣，设计新的礼服装饰，而占据了如此举足轻重的地位？为什么法国的生活方式很早就成为引领整个欧洲上流社会的标准，而她的影响力直到旧制度[1]的末期才显现出来？

****

罗丝·贝尔坦于1747年7月2日出生于阿布维尔，她的父亲是当地骑警队的低级警务人员。他结婚很晚，娶了一个比他小20岁的年轻寡妇。婚后两人生了4个孩子，1男3女，生活并不富裕。1754年1月24日，在罗丝7岁的时候，她的父亲去世了。一到可以工作的年纪，她就被母亲送去当地服饰商巴比埃（Barbier）小姐那里去做学徒了。巴比埃是做时髦装饰品生意的。店里设计裙子，卖三角巾、各种手套、手笼甚至是扇子。真是一所好学校！

罗丝是一个俏皮活泼的小工，学习缝制衣服折边和明线，制作博奈特帽、荷叶边和泡泡褶。她将瓦朗谢讷蕾丝烫成卷，在透明的薄纱上刺绣，改造服装饰品，调整服饰搭配。通过面料、裁剪和色彩的选择，她发现了这个行业的各种窍门，而且那时的她已经爱上了各种漂亮的饰品。此外，她还非常擅长为贵妇门烫发和梳妆。她虽身无分文，却拥有了点石成金的金手指。20岁的时候，她就掌握了相当多的工艺技巧和商业才能，所以当她的老板准备定居巴黎的时候，也鼓励她这样做。巴比埃小姐和布商泰塔尔先生结婚的时候，罗丝在巴黎定居了。

我们回到1762年春天。这时的她在热斯弗尔码头的一家小店

[1] 指 16 世纪晚期至 1789 年法国大革命爆发期间法国的社会、政治、经济体制。——译者注

里，小店紧邻沙滩广场，面朝西岱岛。这个区域也是女性服饰店的传统聚集地。她很快就意识到她犯了个错误：这个市场现在吸引的都是外省的平庸之辈，去隔壁法院打官司的老妇人，或者陪女儿出嫁的普通中产阶级。她们在选购服装的时候预算不高，但是要求很多，而且只能接受中规中矩的服装风格。

罗丝·贝尔坦的野心绝不止于此，她有源源不断的创意呼之欲出。她想做的是前所未见，一鸣惊人，让女演员、上流社会的贵妇、交际花们心醉神迷的服装。这些女子花钱不眨眼，只想要设计精巧的最新款服装，以此来碾压自己的竞争者和情敌，吸引众多的情人。她很快离开了热斯弗尔码头，转投坐落于圣奥诺雷路234号的“优雅线条（Trait Galant）”旗下，为帕热尔（Pagelle）小姐工作。这是一个已经有一定知名度的公司，这让她有机会结识她所向往的富有尊贵的客户群。

她的才华在这个时代如蛟龙得水。1765年，狄德罗在其编纂的《百科全书》中第一次提到“时装商”这个职业，不是一笔带过，而是明确描述了它的定义和社会地位。自此，源自尊贵的服饰用品商会，以“完成服装制作并且提高服装格调”为职责的时装商，不再受针对裁缝工匠的各种法令的约束。这个新兴职业的从业者只有一个信仰：灵感。她们装点裁缝送来的衣服，搭配发饰、软帽、围巾和头纱，添加褶裥饰边、蕾丝花边和花哨的饰品。她们是艺术家，赋予礼服个性、灵魂和优雅。在旧制度时期，时装商既是经营女性服饰的商人，又有点像现在的裁缝店，但是又多一点别的。在她们那儿能买到什么呢？每一件都是精美的工艺品：宽沿博奈特帽、晨衣、浴衣、花朵和羽毛装饰的无边高帽和宽檐帽、斗篷、皮袄、蕾丝手帕、车棚帽[1]、衣领和领带、针线袋、佩剑结饰、皮鞋、优质衬裤、长筒袜等。还有这一串清单：发网、花冠、毛边绉纱、各种类型的饰带和细绳、用料上乘的手笼、各式各样的扇子、不同材质的

[1] 通常有鲸骨支架，保护发型的一种帽子。——译者注

手套、多米诺袍[1]、去宫廷和剧院时穿的大礼服。还有各种服饰材料，包括黑色蕾丝、真丝衬布、单色和有圆点的绸缎、老妇人喜欢的做短披风和围裙的塔夫绸、白色和彩色的薄纱、雪尼尔绒线、做颈饰用的丝绒、勃艮第风格的桤木项圈，头花等。苏丹王妃式软帽价格14里弗尔[2]左右，而一件穆斯林风格裙子的配饰价值高达136里弗尔。

这时，第一本时尚刊物——《时尚衣橱》诞生了，作为一个新兴事物，它的出现引起了广泛反响。这是一本半月刊杂志。在第一期中，它用精美的彩色版画，配以8页文字，为读者呈现了各种新鲜出炉的高品味时尚精品：服装、小饰物、博奈特帽、短披风、鞋履、首饰、最新款的精美梳妆台、最流行的马车线条。它是《VOGUE》杂志的鼻祖。紧接着，随着英国风的流行，这本杂志换了个新名字：《英法新时尚杂志》。杂志甚至在伦敦安排了特派记者，用一支羽毛笔勾画大不列颠所有新鲜事物。这掀起了一场凡尔赛宫与圣詹姆斯宫间的时尚争霸。此后，同类杂志在欧洲纷纷面市。他们常常抄袭巴黎的杂志，他们的时尚人偶和插图都模仿法国的款式，却从不注明出处。但是这些时尚赝品的先驱是否也预示着时尚品味的普及呢？没过多久，法国的时尚娃娃出口到欧洲各地，用来激发外国人对法式时尚和妆发的迫切渴望。

****

各种相关工坊遍地开花，“来自巴黎的商品”走出国门，它所代表的法式审美和品味在全世界流行起来。虽然在很长一段时间内，服装的裁剪廓型并没有什么变化，但是得益于时装商丰富的想象力和创造性，衣服上的花哨装饰和配饰更新换代的节奏越来越快。时

❶ 化装舞会上穿的一种前开襟的带帽宽大长袍。——译者注

❷ 法国古代货币单位之一，1795 年被法郎取代，兑换比率接近 1 ∶ 1。——译者注

装商将成为赋予女性独特魅力的关键人物。正如当时一位社会新闻记者所写的，“裁剪和缝制女性服装的裁缝，或者制作修身上衣和紧身胸衣的裁缝，都相当于是建造一座大厦的泥瓦匠；而为服装创作配饰，让服装更加优雅，让褶裥更加巧妙的时装商，她们，则是顶尖的建筑师和室内装修师。”那时候，流行的博奈特帽就有200多款，装饰材料多达150多种，薄纱、蕾丝、皮草，应有尽有。姑娘们都想把自己装扮成挂满饰物的小仙女。

心灵手巧、野心勃勃、意志坚定的罗丝·贝尔坦的脑子好像从不停歇，一直在寻求新点子，不停地画新款，不满意的揉掉重画，周而复始。她最喜欢摆弄头饰，在上面点缀薄纱、饰带、鲜花。她用薄纱的方式与众不同，无人企及。她高超的技艺和活跃的思维很快赢得了帕热尔的一位地位显赫的客人的喜爱。她就是年长的孔蒂亲王夫人。在传记作家的笔下，她的宫廷之路始于一个美丽的误会。不管这趣闻是真是假，都挺符合她的行事风格的，所以暂且信其有吧。话说有一天，罗丝·贝尔坦送一批衣服去亲王夫人的府邸。在客厅昏暗的光线中，她错将这位尊贵的妇人当成了仆人，就以不拘礼节的俏皮口吻和对方聊了起来。亲王夫人在这位年轻学徒的身上看到了真实情感和灵动个性，感到非常高兴和新鲜，于是承诺给予她支持。没过多久，她就在罗丝·贝尔坦那里为庞蒂耶夫尔公爵的女儿定制了一套嫁衣。这位拥有王室血统的年轻公主在嫁给沙特尔公爵（即后来的“平等的菲利普”）后没多久，就成为罗丝·贝尔坦最重要的客人之一。

从一段堪比马里沃[1]喜剧的小插曲中，可以看出罗丝一直都很懂得如何维护这段贵族友谊。当时的罗丝·贝尔坦还是一个年轻的学徒。虽然我们在她后来的肖像画上看到的是一个有着双下巴、胸部高耸的不折不扣的胖女人，当下的她却是一个有点丰满、有点娇憨

---

❶ 皮耶·德·马里沃（Pierre Carlet de Chamblain de Marivaux），1688年2月4日～1763年2月12日，18世纪最重要的法国剧作家之一，曾为法兰西喜剧院与意大利喜剧院创作无数喜剧。——译者注

的迷人的姑娘。沙特尔公爵对她展开了热烈的追求，但是为了不破坏和她最好的客户的关系，她坚定地拒绝了公爵大人的殷勤。不久，公爵的一个仆人就悄悄地告诉她，公爵先生对她的爱意非常狂热，正谋划将她劫持并囚禁在其位于讷伊的小公馆里。那是一个供他日常消遣的度假屋。

一天早上，她正坐在于松伯爵夫人的身边，给她展示一些面料小样。一个仆人出现在门口，禀报公爵殿下来了。罗丝马上逃走了，后来才找机会告诉伯爵夫人殿下对她的企图。伯爵夫人匆忙将这事告诉了她的朋友沙特尔公爵夫人。从这一天起，公爵夫人对这位年轻的女裁缝寄予了完全的信任，并且和她的嫂子朗巴尔亲王夫人一起投资了罗丝新开的时装店。这家名叫"莫卧尔王国"的时装店于1773年开张，坐落于圣奥诺雷路，正对着教堂。店里放置了很多镜子和灯具，明亮的天花板装饰着金色的线脚。每一个细节都不马虎，包括纸箱的绿色，门童的制服都是精心设计的。订单接踵而至，口口相传的好口碑让罗丝·贝尔坦的生意异常火爆。

****

这位时装商即将出现在玛丽·安托瓦内特的生命中。1774年5月10日，路易十五驾崩，太子妃变成了王后。奥地利大使不久前刚给王后的母亲、奥地利的玛丽·特蕾莎写过信，说她的女儿不注重服装仪表。当然，以盛装闪耀世界也并非法国王后的传统。但是玛丽·特蕾莎的回复很明确："凡尔赛的基调应该由你们来定。"玛丽·安托瓦内特应该成为宫廷的标杆。为她定制礼服是一个巨大的挑战。因为她总是以头发蓬乱并且不穿紧身胸衣的形象出现。在她看来，紧身胸衣是折磨人的刑具，她无法适应。它们紧紧地压迫胸部，使得从胯部到肩部的躯干都变得硬挺。诚然，它们能让腰看起来纤细，但同时行动受限，体态僵硬，真是酷刑。来自皇室的不满在新王后周围引起了极大的动荡。为了争夺新任梳妆女官的职位，"宫心计"每天都在上演。最后，德科塞夫人成功得到了这个职务。

她非常熟悉凡尔赛宫严格的礼仪。王后刚睁开眼，后宫女官和侍女们都围着她转。一位宫女帮她穿衬裙，梳妆女官帮穿衬衣。每一个步骤都设立了一个公职，甚至连亲王夫人们都趋之若鹜：服侍王后更衣，为其浇水洗手，端走水盆，这些是大家梦寐以求的荣幸。有人拿着画册给她看衣服的式样，她手执一根长长的大头针，指出当天要穿的衣服。于是一个沉重的大篮子被送来，里面是要穿的便服、宫廷服、私人晚餐时的服装。玛丽·安托瓦内特怎么会不想挣脱这些繁文缛节？

在一般人很难进入的高端首饰供应商圈子里，罗丝很快就打响了名气。她发明了一款风靡一时的头饰，被称作“凯萨科（quèsaco）”[1]。这是一种羽毛头饰，年轻优雅的姑娘们把它戴在后脑。发髻后面插上三根羽毛，再调整头发和羽毛，使它们巧妙地组合在一起，这样就完成啦。在“凯萨科”之后，她又推出了“情感高景髻”，这种发饰上堆砌着各种饰品。首先将一层网纱作为基础固定在头上，然后用头发加以掩盖，在此基础上，可以插上花、鸟、水果等各种装饰。这种夸张的发饰旨在表达主人内心的情感：头上飞舞的蝴蝶昭示着姑娘心情愉悦轻松；发中缀满了爱心的温柔女孩，撩拨着情郎；石棺和骨灰瓮诉说着爱情失意的忧伤。

作为烫发高手，罗丝·贝尔坦熟练地在高景髻上点缀各种饰品，这里放一个可爱的金色丘比特，那里插上橙花，春天的时候就加上樱桃。贵妇的头上可真是装备精良！还有一款伊菲吉尼亚[2]式发饰，这款发饰以黑色的花围成花环，花环上方是狄安娜[3]的新月冠，最后以头纱装饰。沙特尔公爵夫人请她做了一个著名的发饰，在上面能欣赏到一个微缩场景，一个女子手中抱着一个婴儿，边上还有一只鹦鹉和一个黑人小孩。另一个头饰上是几个灌了水的小瓶，每个瓶子里都插着鲜花。各种花哨夸张的装饰变成了真正的表

[1] 普罗旺斯方言，意为“这是什么”。——译者注
[2] Iphigénie，狄安娜女神的司祭。——译者注
[3] 狄安娜（Diane）女神是罗马神话中的月亮与山林女神。——译者注

达手段，并且在裙袍永恒不变的结构上有了自己的生命价值。它们为时装商提供了无限的可能：政治事件、战争与胜利、诉讼案件、戏剧的成功、沙龙上的八卦等，都可能变成新装饰、新发型的主题。一个来巴黎的德国人写道，我们甚至可以从贵妇的头上了解当今的时事。

流行色彩同样讲述了最新时事，甚至连巴黎的污秽之处都被用来命名颜色。比如一种丝织品的颜色叫"阴沟底"，又比如一块刺绣被取名为"巴黎污泥"。为警察的制服开发了一个颜色"麂皮色"。色粉笔颜色被无止境地细化，名字也越来越奇葩，比如"受惊吓的鲑鱼"，"新来的乞丐"。国王夫妇的儿子降生之际，有人大胆地将一种褐色命名为"王太子的便便"，另一种黄色被叫作"芥末黄"。每一种颜色都能演变出很多色调，比如黄色，可能偏木色、麂皮色、金色、栗色、南京土布色[1]、橘黄色、靴子翻口色、铁锈色、金丝雀色、金盏花色、母鹿腹色等。1775年夏天最时髦的颜色是一种栗色，因为王后选了这个颜色的塔夫绸来做裙子。国王看到的时候说："这是跳蚤的颜色。"于是跳蚤色立即在城里和宫廷风靡起来。无论男女都去定做跳蚤色调的服装，那些没有买新的呢料和塔夫绸的男女，就把自己的旧衣服拿去洗染店重染。

但是颜色的深浅总会有差别，所以还分为老跳蚤、小跳蚤，甚至有些衣服的颜色更细分为跳蚤肚、跳蚤背、跳蚤头、跳蚤腿……整个国家都是跳蚤色。当时的一个编年史作者记录道："商人们将各种绸缎展示给皇后看，皇后主要选了些浅灰色的面料。国王说这是王后头发的颜色。跳蚤色瞬间被取代，大家急忙派遣凡尔赛的贴身仆从去巴黎采买这个颜色的天鹅绒、羊毛呢和呢绒。"今天的我们很难想象在那个无所事事、空虚迷茫、崇尚精致的社会中，人们对时尚的迷恋程度。并不是他们的品味变化反复无常，而是他们对如时光流逝般快速更替的变化充满激情和狂热。统治阶级贵族尽情享受无聊浅薄又极度奢华的生活，演出了戏剧的最后一幕。从某种意义

---

❶ 一种米黄色。——译者注

来说，极度挥霍的服饰装饰将贵族阶级带向了灭亡。

****

年轻的玛丽·安托瓦内特对于愈演愈烈的怨言充耳不闻。凡尔赛繁复苛刻的礼节令她厌烦，正值青春的她渴望生活的乐趣，她很想挣脱这些束缚。1774年夏初，王后决定会一会罗丝·贝尔坦。她的首席女仆康庞夫人把约定的日子写在了回忆录中。沙特尔公爵夫人将这位年轻的姑娘引荐给了王后。罗丝骄傲地走进了这间以白色和金色为主色调的书房，房间里装饰着狮身人面像和爱神像，盖着真丝帘的镜子，还有竖琴和钢琴，红色大理石壁炉，来自中国的工艺品，以及大量的鲜花。她后来成了这里的常客，而那些出身比她高贵千倍的大人物想要在这里被接见，却要付出很大的代价。玛丽·安托瓦内特就在那里，鹅蛋脸，前额饱满，嘴唇丰润，玉颈生香，娇艳迷人。她下了第一批订单，立即就被宫廷贵妇们效仿。从此，罗丝·贝尔坦成为王后指定的首饰商，在城里，人们都开始尊称她为"贝尔坦小姐"。为了更好地为殿下服务，她在凡尔赛租了一套公寓。从此以后，在法国所有流行的东西，从鞋子到发饰，都叫"王后同款"。

玛丽·安托瓦内特约这位年轻的时装商试衣的次数非常频繁。除了每周两次固定时间的会面，还会根据节庆活动的日程增加其他额外约会。再加上每次王后召唤贝尔坦小姐进宫为她的服饰做最后的调整。毫不夸张地说，在宫廷生活的每一个重要时刻，必定能见到这位年轻女子的身影。每次从王后那里出来她都喜欢说："我刚和殿下一起忙完"，也很喜欢和别人聊自己和王后的会晤。王后和她的关系确实很亲密，她的大门也随时为她打开。至少在路易十六统治初期，在1781年第一位王子出生前，由于她将所有和梳妆打扮相关事务都放在了非常重要地位，她的时尚制造者也得到了同样的重视。

玛丽·安托瓦内特就是罗丝·贝尔坦想要的理想客人。她的恩宠也不曾停止。"La Bertin"把王后引向了疯狂挥霍、服饰铺张的不归路，甚至引起了玛丽·特蕾莎的愤怒。罗丝将巴黎的时尚，各种八卦流言、绯闻轶事都讲给玛丽·安托瓦内特听。根据后人记录的她的一些言论来判断，她应该是一个谈吐风趣之人，比如罗丝某天对王后说，“太阳底下没有新事物，除了那些已经被遗忘的事物。”

国家档案馆里保存的一段文字能让我们准确了解衣帽间在凡尔赛的重要性：“更衣一结束，就让仆人和衣帽间整理工来把不用的东西放回衣帽间，把它们折好，挂好，复查，按照严格的程序非常仔细地清洗，那些裙子被照料得非常好，哪怕到淘汰废弃的时候，看起来都像是新的一样。”储藏服饰的衣帽间由三个大房间组成，房间的四周都是橱柜，有些是带滑轮的，有些是带衣帽钩的；每一间里都配有大桌子，可以摊开或者折叠裙子和礼服。王后在冬季通常有12套大礼服，12套花俏的小礼服，12套在游戏时或者在房间夜宵时穿的精美礼服。春季和夏季的服饰秋季能继续使用。每一季结束的时候，这些服饰都将“退役”，除非王后殿下坚持要留下来的那几件。一切都尊崇传统，尤其在服饰颜色的选择上。比如金色只能在结冰的时候闪耀，而银色则是在三伏天的时候穿着。

****

就这样，来自王室的宠信把罗丝·贝尔坦推到了一线的位置。在她的伙计开出的发货单上，有盖梅内亲王夫人、卢森堡亲王夫人，舒瓦瑟尔公爵夫人、孟德斯鸠·费岑萨克公爵夫人、卡斯泰拉讷公爵夫人、罗昂公爵夫人、克莱蒙·托奈尔公爵夫人……不久，她的名声就传播到了外国宫廷，俄国女沙皇、西班牙王后、瑞典王后率先向她下了订单，随后俄国公主、英国以及全欧洲的贵妇们也都纷纷向她订货。居家的晨衣、去教堂穿的服装、宫廷服、狩猎装、丧服……优雅的上流社会为各种不同的场合都预备好适宜服装，数量众多。除此之外，还要配合当季流行的面料和颜色。

罗丝现在执掌的是一家真正的奢侈品店。客人们首先被迎到宽敞的门厅等候，之后再进入装了很多镜子的大试衣间，工作人员在这里向客人展示各种面料、发饰、饰带、手套、荷叶边和其他好东西。楼上是工作坊。在她最辉煌的时候，雇了30多名女工。那时的高级定制时装非常夸张。宽大的撑架裙，周长可以达到四五米，于是就有极大的面积可以添加褶皱、结饰、贝壳、花束、薄纱绉泡、荷叶边、珍珠串等装饰。有超过250种装饰裙子的方式，还被冠以各种名字，比如"温柔的微笑""强烈的欲望""忍不住抱怨"。这位时装商还提供居家便服、头饰、各种帽子、短披风、领子、拖鞋、饰带、手绢、围巾、暖手笼、手套、舞会穿的多米诺袍等，各种可以让这位想象力丰富的设计师自由发挥的配饰。

必须承认，罗丝 · 贝尔坦的能力是超群的，否则她也不可能这么快就在这个竞争激烈的圈子里脱颖而出，获得巨大的成功。毕竟在她的事业刚刚起步的时候，博拉尔、德圣康坦小姐、隆普莱、菲洛多尔、杜巴利夫人的供应商蒙蒂耶（Monthiers）等都已经是业界名人了。当她的首席工人皮科小姐离职准备开自己的时尚店的时候，罗丝 · 贝尔坦感到了不安和愤怒。她甚至气到在镜厅里离王后的房间几步远的地方公然朝皮科小姐的脸上吐口水。皮科小姐起诉了她。罗丝 · 贝尔坦被判了一个很轻的处罚，但是她表示不服并且提出了上诉，最后还是维持原判。她在一本公开发行的备忘录中否认曾做过这样的事，她写道："我，做出如此低级下流的行为！而且还是在王宫里，就在王后房间的边上！"这个事件在沙龙里被大家津津有味地讨论了近一年的时间，格林甚至在与狄德罗合作出版的《快报》中谈及了此事。

贝尔坦自视甚高，抵制所有可能出现的竞争。一次，时尚艺术家博拉尔被介绍给了王后。他的作品是一朵芳香的玫瑰，盛开的花心中能看到一个微雕。贝尔坦非常生气，很长一段时间里拒绝为朗巴尔亲王夫人服务，因为正是她把博拉尔引荐给了玛丽 · 安托瓦内特。朗巴尔亲王夫人经常挂在嘴边的就是宫廷、宫廷、宫廷……对罗丝来说，这是一个封闭的世界，她很快在其中学会了自我保护。虚情假意的礼节客套掩盖之下，各种阴谋诡计像小步舞曲一样被精心编排。

罗丝·贝尔坦总是很大胆，和王后讲话的时候也不会用过于尊敬的口吻，甚至还有些傲慢。毕竟她手上有牵制王后的法宝：每个月都有众多款式各异的礼服和细麻布、纱罗、印度面料、布鲁塞尔蕾丝等各种面料小样被送入凡尔赛宫，王后要从中作出正确的选择，就要仰仗她。罗丝·贝尔坦打破了惯例，颠覆了衣柜，无视礼仪。她让公爵夫人们在店里慢慢等着，因为她正在“莫卧尔王国”楼上的房间里享用她的热巧克力。她接待的贵妇必须是通过其他贵族名人介绍的，而且她一定会事先了解清楚这个潜在客户的财务状况。不够富有的客人她是不屑于亲自接待的，而是把她们交给她的助理们负责。

****

罗丝·贝尔坦很快就染上了“大头症”，开始喜欢冒充高雅。由于她微妙的社会地位，她的狂妄自大让她可以经常和上流社会的贵妇们来往，她放肆的言行也在与她显赫的客人靠近。奥伯基希男爵夫人对此留下了深刻的印象，在她的回忆录中有这样一段描写：“这位小姐莫名的讲话方式非常有趣，她以独特的方式把高雅和低俗混合在了一起，当和她在一起稍微时间长一点，就能体会到近乎鲁莽的言语，如果不能让她就此打住，就会进一步变得咄咄逼人。”罗丝一定是对自己非常自信才能让自己这么唐突。还是这位奥伯基希男爵夫人，她被店里的奢华震惊了：“店里到处都是锦缎、羊毛平纹布、凸纹花缎、织锦、蕾丝；宫廷贵妇们出于好奇让人展示给她们看这些新面料；但是在王后选穿之前，这些新面料都不得用来做衣服。”

1778年的一段文字描述了一个外省人到贝尔坦店里订一批头饰的经历：“那位服装商穿着一件优雅的短上衣，躺在一张贵妃椅上，对这位身份尊贵的妇人稍微点了下头，就算打招呼了。她按了一下铃，一位年轻热情的美女阿黛拉伊德小姐就来了。贝尔坦小姐说：‘给这位夫人上个月的帽子’。但是这位客人想要看新款博奈特帽。

‘这不可能！在我最近一次为王后工作的时候，我们决定最新款要8天后才面市’。”

她为什么要为难自己？反正客人照单全收。一个巴黎女人要对得起这个称号，哪怕忍气吞声，也必须在贝尔坦店里有个账户，甚至还要背上债务。她开出的价格使她变得很富有，她有足够的资金允许赊账。一些贵族很快在她那里欠了巨额的债务，罗丝不得不花很多精力让那些赖账的客人付钱。贵族的破产会为时装商人带来灭顶之灾。法国大革命的第一阵喧嚣开始的时候，他们就应该意识到，那些奢华的店铺如同建在流沙之上。谁来为优雅的贵族埋单？这些沉重的账单，最终让时装商人和他们的客人一同破产。

这时候他们两者还都在鼎盛期。年轻俏丽的玛丽・安托瓦内特召见罗丝・贝尔坦讨论颁布关于品味的法令，贵族们虚心请求这位时装商提供服务，她因此做成了贵族生意。她接待访客，或者坐上华丽的四轮马车，带着一队扈从。法国时尚的影响力难道不应该归功于她么？

饰有徽章的华丽马车在她店门口排着长队。她非常注重广告效应，有一天展示了要发往马德里和里斯本的280套礼服，这些礼服是为一场皇室婚礼准备的：那是葡萄牙女王多纳・玛丽亚的两个孩子的婚礼。整个凡尔赛都赶过来，就为了一睹这些华服。她为德翁骑士[1]制作服装，这些乔装用的女装成功地迷惑了公使们。她为著名画家格勒兹、维杰・勒布伦小姐、作家德埃皮奈夫人和德让利夫人、沙龙主持人内克夫人（她也为内克夫人的女儿，未来的德斯塔埃尔夫人，提供觐见王后时穿的礼服）等名人提供礼服。她还为剧院、歌剧院、法兰西喜剧院制作花饰。但是真正树立了她在法兰西王国第一时装商的声望的，是她为玛丽・安托瓦内特及其家族（她的姑嫂，普罗旺斯伯爵夫人、阿图瓦伯爵夫人、伊丽莎白夫人都穿罗

---

[1] Chevalier d’Éon，法国外交官、间谍、士兵和共济会成员，以其传奇的间谍身份和富有争议的性别著名。在其生涯中，前49年是男性身份，而后33年则以女性身份生活。——译者注

丝·贝尔坦出品的服饰）提供的服务。在路易十六时期的法国，无论是庆祝婴儿降生、获得财富还是赢得声誉，每一个重要时刻，大家都会找她订购充分显示出她的才华的服饰。

诗人雅克·德利尔把她赞叹为女神：

当贝尔坦点亮她的灵巧和品味，
面料乖乖地变幻成百般花样，
变成披肩，结成腰带；
她的针从画笔上借来颜色，
闪耀钻石的光芒，沾染鲜花的色彩，
长长的波浪褶皱，荡漾出云纹波光，
赋予面纱浓情蜜意，赐予披巾灿烂光辉……

****

罗丝·贝尔坦的账簿本身就是一部真正的诗史，为我们还原了18世纪的魅力：天鹅羽披肩，塔夫绸花结，珠罗纱绉泡，精致的蕾丝，珍珠和彩色宝石的刺绣，平纹细布做的玫瑰花枝和花瓣……所有这些出自大艺术家之手的雅致杰作都将在时间的长河中留下印记。

她有自己的风格，她的作品让人震撼，让心陶醉。她很善于用面料、造型、褶裥进行全新的搭配。她和上百个制造商和供应商合作，从面料商那里采购原材料，把制作服装造型的工作分包给裁剪师和制衣师，再由刺绣工匠进行装饰。帽子首先由制帽商制作成型，再经由服饰用品商店进行销售。然后罗丝·贝尔坦将她从羽毛工匠、花商、饰带商、皮革商、首饰商、珍珠商等供应商那里定制的她设计的配饰艺术品点缀在这些帽子上。她绕开了常规渠道，改变了“时装商共同体”的体制。在她之前，毛毡是被制帽商垄断的，她破坏了行规。

她还打破常规拒不结婚。作为坚定的单身主义者，她从不戴戒指，宁愿把自己奉献给她的事业和家庭。她像是家族的大家长，她的侄女嫁给了一个面料商。她从弗雷涅侯爵手上买了一栋位于埃皮奈的度假屋，把它作为提升社会地位的加速器。她在这里编织对她的事业发展有利的社会关系网，有时候还能给她的家人谋求一官半职。一有机会她就去那里，让自己从高强度工作的持续狂热中挣脱，解除疲惫。

贝尔坦小姐扮演着心腹谋士的角色，赢得了很好的名声，被认为是言而有信，值得被重视和被信赖的人。大家都知道王后对她的信任。鉴于她对王后的影响力，甚至有人会找到这个服饰商人帮忙，求她带信给王后殿下。对于这样的托付，她总是欣然接受，非常高兴能完成这么重要的使命。

有一件事可以证明她们两人之间的关系有多亲密。1778年王后怀了她的第一个孩子。罗丝·贝尔坦告诉她，在阿布维尔附近有一座神奇的圣母像，百年来一直享有盛誉。她说服王后向圣母祈求庇佑，并且被王后委派亲自将一件饰有蕾丝的金色锦袍作为贡品奉献给圣母玛利亚。玛丽·安托瓦内特的心愿实现了，她在1778年12月19日生下了一个女儿，未来的法国长公主。罗丝的一位亲戚玛丽-弗朗斯·贝尔坦-阿瓦尔被选为保姆总管。

如果还要别的证据，可以看看这份报告，上面记载着，在长公主出生之际，路易十六夫妇向一百位年轻的姑娘赐予了嫁妆，并出席她们在巴黎圣母院举行的结婚典礼。车队由二十八辆华丽的四轮马车组成。当他们经过“莫卧尔王国”门前的时候，罗丝·贝尔坦就站在窗边。王后向她致意。出于礼貌，国王也这么做了，于是所有贵族爵爷纷纷效仿。可以看出，罗丝习惯把自己放在必不可少的位置上，而且她总把手臂伸得很长。在这样的情况下，这位服装商能躲过各种恶意，是非常神奇的。因此有人指责王后与罗丝有隐秘的联系。对于那些小报记者——其中有些受雇于路易十五的女儿，阿黛拉伊德夫人——来说，王后一个玩笑，一份关心，一个微笑或者一句话都能被脑补成一个荒谬的故事。

****

在罗丝·贝尔坦出现之前的时尚是怎样的呢？正如时尚历史学家米歇尔·萨波利在书中写道："第一步穿裙撑，第二步穿鲸骨胸衣，外面穿上'法式裙'形成整体结构"。鲸骨胸衣是最让人遭罪的，把女性的身体束缚在一个狭小的模具里。经过了一段让玛丽·安托瓦内特把孔雀羽毛插在头发上的荒谬时期后，罗丝在1775年前后推出了"波兰式裙子"，开始倾向于让人更加自在、更加舒适的设计。玛丽·安托瓦内特想在花园里散步、呼吸，于是有了"切尔克斯式裙"。这款裙子没有需要撩起的拖裙，很适合跳舞。随后还出现了"穆斯林式""苏丹式""北京式""土耳其式""希腊式"的裙袍，它们都对传统的"法式裙"产生了同样的冲击。

1778年和1779年海上战争[1]的胜利，催生了很多相关主题的发饰："波士顿式""费城式""格林纳达式""光荣的德斯坦""美丽少女号"。人们为此献上《感恩赞曲》和盛大的庆祝会。王后的发型中最雅致的一款名字就叫"王后式"。这款发型并没有像其他很多发饰那样夸张的尺寸，它的大小和玛丽·安托瓦内特的身材和头型完美匹配，一个由鸵鸟毛和钻石饰品做成羽毛饰插在头的左侧，一条樱桃色的缎带在发间穿过，一串珍珠如花簇一般垂在额前。

王后之所以放弃插满了羽毛、鲜花等饰品的形如脚手架或者金字塔的发型，其实是情非得已。1778年长公主出生后，她发现自己脱发严重，并且无法挽回。后来她就改了新发型，名叫"孩童式"。一个平的发髻，最后留一个螺旋形发卷，类似修道院长的假发。这让她知道使用简单的手段也能表达时尚。

1781年10月22日，王太子的降生又给了大家一个改变的理由。"亨利四世""热尔特律德""樱桃""芳芳""收起的感情""破碎的奴隶制""捉迷藏"这些款式的博奈特帽消失了，取而代之的头饰是"王太子"以及"王后的安产感谢礼"。这期间，罗丝·贝尔坦要应

[1] 美国独立战争期间，法国支持美国与英国对抗。——译者注

付王后新任的梳妆女官，热纳维耶芙·多桑的意见。她是舒瓦瑟尔公爵的侄女，总是鼓吹一些经济观念。她想要停止罗丝·贝尔坦一些“荒谬”的做法，“她只给出一个总价，而不提供任何关于使用到的材料和配件的价格细节。比如她刚刚做的那套新年礼服，只给了个总价6000里弗尔。这么大的金额，要求一个明细理所当然。”在节俭的热纳维耶芙和铺张的罗丝之间，掀起了一场战争。玛丽·安托瓦内特把这当成是玩笑，但是她的春季服装清单是最有说服力的答案。她的春季服装包括四件大裙撑裙袍，十四件波兰裙，二十八件长礼服，其中“一件淡褐色碧玉花纹真丝裙，一件淡紫红裙，一件黄绿色裙”，还有她母亲玛丽·特蕾莎女王送给她的礼物：一件金线刺绣的纱裙。

1782年，玛丽·安托瓦内特想出了一个新的消遣活动：就像一些小女孩喜欢扮演商人，王后则扮演起了挤奶女工和牧羊人，而田园风光的特里亚农宫就是这项消遣的舞台。但这是一个穿着丝绸服装的村妇，就像华托（Watteau）画中的那些村妇一样。所以，就需要一些新的服装和帽子，于是白色成了她最爱的颜色。白色或者带有浅色条纹的平纹布、细麻布、高支棉、印花棉等取代了其他的面料。三角围巾被抛弃，取而代之的是被称作“猫”的天鹅绒毛做的围脖。波兰式和英国式的裙子是最常见的两种样式。波兰式裙子领口开得比较大，裙摆较短，后面两侧向上收起，在左、右和后方各形成一个蓬起的裙裾。袖子长至手肘，有时上衣会搭配大领子或者风帽。至于英式裙，是一种通常在散步时候穿的罩袍。

但是在舞会上，几乎不会出现简单的服饰。如果我们相信奥伯基希男爵夫人的记载，1782年6月8日，在为俄国大公和大公夫人举办的舞会上，王后穿的是加布里埃尔·德斯特雷[1]的衣服：“她头戴一顶饰有白色羽毛的黑色帽子，四颗钻石和一条钻石链子将很多白鹭羽毛固定在帽子上；上衣的前片缀满了钻石，钻石腰带下，银色白色的薄纱长裙上布满了亮片，还有一些金色的泡泡绉用钻石固定

---

[1] Gabrielle d' Estrées，法国亨利四世的情人。——译者注

裙子上。”

还是在1782年，罗丝推出了“马尔博勒式”帽子，因为她听到王后经常哼唱这首流行歌曲。然后在1783年，一次又一次的热气球实验催生了一款名为“蒙哥尔费[1]热气球”的发饰的流行；而歌剧《费加罗的婚礼》的成功又带来了“小天使式”“苏珊式”“罗勒式”的时尚。当时流行女教士风博奈特帽、“巴黎污泥”宽檐帽、“修女裙”。在1783年成立的Bertin时装屋的产品清单里，我们还看到了其他物件。她卖给罗什福尔亲王夫人来自中国的檀香木画扇，卖给维吉尼斯伯爵夫人一个“法国元帅佩剑穗子”和一个“由大颗蓝宝石和银丝做的挂在佩剑上的结饰”。

1784年的冬天是一个严冬，这位帽商开发了一些比以往更加低调的发饰，比如“灰色修女软帽”。到1785年，开销又开始大了起来。王后在这位时装商那里付了87000里弗尔，还不算采购蕾丝花的43150里弗尔。

因为品味和设计多变，从罗丝·贝尔坦的工坊出来的作品，注定只有一天的生命。它们刚被穿上，就会有新的创作出现，使它们很快变成过气产品。如果没有画作记录下其中一些昙花一现的作品，它们都将被遗忘。拉布吕耶尔曾经写道：“一个时尚还没来得及推翻另一个时尚，就已经被新的时尚消灭，而这个新时尚自己也将让位给后来者，并且永无止境：就是这么轻巧。”尽管如此，身穿腰间系带的薄纱或者棉布长裙，头戴简单草帽的高卢风还是流行了好几季。

玛丽·安托瓦内特王后非常喜欢艺术，并且为艺术的发展作出了很大的贡献。另外，她是唯一一位以其个人风格在装饰艺术领域造成影响的王后。她对所有与装潢、家具陈设相关的事物都很感兴趣。她很喜欢线条简洁，装饰甜美的新式家具。在为她定制的面料和装修上有很多清新、欢快的自然元素。因为喜欢鲜花，她总是被鲜花围绕，这一点从她在凡尔赛的卧室里可见端倪。那里展示着一

---

[1] 蒙哥尔费兄弟，法国航空先驱、热气球发明人。——译者注

件“夏日家具”，上面有玫瑰、丁香和孔雀翎。在她的衣帽间里可以看到，她偏爱明亮粉嫩的色调，水绿色、丁香紫、珍珠灰、玫瑰红和所有粉红色调。在她的小特里亚农宫里，她为自己创造了一种非常个性的生活风格：一个宁静、私密、温柔的避风港，一段私人生活，远离凡尔赛宫沉重死板的礼仪。她特别关心她的花园，希望它是生动自然的，与勒诺特尔[1]矫揉造作的布局相反。她的小村庄里有十二栋以诺曼底茅舍为灵感的房子，有一种浪漫主义前期的感觉。热爱音乐的她还组织音乐会。她强制她的乐师们参加，而她自己也是音乐人，她弹羽管键琴、竖琴，还唱歌。她也热爱戏剧，还主动登上特里亚农宫里为她而建的小剧场的舞台，和她的大伯小叔、几个朋友一起表演喜剧。玛丽・安托瓦内特开创了一种生活艺术，在她那个时代是非常摩登的。另外，这一时期被称为路易十六式的风格，其实叫玛丽・安托瓦内特风格更为准确，它表现为从古代文化中汲取灵感的优雅低调的线条，回归自然，留下精致优雅的印记。我们更加理解她为时尚定下的基调，她让罗丝・贝尔坦为她设计的各式各样夸张的服装，以及与之搭配的由莱昂纳德监制的疯狂发型。

****

一直说王后，我们会忘了罗丝的其他显赫的客人。女演员路易丝・富希尔在她的回忆录里是这样描述当时一位优雅女子的着装细节的。早上一起来，她戴上晨帽、套上睡袍，接待几个密友。在他们走后，她穿上晨间大衣去祈祷室，出来后，她穿着漂亮的晨衣去她的更衣化妆室。下一步：换上小礼服，出去散步。这身小礼服包含一件饰有薄花边的交叉领大罩袍，一顶带鲸骨的车棚帽，一个抵挡烈日的小面纱。冬天则穿缎面棉外套配白色风帽。晚饭如果是回

---

[1] 安德烈・勒诺特尔（André Le Nôtre），1613 年 3 月 12 日 ~ 1700 年 9 月 15 日。路易十四的首席园林师。凡尔赛宫的花园是其代表作之一。——译者注

家吃，那就还是穿便服，除非开舞会或者家里有访客。

王后即将年满29岁，她第一次拒绝戴上罗丝的作品：一顶饰有白鹭羽毛和花边的外形非常独特的帽子。王后觉得这对她来说太幼稚了。她不要再穿皮耶罗夹克、衬衫、大衣、波兰裙、长礼服、土耳其裙、切尔克斯裙。事实上，她长胖了很多，为了掩饰，她用紧身胸衣狠狠地勒紧她的腰身。开始实行紧缩政策！王后的旨意传遍全国，于是30岁以上的妇女们都不得不放弃羽毛、鲜花和粉嫩的颜色。但是她很快又恢复了奢侈的习惯，以至于德卡罗讷先生❶不得不预支90万里弗尔以填补玛丽·安托瓦内特的债务。王后样子变了，帽子款式变了，但是开销还是一样大。这激起了小报记者很大的反应，又一次开始抨击王后无耻的挥霍和无度的奢华……

1786年，贝尔坦去布列塔尼亚旅行。行程并没有发生什么意外，但是回程的时候和弗朗索瓦-勒内·德·夏多布里昂同行。这位作者对她的评价是放肆无礼。

****

也因为同样的放肆无礼，使她在1787年年初遇到了财务信任危机。罗丝·贝尔坦的业务开始遇到挫折。显赫贵妇们的华丽马车仍然长时间地停在她店铺的周围，但是关于她已经提请破产的传闻迅速传开。凡尔赛在得知这个消息后，开始对她冷嘲热讽，刺激她敏感的神经。他们以此来报复她之前的傲慢和冷待，也就是她在很多情况下表现出来的放肆无礼。传言她的破产金额达到可观的两百万。小情妇们哀嚎了：以后找谁？谁会做高景髻，谁来装饰无边小帽，谁能发明新的修身上衣？1月28日是星期天，罗丝来到凡尔赛却没

❶ 查尔斯·亚历山大·德卡罗讷（Charles Alexandre de Calonne），1734 年 1 月 20 日 ~ 1802 年 10 月 30 日。时任法国财务总监。他对财政和行政的改革加速导致了 1789 年法国大革命的政府危机。——译者注

能得到王后接见。在这么敏感的时期，这样的新闻迅速传开并且引起热议。

虽然危机很严重，但是她很轻松就走出了困境。而且受到威胁的也不只有她。这时候，整个国家都在破产边缘。这位时装商不想裁员，继续保留了全部仆人。她觉得在宫廷里还是要维持一定的排场，作为女王的时装商总不能自己提着箱子或者坐着敞篷车去凡尔赛吧。她需要很多的随从，再加上工作室的工匠，这大大地提高了她时装屋的整体开销。另外，她的那些贵族客人们给她下的大量订单也耗尽了她的流动资金，最后还有人不按时如数支付，拖欠款项甚至有时候干脆不付。就这样她的应收债权越积越多，其中大部分最后都成为无法收回的烂账。

她的案例反映了那个年代的情况。有没有看到巴黎一些知名的商行纷纷在如此恶劣的处境下申请破产了？而贵族本身也发生了很多轰动一时的破产事件。事实上，有些同时代人意识到这是罗丝自己设的圈套，她巧妙地把一些风声放出去，引起公众关注，并最终得到了宫廷向她支付的欠款。

能感觉得到，“La Bertin”还是很得宠的。维热·勒布伦夫人1787年为王后所作的画像中，王后梳着罗丝设计的红丝绒高景髻，上面装饰着皮草，披着一块有绣着蕾丝的薄纱长巾，以及一撮白色羽毛。在第二年的一幅画像上，王后穿着蓝色的紧身上衣，戴着去除了皮草装饰的蓝色天鹅绒发饰。在这位女画家笔下，这个蓝色成为永恒的经典。羽毛和花枝装饰的年代也已经过去。玛丽·安托瓦内特主动找到裁缝师艾洛夫夫人为她提供面料、内衣和饰带。她从事的业务是：修补衣服。没错，她修补衬衣、衬裙、大衣，和修鞋匠一起修补王后数不尽的鞋子。可以想象，爱慕虚荣的贝尔坦是不屑于做这个业务的。正是通过艾洛夫夫人我们知道，那时，玛丽·安托瓦内特腰围仅58cm，而胸围达到109cm。

罗丝·贝尔坦感受到风向变了么？1788年2月23日，她投资了不动产，在皇家宫殿附近买了两栋房子。她搬入了黎塞留路。事实上，尽管政治事件、报章论调、街头传闻都已经发出了警告，一些大家族还是置若罔闻，无忧无虑地尽情享乐，活在当下，好像什么都不怕。到处都有舞会和宴会，罗丝的团队积极忙碌地缝制服饰。她不停地发明新的无边小帽、宽檐草帽、收腰短上衣和短外套。法兰西王国娇嫩的鲜花玩着花旗骰和卡瓦尼奥尔牌戏，嬉笑玩乐，享受当下，就好像没有任何事会让她枯萎。

直到1785年，玛丽·安托瓦内特的生活还是像苦乐参半的喜剧，很符合弗拉戈纳尔[1]的调性。项链事件预示着喜剧到悲剧的转折。1787年，当法国在破产边缘的时候，王后登上了政治舞台。她憎恶反对一切可能削弱王权的事物。她觉得王权是绝对的不可动摇的。但是，尽管她内心非常坚定，她还是召回了内克尔[2]试图挽回法国财务危机。内克尔组织召开了全国三级会议。自1789年5月会议开始，国王夫妇才惊恐地意识到局势已经超出了他们的掌控。罗丝·贝尔坦给王后穿上了紫色礼服和点缀着银色亮片的白裙，头发上插了一个白鹭羽毛，还有一条简洁的钻石饰带从发间穿过。这样的衣着和装扮下，她还是很漂亮。

攻占巴士底狱标志着新时代真正开始了。王后风格的高景髻和博奈特帽的时代结束了，奢华独特的奇装异服的时代结束了。取而代之的是饰有象征法国大革命的三色徽章的“巴士底式博奈特帽”，或者白色薄纱做的古朴的“平民博奈特帽”。茹伊印花布[3]完胜丝绸面料，这不再是王室的旨意，而是人民的意志。妇女们头上戴两排黑色蕾丝发饰，以纪念巴士底战役，不久后革命徽章也成为必须佩戴的标识。

---

❶ 让·奥诺雷·弗拉戈纳尔（Jean-Honoré Fragonard），1732 年 4 月 5 日 ~ 1806 年 8 月 22 日。法国洛可可风格画家，作品多表现路易王朝贵族、贵妇人的轻艳奢侈嗜好游玩的生活、感情和趣味。——译者注

❷ 雅克·内克尔（Jacques Necker），1732 年 9 月 30 日 ~ 1804 年 4 月 9 日。法国路易十六的财政总监（1777 ~ 1781、1788 ~ 1789、1789 ~ 1790）与银行家。——译者注

❸ 法国茹伊昂若萨（Jouy-en-Josas）产的一种棉质或者麻质白底单色印花面料。——译者注

****

1789年10月5日和6日，国王和王后搬进了位于巴黎的杜乐丽宫。这时罗丝·贝尔坦的地位已经没有之前那么闪耀了，但是她手上还有很多外国客户。另外，在法国贵族中，逃往国外的也越来越多。他们一个个心情沉重，隐姓埋名地逃了，留下一堆债务和应付款。那些确认的债务和拖欠的账单让罗丝·贝尔坦非常痛苦。

女王身边阿谀奉承的人越来越少了。大家都避免去杜乐丽宫。在1790年夏天，玛丽·安托瓦内特在国家警卫队的陪同下，去贝勒维郊游。布瓦涅伯爵夫人在她的回忆录中写道："她身穿绣着淡紫色丁香花枝的白色细麻布皮耶罗外套，肩披一块蓬松的三角围巾，头戴一顶大草帽，草帽上飘下的宽宽的淡紫色缎带系了一个大蝴蝶结，正落在围巾交叠的位置。"

对于是否要迁居国外，罗丝还在犹豫。尽管当时危险在加剧，她还是经常去杜乐丽宫，找越来越孤单的王后。而王后则让她帮忙传递便条。她的发型师莱昂纳德也被委以这个任务。罗丝·贝尔坦为王后提供披巾、大衣、博奈特帽和饰带。王后出逃时的服装就是那一身灰色真丝裙，黑色的斗篷和帽子，还有一块大大的黑色面纱。我们在罗丝的订单记录里看到的那些头巾和华丽服饰无疑就在那些沉重的行李中。

1792年年初的一天，罗丝·贝尔坦去杜乐丽宫的时候，玛丽·安托瓦内特一看到她，就说了预言性的话："我昨天晚上梦到您了，我亲爱的罗丝。您好像给我带了很多各种颜色的饰带，我从中选了很多。可是当它们到我手里的时候，就都变成黑色的了。"

意识到君主体制的崩溃，以国王的弟弟为首的法兰西王国的大人物们纷纷选择逃亡。罗丝也终于离开法国了。关于她内心深处的政治观点，我们无从知晓。但是很显然，她本人就是那个因为滥用特权、自私浅薄而被人讨厌和唾弃的宫廷的象征。另一个让她加速撤离的显而易见的原因就是：巴黎已经没有她的客户群体了。"莫卧尔王国”变得门庭冷落，于是她申请了护照去国外卖她的存货。7月，她带着4个工人和很多箱精美服饰，坐着马车向德国启程。她很快跑到了科布伦茨，新的宫廷正在那里极力炫耀。在那里，以及布鲁塞尔和伦敦，她重新找到了与之匹配的客户群。有身份的贵妇们不想抛弃奢侈的习惯，也不想放弃那些花俏夸张的饰品。一些接受过罗丝·贝尔坦免费提供服装的贵妇，在回忆录中盛赞了她的慷慨大方。她并不是一个让自己沉迷消极情绪，浪费时间自怨自艾的女人。她一辈子都很果断、大胆，在这段颠沛流离的生活中，她保持积极的工作态度，在伦敦开了工作室。

****

在巴黎，形势急转直下。杜乐丽宫在1792年7月11日被攻占，王室成员于8月10日被关进了唐普尔监狱。罗丝·贝尔坦通过她的侄子克洛德·查理曼向王后和伊丽莎白夫人提供裙子、发饰和披巾。从1792年10月5日开始，就没有任何从贝尔坦时装屋向唐普尔送货的记录了。虽然她的账簿上还有玛丽·安托瓦内特巨额欠款的记录，但是她知道如果讨要这笔债务，很可能落入富基埃·坦维尔❶眼中，从而连累王后。除了消灭证据，她没有别的办法抹去这些债务。于是抱着一颗慷慨之心，她毫不犹豫地烧了她的交易记录册。

死神在审判庭游荡。

1793年1月21日，路易十六被处决，同年10月14日，玛丽·安托瓦内特也被革命法庭判处死刑，这让她惊恐无措。1793年10月16日，当送这个“奥地利女人”赴刑场的马车经过罗丝·贝尔坦原来的时装店的时候，王后在窗边看到的都是些陌生人。她是否想起她去巴黎圣母院的那天也经过了这条路，那时的她坐在豪华的四轮马车里，转身向她的服装商鼓掌致意？可悲而具有讽刺意味的是，她

---

❶ 安托万·富基埃·坦维尔（Antoine Fouquier-Tinville），1746 年 6 月 10 日 ~ 1795 年 5 月 7 日。法国大革命期间的革命法庭公诉人。——译者注

被送上断头台的时候，全部装扮只是一身白色的衬衣衬裙，一顶博奈特帽，一条薄披肩。

昔日的那些轻盈的裙子、大礼服、高景髻和羽毛都在哪？那些最后送去唐普尔的用品怎样了？它们都到了谁的手里？在王后死后盘点的服装和日常用品清单里，在所有头饰中，只看到一顶细麻布的帽子。所有这些优雅精致，现在还剩下什么？这个为贝尔坦小姐招徕了这么多生意，让她能在这些年里锦衣玉食的社会，现在还剩下什么？

罗丝流亡在伦敦，她的侄子留在巴黎，肩负起了把他姑姑的名字从逃亡者黑名单上去除的任务。他的辩护词很简单：他姑姑并没有逃亡，而是按照规定，申请并且得到了护照，去国外继续她的业务。这样她才能给她的员工支付工资，她是一个善良的共和主义者。说得有点过，但是很有道理的样子呢。可惜的是，对于罗丝来说，她留在巴黎的不只是她的裁缝学徒，还有她的那些竞争对手和巨额的债权。她的流亡无疑对一些人来说是喜闻乐见的。再加上罗丝之前过于殷勤地为宫廷效力。在这样的形势下，她要如何回到法国？

直到1795年1月，她的名字才终于从逃亡名单上删除了。因为有九位公民为她作证，证明这位时装商人是“按照规定与海外开展商务活动，并且按照规定前往”。她很快回到法国。那一年，她重新在黎塞留路落户。但是新一代的时装商已经出现了（其中有一些还曾经是她的学徒），他们与为数不多的旧制度的幸存者们共存。“莫卧尔王国”和她的魔法失效了，一切回到现实。在执政府时期，这位时尚商人在法国人眼中几乎是一位没有价值的设计师。战争过后，所有的女性都厌恶朴素的穿着。她们穿着薄纱，裸露胸部，卖弄风骚。构成她们完整造型的不过是长筒靴、高腰身、袒胸露肩的低领裙、透明面纱和希腊式发型。罗丝见证了一颗新星冉冉升起，而毫无还手之力。这位路易・伊波利特・勒鲁瓦（Louis Hippolyte Leroy）的名气越来越大，在成为拿破仑奢华皇宫的御用服装师之后，就与她齐名了。他成就了后人对约瑟芬的时尚记忆，就如同罗丝・贝尔坦之于玛丽・安托瓦内特。

似乎全世界都在和她对着干：她不仅要忍受旧制度下的那些不良付款人和大革命带来的不可避免后果，还要承受帝国战争给她造成的损失。这些战争首先让她无法继续为与法国交战的国家的王室和要人提供服装，接着害得她无法在这些国家追回欠款。1804年12月，拿破仑登基成为法兰西第一帝国皇帝，这标志着贝尔坦小姐的业务不得不全面终止。罗丝回到她在埃皮奈的家里，过上了隐居的生活。

1814年拿破仑第一次退位后，路易十八登上了王位。有一些王室成员还记得罗丝·贝尔坦，并且找到了一些关于她的消息。她已于1813年9月22日离世。

在很长一段时间里，时尚的权杖都掌握在男性手里。在勒鲁瓦之后，是为欧仁妮皇后和她的整个宫廷提供服装的沃斯。

今天，“巴黎贝尔坦小姐（Mademoiselle Bertin of Paris）”是一个在美国和意大利能看到的精致时装品牌。2006年，索菲亚·科波拉以玛丽·安托瓦内特为主角的电影《绝代艳后》大获成功。影片的成功，很大程度上归功于米兰拉·坎农诺以王后的华服为灵感制作的剧服。罗丝·贝尔坦是18世纪女装名垂青史的大神。

让娜·帕坎
（Jeanne Paquin）

出生于1869年的让娜·帕坎，原名让娜·贝克尔斯（Jeanne Beckers）[1]，是19世纪末第一位享誉国际的法国女裁缝，也是第一位现代女裁缝。她的天赋、优雅和她精致的作品广受好评，让她位列最伟大的设计师之一。成立于1891年的帕坎（Paquin）公司，是第一家由一位女性持有的高级时装屋，并且有非常广泛的影响力。她在很多领域进行了创新，从广告到与海外合作者联盟，从她作品中极其现代的线条到与其他设计师多种形式的合作。她的职业生涯令人惊叹。

****

从1870 ~ 1900年，从时尚先驱沃斯的闪耀登场到最新时尚大师雅克·杜塞的低调统治，美丽贵妇的外貌几乎没什么变化，一季又一季的流行变化主要靠新的装饰品来体现。这些过度装饰的服装可以称之为“挂毯风格”，它们为富裕阶级提供了参加上流社会各种社交活动所需要的装扮。事实上，它们和那些由活跃在高档街区的装饰工匠设计的座椅、华盖、窗饰有很多相似之处。1880年以来一直都和装饰艺术相似的服装轮廓，随着新世纪的到来和“摩登风格”

❶ 帕坎是她夫家的姓氏，贝克尔斯是她娘家的姓氏。——译者注

的兴起，变得更加柔软，更加虚无，更加流畅。有爆点才能吸引人，常更新才能卖得好。让娜·帕坎和保罗·普瓦雷的先后出现，将改变游戏规则。

让娜·帕坎是如何异军突起的呢？首先是她飞速的成功：当她在著名的1900年世博会上被委以重任，担任令人羡慕的时装部主席一职的时候，她刚刚三十岁，她的品牌还不满十岁——她后来被做成蜡像，身穿一件奢华的绣着金色玫瑰的便服，站在自己的展位中。1900年的世博会标志着被称为“新艺术”的奇特而短暂的艺术运动到达巅峰，其中的蔓藤花纹和螺旋装饰特别受欢迎。1878年、1889年和1900年在巴黎举办的大型世博会向广阔的世界打开了窗口。时尚产业在这里找到了国际化橱窗，奢侈品贸易成为最大的受益者。

从五年前开始，塞西尔·索雷尔、让娜·格拉涅尔、迪萨纳、夏洛特·利塞、让娜·勒努阿尔、让娜·迪里等一批知名演员，就已经在舞台上，让帕坎的服装大放光彩。她独特的风格很容易认出：她去除了标志那个时代品味的过多装饰，使线条简洁优雅，大胆地将皮草搭配轻盈的薄纱，在粉色调中加一抹亮色——“帕坎红”将会成为她的商标，就像“朗万蓝”一样。她也喜欢以意想不到的手法将之与黑色对比。就像是克里斯蒂安·拉克鲁瓦[1]的前身。她精湛的蕾丝贴花及镶边工艺同样备受关注，并且成为她持久的特色。就这样，帕坎著名的“细节艺术”从一开始就确立了，这也成为她整个职业生涯都一以贯之的特点之一。

****

让我们回看一下她的命运历程。

她是一个私生女，1869年6月23日出生于圣丹尼岛。父亲弗雷德里克·纪尧姆·贝克尔斯是一名医生，母亲名叫玛格丽特·布儒

---

❶ Christian Lacroix，1951年5月16日出生，法国著名高级定制时装设计师。——译者注

瓦。她的职业路径很符合逻辑，先在一家裁缝店做学徒，然后到位于巴黎奥斯曼大道13号的一家名为鲁夫（Rouff）的知名时装屋继续学习。她出色的气质使她很快被提拔为模特。她身形修长，仪态自然，灰蓝色的眼睛闪耀着智慧和信念。在很长一段时间里，她设计的新款服饰都是由她自己穿着展示，她也非常注重维护自己在公众面前的形象。1891年，她嫁给人称“帕坎”的伊西多尔·雅各布（Isidore Jacobs）之后，才有了明确的身份。伊西多尔·雅各布于1862年4月9日出生于一个富裕家庭，比让娜稍年长一些。他的父母从19世纪中叶开始就在冈城经营一家男装店，但是他本人是作为证券公司经纪人赚到了第一桶金，正是这笔资金让他很快在新的商业领域占领了份额。其他合伙人的退出使他成为唯一的老板，然后他娶了刚进公司没多久的服装工艺师让娜。Paquin时装屋在1891年1月19日成立了。

然而竞争非常残酷。在美好年代，一些时装屋诸如谢吕（Chéruit，1906 ~ 1935）、卡洛姐妹（Callot，1895 ~ 1954）以及将新艺术风格蔓藤花纹的“精灵裙”申请专利的马尔盖纳·拉克鲁瓦（Margaine-Lacroix，1868 ~ 1930）都是当时响当当的名字。1906 ~ 1909年，阿涅丝（Agnès）时装屋卖“裙子、大衣、内衣、衬裙、浴袍、晨衣”。克里斯托夫·凡·德莱克尔（Christoph von Drecoll）这位从1902年起就成为奥地利皇宫御用供应商的设计师，在巴黎开了分店。低调的雅克·杜塞、天马行空的保罗·普瓦雷，还有马里亚诺·福尔蒂尼·伊·马德拉佐（Mariano Fortuny Y Madrazo），都在这几年为时尚打下了基础。要知道在这个时期，高级定制时装和成衣的差别还没有清晰的定义。它们被归在同一个职业联盟中，它们所代表的两种不同的生产方式在当时还没有形成竞争关系，而是和谐共处在之间，工人根据需要，从一个公司跳槽到另一个公司，而没有等级的概念。

1910年是这个行业具有历史意义的一年。在这一年，高级定制因为担心未来发展，保护自己不被机械化生产所侵蚀，创立了一个独立的行业。从20世纪10年代开始，这两个世界就有了各自明确的功能和运行机制，并且形成了竞争关系。一个是为特权阶级服务的，而另一个则是针对平民。从那时起，高级定制或成衣都开始打出自己的王牌，前者代表奢华、手艺以及可以立即以实体展现的创造力。

20世纪初，穿衣方式还没发生根本性改变。每一季推出的最新流行色和越来越复杂的装饰品满足了人们对于新鲜事物的渴望。时装大师们使用最昂贵的面料，这些面料质地柔软特别善于表现褶皱，塑造当下流行的流动线条。冬天是皮草、丝绒和羊毛的天下。夏装和晚礼服通常用轻柔的丝、麻、棉，面料的名字都能让人产生美妙的联想：真丝雪纺、流星绉纱、珠光罗纱。就像维多利亚与艾伯特博物馆纺织品部的一位负责人指出的："由于这段时间的时尚偏爱柔和的色彩，搭配奶油色、白色的装饰，从而留下了一个传说，说这一时期是一个悠长美好、如田园诗般的夏天，到处都是花园派对。"尽管当时记者们吹捧的都是诸如"尼罗河水"、淡紫锦葵、玫瑰红和天蓝这样的色调，让娜·帕坎还是使用黑色、灰色、紫色。

在时尚杂志《优雅风度》上，她表明了自己的信条："要解除约束，想象一下看到精致的胸部轮廓是一件多么美妙的事，不应该破坏任何我们身体的结构。如果体型稍显敦实，腿有点粗，可以用褶裥让线条显得纤细，还可以用轻薄的面料和各种装饰结合在一起。"她全身心地投入她的创作，不接受任何不完美。

****

让娜·帕坎的才能还表现在，她有非凡的广告意识。为了更好地推广她的品牌，她派模特们到赛马场的过磅处周边游荡——那是优雅女士的约会必去之地；或者穿着自己设计的宴会礼服，搭配莱俪（Lalique）的首饰或者卡地亚（Cartier）提供的精美珍珠项链，盛装出现在奢华的慈善宴会上。在Paquin公司，每周都会推出新款。利亚纳·德普吉、埃米莉安娜·达朗松、美丽的奥特罗[1]不能接受她

---

[1] 这三位都是当时著名的交际花。——译者注

们看中的衣服有朝一日被别人率先穿上身。她为雷雅娜[1]设计了一件黑色罗纱外套，内搭一块用宽大的淡紫色缎带束缠绕的黑色塔夫绸，玉肩从罗纱中透出，引起轰动。

她也在媒体上表达自己的对时尚的看法，她辛辣的语言和中肯的观点很受关注。她的想法总能领先于她的时代，虽然后来她自己谦虚地说："我并没有创新，只是废旧而已。"当预感到需要一种"与现代生活需求相匹配"的时尚的时候，原本给王公贵族们设计服装的她，开始关心那些要挤地铁、坐公交或者在马路上步行的女性了。这是很大胆的决定。帕坎为她们特别设计了一系列用整块布缝制的连衣裙，但是每一件都有一个巧妙的细节，比如一颗恰到好处的纽扣、一条贵重腰带或者一个精巧的腰带扣。

她强烈反对普瓦雷和其他设计师推出的短裙裤，因为她觉得这很丑，而且没有意义。相反，她致力于改进查尔斯·波因特·雷德芬[2]为威尔士王妃设计的西式套装。为了增加舒适度，她选用柔软的羊毛呢和柞蚕丝绸来制作，为半身裙设计大褶裥，裙摆下刚好能露出鞋尖。第一次世界大战前夕，探戈风靡一时。她注意到在探戈独特的舞步下，裙子的动态很不美观。为此，她在1913年为热衷探戈舞的女士们发明了"探戈裙"，由线条流畅、下摆如花冠般张开的上衣和裙子组成。探戈裙获得了极大的成功，就如她1908年推出的短上衣加宽大长裙的帝政风格线条，她从和服中汲取灵感设计的日式大衣，她的高腰、宽松、低领上衣搭配纺锤形裙的督政府风格线条，以及她在1910年布鲁塞尔世博会上引起轰动的"花枝裙"。她总是热爱细节设计，就像这朵点缀在白色流星褶裥裙上衣上的硕大的红色虞美人。她对所有报纸都说过："如果你们要问我的创作原则是什么，我想主要是这

---

❶ 加布里埃·夏洛特·雷朱（Gabrielle Charlotte Reju），艺名雷雅娜（Réjane），1856年6月5日 ~ 1920年6月14日。成功的法国舞台女演员，也是早期的无声电影女演员。——译者注

❷ Charles Poynter Redfern，1853年 ~ 1929年。英国著名服装设计师。——译者注

几点：探索极致的简约，追求原创细节和个人品味。”

她很善于巧妙地使用可以媲美弗拉戈纳尔画作的色彩柔和粉嫩的面料，通过一些完美的手法营造出其不意的效果。她能将手中的材料塑造成弱不禁风的玫瑰或薄如蝉翼的饰边，给她设计的服装带来独一无二的浪漫诗意。她把蕾丝嵌入面料，用花枝图案装饰面料。她用利伯缇❶印花图案的双绉绸制作连衣裙，上身部分用彩色丝线绣出装饰图案。

****

她的丈夫伊西多尔·雅各布是一个精明的商人，有着精准的判断力，风流倜傥的外表，充满魅力的胡须。他是一个令人钦佩的管理者，特别是1896年与英国合伙人在多佛街39号成立了“帕坎有限公司（Paquin Ltd）”。实际上，巴黎变成了这家总部在伦敦的公司的主要分支。1912年，他们在纽约第五大道398号开了一家主营皮草的精品店，店面装修由马莱·史提文斯❷操刀设计，此外还先后在马德里、布宜诺斯艾利斯开了分店。伊西多尔自然热情的待人接物令人愉悦，在客户维护方面也发挥了充分作用。这对年轻夫妇的个人魅力与沃斯傲慢做作的待客之道相反，成为品牌最大的王牌。

1907年12月20日，丈夫的突然离世，让年仅38岁的让娜·帕坎成为公司的领头人。当时的Paquin已经拿下了和平路上的一整栋大楼，里面有几十个工作坊和几百名工人（1914年前后，公司发展达到顶峰的时候，帕坎手下有2700名员工）。她积极应战，继续推进国际化布局。在都灵世博会，她请人在瓦伦蒂诺公园里搭了一个“帕坎馆”，那是一个真正的时尚神殿；在根特世博会，她委托马莱·史提文斯设计了展馆；1914年，她在美国纽约、匹兹堡、费城、

❶ Liberty，成立于 1875 年，英国首屈一指的纺织品原创印花品牌。——译者注

❷ Mallet-Stevens，1886 年 3 月 24 日 ~ 1945 年 2 月 8 日。法国极具影响力的建筑师、设计师。——译者注

波士顿、芝加哥特别组织了“优雅的远征”巡展，让公众能清晰地认识到原创设计和层出不穷的盗版货之间的巨大差别。她的模特们戴着最早的真丝彩色假发，引起了轰动。帕坎的设计风格迷人，线条细腻，充满暗示。

她的那些游走在上流社会的销售商遍布欧洲，但是威廉二世皇帝还是亲临和平街为奥古斯塔·维多利亚皇后订购服饰。她的客人包括西班牙王后维多利亚·欧仁妮、英国王后玛丽、比利时王后伊丽莎白、葡萄牙王后阿梅莉、玛丽亚·帕夫洛芙娜大公夫人、奥斯特公爵夫人、以伊丽莎白·格雷菲勒为首的整个圣日耳曼街区[1]、普安卡雷夫人和瓦尔德克·卢梭夫人，还有一些演员诸如朗泰尔姆、夏娃·拉瓦利埃（亮绿色绸缎做衬里的黑色绸缎连衣裙）或者波莱尔（象牙色挖花真丝晚装裙），以及一些隐秘的高级妓女。

一些时尚画家以这家时装店为主题进行创作。1905年，让·贝罗生动地描绘了和平街上的《工人下班》；1907年，亨利·亚历山大·热尔韦创作的布上油画《在Paquin时装屋的五小时》，让Paquin试衣间里的场景被永远定格，画面上，巨大的塔夫绸窗帘和薄纱布幔使客人们的面色更美。这家时装屋还被写进了流行歌曲《Paquin的斜裁女工》中，歌曲由阿朗和维勒普雷演绎，后来，玛丽·波勒·贝勒还主动在演唱会上唱起这首歌：

在知名时装公司里，
有跑腿小妹，
有驻店销售，
当然还有模特。
有人做上衣部分，
有人负责缝合，
至于我，女士们，先生们，

[1] 巴黎圣日耳曼教堂周围发展起来的区域，17世纪开始成为贵族住宅区。——译者注

我的工作是做斜裁裙，
要做好一条斜裁裙，相信我，
没有第二个人，没有第二个人能做得和我一样好。

副歌部分重复哼唱：

我是帕坎时装屋的斜裁女工，
从黑夜到白天，我都在做斜裁……

****

但是帕坎夫人更喜欢和前卫的艺术潮流合作。她定制一本关于扇子与皮草的插画集的时候，与保罗·伊里布、乔治·巴尔比耶和乔治·勒帕普这三位顶级插画家合作；她一直都为伊里布制作戏剧服装；她的工作室也向俄国芭蕾布景大师莱昂·巴克斯特敞开。这位布景设计师带来的团队有着异国情调的粗狂气质，色彩丰富，光鲜亮丽，喜欢饮酒作乐的逍遥生活。让娜·帕坎为他设计了一些华丽的头巾，以水獭皮做里，外面是玫瑰色的天鹅绒。她还根据艺术家的画稿，凭着敏锐的直觉制作出了一系列"现代裙"。

让我们来看看这位精力充沛的棕发女子。她被首席工匠组成的智囊团包围着，在她们中间像女王一样，让人又爱又怕。她有时笑容可掬，有时独断专横。帕坎夫人要做出很多决定，同意还是反对，做还是拆，修改这里或者删除那里，经常有些不耐烦。她灵巧的手指穿梭在面料、蕾丝、装饰物之间。她就是这样来"雕塑"她的面料。在她看来，高级定制时装是一门雕刻艺术。在1912年1月9日的《尼斯新闻报》上，她主动袒露自己有些矛盾的工作方式："当开始款式设计的时候，我会让人把做裙子的时候会用到的所有材料，比如薄纱、绸缎、蕾丝、呢绒、刺绣等都放到一个房间里。这些东西都聚集在一起的时候，对我来说就像是一个奇妙的调色板，我把它们进行设计和搭配，做成裙子。有时候是颜色激发了我的灵感。比如我看到一个美丽的丁香紫，恰巧在它边上是一个深红色或者深蓝色。我把这些我觉得满意的颜色集中起来，然后试着用一块刺绣或者蕾丝和它们搭配。当我觉得颜色的选择和谐了，才开始考虑我要设计什么样的线条，以怎样的形式来使用这些不同的面料。或者也可以是完全相反的工作方法：我看着眼前像草稿一样的轮廓，试着寻找最适合的面料和颜色，来完成我别出心裁的作品。当我有一个设计灵感的时候，想到的并不一定是整体线条，有时候可能是一个饰品、一件剪裁创新的上衣、一只工艺独特的袖子等，这时我脑子里对于它们是什么面料、什么颜色的还毫无想法。要稍晚些，当整体都组合确定好之后，我才开始找最合适的面料和色调。”

为她提供呢绒的供应商雷蒙讲述了一个她的故事，可以看出她那无法复制的直觉：“当我介绍下一季面料的特点的时候，让娜·帕坎对一块面料的垂坠感极其满意，于是毫不犹豫地直接裁剪。而且她从来不会失误，然后让一个一级裁缝去负责把半成品完成。”一级裁缝在一个高级定制时装屋里是一个核心职位。她是艺术家和工坊之间的桥梁，她也是工坊的管理者。她要分析解释画稿，给工人工作指示，以保证在一道道工序之后，最初的设计都能够实现。每扇门后面都嗡嗡作响。一千多个员工忙碌着：那些学徒顽皮的小脸有时候看起来刚刚14岁，还有小工、二级缝纫工、工坊副理、一级缝纫工。整个繁忙的团队有时候要付出300小时的工作，只为了制作一件只穿一次的裙子。

****

对让娜·帕坎来说，时装设计师是一个神圣的职业。进入高级定制时装业和进入宗教是一样的，要对美有敬畏之心，要将自己的全部生命都奉献给美，并且要探索折磨人的完美。任何东西都不够迷人、精致、奢华、和谐。设计师的头脑运作方式是不同寻常的，并且很少休息。一半是随机海绵，一半是怪异的蒸馏器，它吸收周围的碎片，再将它们转化成灵感。这个创作的神秘过程始于微不足道的事物或者某个绝妙的感受。男高音卡鲁索（Caruso）的嗓音、厚重的乌云的细微变化、普罗旺斯泉水的声音、风中飘舞的落叶、对华托的画作的模糊记忆、莎拉·伯恩哈特[1]在舞台上的剪影，所有这些意象经过重新组合，有时候就会设计出一条裙子。

但是如果没有商业意识，灵感一文不值。她的丈夫去世之后，让娜·帕坎只能依靠她异父的弟弟亨利·茹瓦尔和他的老婆苏珊来继续完成他的创举。在普瓦雷和维奥内之前，她率先将高级定制服、内衣、皮草、配饰整合在了同一个商标和同一个屋檐下。她以无与伦比的现代理念使品牌多元化，她的客人可以在同一间店里选购礼服、装饰品、帽子或者皮草。生意非常好！

作为一家蓬勃发展的公司的创始人和负责人，她还是一位慷慨的捐赠者，将收藏的一大批大师油画作品捐给了小皇宫博物馆，她也是众多慈善活动的组织者。1913年，她被授予法国荣誉军团勋章，是第一个受此殊荣的“女裁缝”。她的公司福利也非常好。每年她都组织她的工人们以20人或30人为团队，去巴黎普拉日[2]海边度假，松树的香味和海风让她们很快恢复元气。她还为她们提供集体公寓，并且免除所有费用。让娜·帕坎本人拥有很多资产：她居住在位于圣克卢的一栋名为“格子楼”的漂亮别墅里。她在诺曼底的贝内尔维尔有一栋俄式木屋，在多维尔有一栋别墅“红玫瑰”，在耶尔的圣皮埃尔-德-霍茨有一处消夏住所——一座中世纪风格的城堡，它很有沃尔特·斯科特[3]风格。

---

❶ Sarah Bernhardt，1844年10月22日～1923年3月26日。19世纪和20世纪初最著名的法国舞台剧和电影女演员。——译者注

❷ Paris-Plage，位于法国西北部加莱海峡省屈克市。——译者注

❸ Walter Scott，1771年8月15日～1832年9月21日。英国诗人小说家，主要贡献是在历史小说写作上。——译者注

****

战争并没有打断她的业务，也没能阻挡1917年的工人罢工，在这点上，她表现出了罕见的宽容，甚至在政府面前为罢工领袖辩护（帕坎一家在社会问题上的政策一直都非常进步）。让娜·帕坎将她在圣克卢的房子改成了军用医院，并安排公司的一部分工坊制作部队行装分发到前线。然而，公司业务还是受到了极大的打击，因为时尚和战争很难友好共处。战争对幸存者的衣着打扮产生了间接的影响。那些被迫走上工作岗位的母亲、妻子、小女孩都急需新的装束来适应新的工作。

很自然的，从1915年开始，裙摆逐渐缩短，先是露出了脚踝，之后抬高到了小腿中部。1917年，她和德耶（Doeuillet）、卡洛姐妹同时推出了酒桶裙，但是这个臀部极其宽大的夸张款式并没有获得成功。在这个困难的年代，朴实低调的款式似乎更受欢迎。让娜·帕坎有没有因为这些事而觉得自己有点过时了呢？1917～1919年，她受命担任了非常权威的法国高级时装公会主席一职，之后她决定从公司隐退，在50岁的时候，她钦定工艺师马德莱娜·瓦利斯作为她的继任者，担任艺术总监，而她自己则在幕后默默关注公司的发展。直到她1936年去世——这是一个标志性的日子，她的个人魅力始终在公司保持着很大的影响力。

为什么这么早离开？也许是她预感到特权阶层互相攀比炫耀的年代结束了，为君主们设计服装、组织模特去赛马场或者歌剧院走秀的时代结束了？1914～1918年的战争引发了一场温和的革命，直到和平时代回归的时候，人们才感受到它带来的深刻变化，这些变化形成一道分水岭，将欧洲大家族及其固守的传统所代表的旧世界，与新的社会阶层所代表的新世界分隔开。在新世界里，19世纪的社会习俗和宗旨都被打破。车马随从被汽车取代，蓬松长发被短发取代，拖尾长裙被及膝长袍取代。殿下们失去了王冠，女子们抛弃了紧身胸衣。马塞尔·普鲁斯特的《在花样少女身旁》中所描写的世界，被保罗·莫朗[1]的《匆忙之人》接替。整个社会都打开了窗口。大家把自己晒成古铜色，四处探索，劈波斩浪。身体在改变，内心也在改变。

势不可挡的三人组朗万—维奥内—香奈儿为短发造型推出“假小子”风格。舒适方便的低腰短裙一统天下，运动的影响越来越广。高级定制吸引了新的客户群，比如电影演员、美国的继承者们、工业领袖的妻女等。暴发户与旧资本汇聚到了一起。浪潮日益高涨。在混乱不明的局势下，服装设计师们自寻出路，走出困境。这时迎来了爵士乐队、跨大西洋巡航、速度的提升以及疯狂年代[2]。节奏会变得越来越强。好好享受生活，也推动了一种全新的时尚。一位作者讽刺地写道：“兜帽消失了，宽檐帽也越来越少。”让娜·帕坎敏锐地意识到，她的公司需要新鲜血液来领导。她将股份重新分给了几个股东，但是她还和一些客户保持联系。

她的继任者马德莱娜·瓦利斯从战争结束的时候开始在她身边工作，她设计了惊人的水獭裙和卷毛羔羊皮裙，绣上黑玉石或者同样稀奇的双色猴毛流苏。她的皮草工艺特别精湛，她经常用这样的工艺来制作极其奢华的大衣，或者装饰外衣的领子、袖口。白鼬皮、羊羔皮、鼹鼠皮、西伯利亚紫貂皮都是她常用的皮草。她开发了一种体量很大但是很轻的“球形领”，这一造型一直到20世纪30年代末都代表了Paquin品牌的形象。她最喜欢在连衣裙上使用蕾丝，镶嵌在面料中或者做成荷叶边；也喜欢从马尼拉披肩中汲取灵感绘制图案，增加一抹异国风味。她的知名客人包括来自印度卡普尔塔拉或者布杜戈代的土邦主夫人、大胆的埃德温娜·蒙巴顿、福西尼·吕桑热亲王夫人、萨沙·吉特里[3]的妻子——喜剧演员雅克利

---

[1] Paul Morand，1888年3月13日 ~ 1976年7月24日。法国作家、法兰西学院院士、外交官，被誉为现代文体开创者之一。——译者注

[2] Les Années folles，指20世纪20年代，亦称咆哮的二十年代。——译者注

[3] Sacha Guitry，1885年2月21日 ~ 1957年7月24日。出生于俄罗斯圣彼得堡的法国剧作家、演员、导演和编剧。——译者注

娜·德吕巴克，或者年轻的达尼埃尔·达里厄[1]，她们喜欢衬里用绗缝工艺装饰的夹棉衣服，喜欢绸缎、双绉、天鹅绒面料，喜欢棕榈叶、徽章、凤凰图案。

这是一个令人感到不安的年代。疯狂年代的快乐愉悦，它对变化的渴望，它的快速发展撞上了1929年的经济危机。查尔斯顿舞[2]流行的年代抹去了女性曲线，20世纪30年代的女性优雅让人体之美重见天日。时尚声称在保留女权主义者赢得的成果的同时恢复了精致优雅，并且让人更加安心。经济危机时期是不宜大胆行动的。于是腰线回到了原来的位置，发型变成了中等长度的波浪卷。至于体型，还是结实、瘦长，像运动员一样，胸部曲线重新得到强调。自然、和谐、纯朴成为越来越受欢迎的特性。

马德莱娜·瓦利斯的精心设计，让身形线条看起来延长了两倍。白鹭或者公鸡羽毛做的长围巾披在连衣裙或者西服套装外。夏洛克·福尔摩斯的创作者阿瑟·柯南·道尔爵士的妻子佩戴的饰有一支鸵鸟毛的马鬃缎带编织的皇室蓝遮阳软帽，也是出自她手。晚装斗篷是必备单品，面料通常是黑色棉绒、白色绸缎或者法国蓝毛毡，斗篷的风帽用白鼬皮做里。

****

1931年4月14日星期二，这一天也是西班牙国王阿方索十三世退位的日子，让娜·帕坎开始了她的第二段婚姻。新郎让·巴蒂斯特·约瑟夫·努朗斯（Jean-Baptiste Joseph Noulens）曾在克列孟梭政府担任部长，1917年的时候还做过法国驻俄国大使。这场婚礼成

---

[1] Danielle Darrieux，1917年5月1日～2017年10月17日。屡获殊荣的法国舞台剧、电视和电影演员、歌手和舞蹈演员，法国伟大的电影明星之一。——译者注

[2] 美国20世纪20～30年代流行的一种摇摆舞，以南卡罗来纳州查尔斯顿城命名。——译者注

为媒体竞相报道的封面新闻。她穿着一条白色真丝塔夫绸抹胸连衣裙，腰带在后背挽成一个巨大的蝴蝶结，裙子上是用细褶做成的渐变菱形图案。但是这场婚姻是短暂的。1936年8月26日，让娜·帕坎·努朗斯因为心搏骤停在她位于巴黎大学路78号的寓所中突然离世。她被葬于热尔省的索尔贝。无论是国内还是国际媒体都对她给予了高度的赞扬。

在法国，1936年带薪假期的推出，导致了滨海旅游的突然兴起，一大批热情的民众涌向海边，开始了他们的第一次滨海之旅。户外活动的流行促使服装设计师们从那时起开始关注我们今天常说的运动装的开发。那时候还没有"成衣"一说，但是"商品"这个词已经被用在"运动服装"上。从长裤到泳衣，从缠腰裙到运动衫，大公司们为了满足美丽贵妇们悠长假期的需要，纷纷作出调整。

1936年，也是怪诞的南美洲女子安娜·德蓬博伯爵夫人进入Paquin的时间。她之前在Chanel工作，专门负责香奈儿小姐的公共关系，后来两人闹翻了。在Paquin，安娜最初负责运动专柜，一年之后接手掌管高级定制业务，在这里，她血脉中流淌的西班牙[1]基因大放异彩。她从西班牙地区性服装和委拉斯凯兹[2]或者戈雅[3]的油画中汲取灵感，西班牙头纱、黑色花朵、塔夫绸压发梳大获成功。她还化名"西班牙的安娜"在普雷耶音乐厅[4]举办弗拉明戈独舞会。对她而言，怪诞、独特、出乎意料的响板和剪刀同样重要，别具一格的作品能为社交舞会带来欢乐。她请"巴黎之夜"[5]的发起人艾蒂

---

❶ 她出生于西班牙，并且是西班牙国籍。——译者注

❷ 迭戈·委拉斯凯兹（Diego Velázquez），1599年6月6日～1660年8月6日。17世纪巴洛克时期西班牙画家。代表作《伊索》《酒神巴库司》《纺织女》《镜中的维纳斯》等。——译者注

❸ 弗朗西斯科·何塞·德·戈雅–卢西恩特斯（Francisco José de Goya y Lucientes），1746年3月30日～1828年4月15日。西班牙浪漫主义画派画家，对后世的现实主义画派、浪漫主义画派和印象派都有很大的影响。——译者注

❹ Salle Pleyel，位于巴黎，是世界上第一个对公众开放的音乐厅。——译者注

❺ 博蒙伯爵在让·科克托、毕加索等人的协助下推出的戏剧季，包括音乐会、芭蕾、诗歌、舞台剧等节目。——译者注

安·德博蒙[1]或者让·施伦贝格[2]设计配饰。他们将巨大的半宝石和从古董首饰上取下的宝石混搭，用巴洛克的装饰手法镶嵌到金子中，安娜·德蓬博用这样的配饰来点缀黑色紧身针织衫。

她以螺旋工艺和波浪下摆使皮草服装焕然一新。她用被称作“肉桂”的带状弹性丝绒面料，以螺旋形缠绕方式裹紧身体，创作出令人惊叹的“弹壳裙”。还有其他全新的面料，比如“维尔针织（Velmaille）”或者“刺猬绒”被用于制作西服套装，上衣的纽扣做成了暹罗猫头、海星、贝壳或者蜥蜴的造型。还有受吉卜赛人和多彩披肩启发设计的奢华的荷叶边裙。玛琳·黛德丽[3]、温莎公爵夫人[4]、肯特公爵夫人、阿尔莱蒂[5]都是她发布会的座上客。在亚当比罗出版社出版的关于Paquin的纪念画册中，多米尼克·西罗[6]对她的原创性极尽赞美之词："冬天，她将羊毛染成美丽的玫瑰色，做成漂亮的运动外套，搭配精灵帽。她做的大衣长至拖地，用麂皮做面，彩色皮草做里。”她让Paquin的皮草服装这一传统特色重整旗鼓，焕然一新。她将皮草用于大衣和套装裙，狐皮闪着金属光泽或者磨砂质

---

❶ Étienne de Beaumont，1883年3月9日～1956年2月4日。法国贵族，艺术资助人、装潢设计师、戏剧服装设计师、剧作家。热衷于组织夸张浮华的舞会和派对。——译者注

❷ Jean Schlumberger，1907年6月24日～1987年8月29日。法国著名珠宝设计师，以为蒂凡尼公司设计的作品而闻名。——译者注

❸ Marlene Dietrich，1901年12月27日～1992年5月6日。生于德国柏林，德裔美国演员兼歌手。——译者注

❹ 华里丝·辛普森（Wallis Simpson），1896年6月19日～1986年4月24日。本名贝西·华里丝·沃菲尔德（Bessie Wallis Warfield），生于美国，温莎公爵夫人。两度结婚，辛普森为前夫的姓。后与英国国王爱德华八世交往，后爱德华八世为娶她为妻，选择退位，后改称温莎公爵，华里丝也获得“温莎公爵夫人”的头衔。——译者注

❺ Arletty，1898年5月15日～1992年7月23日。法国歌舞剧和电影女演员，被称为“法兰西嘉宝”。——译者注

❻ Dominique Sirop，1956年1月出生的法国时装设计师，其母亲曾在帕坎担任高定服装模特。——译者注

感、卷羊毛皮波浪起伏、水貂皮被曲线裁剪。1941年底安娜·德蓬博推出了最后一个系列。绦子镶边的短上衣搭配钟型半身裙，印花绉绸裙式大衣，都呈现出浓郁的1900年风情。

1942年，安东尼奥·卡斯蒂洛继任帕坎公司设计师。在他执掌下，西班牙公主裙、扇子、头纱和无处不在的手笼延续了伊比利亚风格。他还推出了“戈雅”香水，装在小巧的斜切玻璃瓶中，并且由克里斯蒂安·贝拉尔[1]为它绘制了广告。卡斯蒂洛是一个充满幻想、专横霸道、慷慨大方的人。这个将焦躁和胆怯掩盖在漫不经心外表下的西班牙人，为帕坎注入了新鲜血液。为Paquin服务的这些年里，他在1944年为让·科克托和克里斯蒂安·贝拉尔的电影《美女与野兽》制作了服装，其中一位名叫皮尔·卡丹的新助理负责为让·马莱[2]试衣。若赛特·戴[3]就像剧中角色需要的那样娇柔脆弱。安东尼奥·卡诺瓦斯·德尔·卡斯蒂洛还为戴高乐将军[4]的女儿伊丽莎白与阿兰·德布瓦西厄的婚礼设计了新娘婚纱。甚至连非常朴素的伊冯娜·戴高乐[5]都在Paquin买了一件水獭皮大衣、一条水貂皮披肩。香水也推陈出新：1947年的“帕坎之水”“薰衣草香水”，1950年的“红装”“闪电”“暴雨天气”。和安娜·德蓬博一样，他更喜欢对皮草进行创新：兔皮印上豹纹，狐皮染成蓝色，鼬皮和水獭皮在口袋和领子上做装饰，紫貂皮宽带镶在腰间。不久，卡斯蒂洛屈服于来自美国的诱惑，跳槽去了纽约的伊丽莎白·雅顿（Elizabeth Arden），很快他又去了朗万。1946年，原爱马仕高级定制服装总监柯莱特·马西尼亚克成为他的接班人。她创作了一些以壁纸为元素

---

[1] Christian Bérard，1902年8月20日～1949年2月11日。法国著名艺术家、时尚插画家和设计师。——译者注

[2] Jean Marais，《美女与野兽》剧中饰演男主角野兽（王子）的演员。——译者注

[3] Josette Day，《美女与野兽》剧中饰演女主角贝尔的演员。——译者注

[4] 夏尔·戴高乐（Charles de Gaulle），法国军事家、政治家、外交家。1958年建立法兰西第五共和国，并担任第一任总统。——译者注

[5] Yvonne de Gaulle，戴高乐将军的夫人。——译者注

的连衣裙。

****

经过战争和这些年的侵略、哀伤和贫困，解放的法国重新找到自己的品牌。唤起战前上流社会美好生活记忆的高级定制服装得到了劫后重生。各种舞会接踵而来。上流社会又开始关注外表了。克里斯蒂安・迪奥和他的追随者们采用的是复辟年代的形象。耗费大量材料，装饰各色珠宝，紧身褡束紧的腰线，长及小腿中部的花冠裙。1947年克里斯蒂安・迪奥的横空出世，标志着20世纪服装演变史中最重要的里程碑之一。新风貌（New Look）获得了极大的成功。而Paquin也在这时候推出了宽大的新轮廓，或者如伞状蓬开，或者在下摆处收紧。

没多久，根据流行趋势批量生产的成衣将以不可抵挡之势出现。这时，Paquin与Carven、Piguet、Fath（法特）和Dessès（德塞）公司一起组成了“服装设计师联盟”。这个团体与7个成衣商合作，每人每季发行7个款式。这些产品在经过严格遴选的外省的商场里销售，这种新型生产方式成为巴黎高级定制时装对新的销售模式的最初探索。一开始效果甚微，并没有获得很高的回报率。

来自Dior（迪奥）或者Balmain（巴尔曼）的竞争让Paquin公司难以招架。所幸，来自巴斯克地区的年轻工艺师、风度翩翩的卢・克拉弗里从1948年开始设计的几个系列重新赢得了顾客的青睐。同时，马克西姆・德拉法莱兹——伊夫・圣洛朗的灵感缪斯露露的母亲——不仅主管精品店，还设计了一些有趣的饰品。有一次，这位棕发的德拉法莱兹伯爵夫人参加一个晚会身穿一件紧身连衣裙，旋转的荷叶边让裙子体量变大：黑色的泡泡丝绒外镶着塔夫绸。整个造型搭配烛台状的吊坠，达到最美的效果。

我们看到Paquin推出的廓型出现了一些变化，肩部变圆、紧身带强化了胸部线条、腰身更细、髋部突出，使用昂贵的刺绣和面料。Paquin标志性的红色和著名的狐皮领出镜率都很高。香槟色丝绸晚装裙和群青蓝阿留申纱罗晚装裙看起来都很奢华。但是整个工作坊都要面对卢·克拉弗里的喜怒无常耍大牌。他总是以辞职作威胁，最后公司总经理普约先生接受了他的辞呈。

在他离职之后，Paquin面对顾客日益减少的情况，被迫和Worth合并。这是两家声名显赫的公司为了避免可怕的结局而做的最后努力。从雅克·法特（Jacques Fath）公司跳槽来的阿兰·格雷姆试图正面应战：他用开襟短背心更好地凸显腰身，又让公主线裁剪强势回归。但是他没能带来新的灵感。1956年7月，结盟的这两个品牌走向了终结。出现这样的结果，不仅因为在20世纪50年代到20世纪60年代初，涌现出了一大批杰出的新设计师，还因为在1929年的经济危机和第二次世界大战之后，高级定制时装正面临成本大幅提高导致部分客人流失的危险时期。很多时装屋都因此而关门大吉了。

****

1989年帕坎回顾展在里昂的成功举办，得益于曾先后担任纪梵希（Givenchy）和森英惠助理的多米尼克·西罗的热爱。展览再现了这个时装屋曾经的荣耀和辉煌成就，就好像时尚只是一个辉煌、衰退、卷土重来的漫长过程。多米尼克·西罗特别强调帕坎是“第一个打破那些服装大师固守传统的设计师。这些传统的服装大师把女性当成圣像一般过度装饰。而她预感到只有去除过度装饰才能更好地显现事物本身的结构，才能使服装更好地显示出其价值。”也许她所做的一切还不是革命性的，但是她毕竟打破了人体衣架的形象。她用宽松的裙子和舒适的褶裥让身体得到解放。她将可塑性和动态相结合，兼顾客人的体态、肤色和心理。她构思服装的时候，不仅站在设计师的角度，更站在女性的角度。

紧随其后，四位女性将脱颖而出。让娜·朗万将开发出独特的风格，并非剧烈的变革，但是充满温度，绦带编织的图案、精湛的刺绣、和谐的花朵珠绣，都展现出无与伦比的精致。接着马德莱娜·维奥内和可可·香奈儿崭露头角。这两位的个性完全相反。前者是一个手艺精湛的能工巧匠，专注于裙袍的结构和制作。后者是一个不拘礼节的自由女性，致力于树立独有的服装准则。所以说，维奥内是一个建筑师，而香奈儿是公认的风格设计师。一边是动态的雕塑，另一边是生动的语法。时尚的两个方向泾渭分明。这部女性四部曲的最后一位是艾尔莎·斯基亚帕雷利。她将自己幽默夸张的配饰带入了高级定制时装，并且预示了当代成衣最有创意的发展。

让娜·朗万
(Jeanne Lanvin)

每个设计师都有一个秘密。让娜·朗万很注意保护神秘的面纱不被揭开。她是一个严格、专制、精明、勤奋的女人，她更是一个低调的女人。她的个性被隐藏在一团迷雾之中，让人看不透彻。童年的她生活在家庭的阴影中，后来女儿的诞生照亮了她的生命，而工作中的她感受到了持续不断的明暗交替。她一直都是一个热情又谦虚的开拓者。她的深度和她的复杂性成为她的印记。Lanvin公司的发展和创造力都是源自于她。她的事业覆盖了帽业、童装、男装、高级定制时装、香水、皮草、内衣和装饰品。1946年，让娜·朗万去世的时候，她公司的高级定制业务正欣欣向荣；更难得的是，半个多世纪以来，她一直朝着一个方向在前行。她是一位杰出的创作者，她的创造力至今影响深远。

****

朗万这个名字第一次留下痕迹，是在朱丽叶·德鲁埃[1]和维克多·雨果（Victor Hugo）之间数目庞大的通信中。这位浪漫的女演

---

[1] Juliette Drouet，雨果的情妇，并最终发展成相伴50年的感情。期间朱丽叶给雨果写了大量的情书，目前约有18000封保存在法国国家图书馆，另有《致维克多·雨果的1001封情书》被编辑出版。——译者注

员因为对一位伟大诗人的爱，把她过去的情债都清理了，在信中她写道："我派朗万去当铺了。"为了一个穷诗人而放弃了众多有用的情人，代价是很大的。这个被信任的信使，帮忙打杂的好心人，是让娜·朗万的父亲，康斯坦丁·贝尔纳·朗万。他在雨果与人联合创办的日报《提醒》(*Rappel*)中担任记者，还是这位作家的家务总管，为他打杂。当朱丽叶·德鲁埃送给还是孩子的让娜·朗万一条小金链子的时候，就像从天而降的魔法棒，让她看到了命运的征兆。

朗万于1867年1月1日出生在马扎里纳街35号的一栋简朴的房子里。她的童年是悲伤灰暗的。她的母亲苏菲·布朗什·德塞一共生了11个孩子，而让娜——她的家人更喜欢叫她杰妮——是第一个孩子。因此在她的童年里，唯一留下记忆的就是每隔12个月或者18个月就有一个新成员诞生。无法回避的长姐身份唤起了她的责任心，并且让她不能任性妄为。让娜从很小的时候就开始操心一家大小的事，在弟弟妹妹们眼中，她就像是第二个妈妈。

1880年，让娜的父母决定送13岁的她去博尼（Bonnie）夫人店里当学徒工。这是一家位于福布尔圣奥诺雷路3号的小型时装店，帽子卖得非常好。学徒工比工人还要低一等。虽然她已经离开学校，却并不享受任何权利。她是如何学习手艺的呢？一整天，她都被使唤着用磁铁把掉在地上的大头针吸起来，清扫散落的线头和边角料，准备与面料搭配的针和线，搬运布卷，帮忙拉布，端茶倒水，冲咖啡，递香烟。能不能学到东西看工人是不是有心教，学徒是否用心学。至于钱，少得可怜或者根本没有，因为还只是在学习阶段。随着时间推移，有韧劲或者有天赋的学徒晋升为小工，终于能接触一些职业技能，然后才是工人、二级工匠，最后极少数的人能成为一级工匠。等待她的未来是怎样的呢？杰妮坚持将自己存下的第一笔钱全部换成了金子。这枚来之不易的金路易，被让娜·朗万当成吉祥物珍藏了一辈子。每一年圣蜡节[1]的时候它都会出现，在工坊里转一圈，裁缝们围着传统煎饼，一一传递这枚金路易，祈求避开霉运。

1883年，让娜·朗万进入了著名的费利克斯（Félix）制帽—制衣工坊。这家工坊位于福布尔圣奥诺雷路22号，是后来的Lanvin时装屋的摇篮。让娜被提拔为首席帽子装饰工匠，很快收入提高到一个月20法郎。勤劳灵巧的她，偷偷地躲在自己房间里给娃娃做帽子，卖给玩具店，赚一点外快。16岁的时候，她第一次设计了自己的款式。在费利克斯夫人这里，她学会了做精细草编、花型饰品和缎带饰品，以及如何将各种色调和各种小饰物搭配组合。离开费利克斯之后，她受雇于一家位于马蒂兰路32号的时装和饰品公司：科尔多与拉戈丹（Cordeau et Lagaudin）。在那里，她成功地一级一级爬到了首席装饰工艺师的位置。

1885年，18岁的她和一位西班牙知名时装大师玛丽亚·贝尔塔·瓦朗蒂（Maria-Berta Valenti）夫人签了协议，去巴塞罗那从事时尚装饰工艺师的工作。在瓦朗蒂夫人的帮助下，这个求知欲很强的小姑娘掌握了高级定制时装需要的所有工艺。

不久，让娜·朗万回到巴黎，带着口袋里的40法郎以及300法郎的贷款。她决意用自己的名字开设公司单干。她在马尔谢圣奥诺雷路租了两个房间。Lanvin帝国就是以这个帽店为基础建立起来的。当她将自己的名字挂在店墙外，然后又印在标签上的时候，帽子的形状和功能还没有发生根本性的变化。因此她创作了最后一批传统帽饰，也创作了第一批新型帽饰。她的作品从简单的绣珠发带到工艺更复杂的帽子，应有尽有：系带风帽、宽檐小帽、钟形帽、无边软帽、头巾式帽、两角帽或三角帽。除了管理库存和维护客户，其他时间她都用来进行款式的创作。装饰对她来说已经不仅仅是一种

[1] 法国宗教节日，在圣诞节后的第40天，即2月2日，是圣诞节正式结束的日子。按照习俗，在这一天要煎出薄薄的、像太阳一样金光灿灿的鸡蛋饼。如果希望全年都拥有财富与昌盛，人们在将薄饼抛起来翻面煎时左手还要手持黄金。——译者注

现实，而是进步的价值。她是一个出色的管理者，各方面的能力都很强。

1889年，她把公司搬到布瓦西当格拉路16号，1893年，她的品牌落户于福布尔圣奥诺雷路22号。一群富有的客人涌向她店里，被她那些奢华美丽的帽饰深深吸引。时代的变化也会体现在帽子上：这时立在头顶的迷你帽比包住头的小帽子更受欢迎。19世纪末帽子的独特风格在20世纪初发展到了令人吃惊的比例关系，并且随着纤长线条的流行，变得更加夸张。20世纪10年代流行的帽檐宽而平的遮阳帽上，装饰着缎带、鲜花或者奢华的鸵鸟毛。这些帽子需要用很多细长的发卡才能固定在蓬松的头发上，和珠宝一样贵重。

她和香奈儿一样，都做过制帽商。在公司的档案里，我们看到一篇19世纪末的报道。记者站在货架前，看着琳琅满目的童帽、系带风帽、贝雷帽、蕾丝翅膀装饰的天鹅绒褶皱头饰、装饰着菊花、玫瑰花束和紫罗兰的帽子等，惊叹不已。摄影师给她拍了照。照片上，她炯炯有神的眼睛和紧闭的双唇，带着一抹嘲讽的意味。肤若凝脂，秀发织辫，鼻子高耸修长。整张脸看起来很严肃，同时又显示出谨慎和坚定。后来常有人诟病她总是不苟言笑。

虽然一些客人在制帽店有赊账，公司的营业额还是飞速增长。她的发型装饰和镶花边软帽都获得了极大的成功。但是让娜·朗万并不满足于一时的荣耀。她没有因为成功而飘飘然，为了更好地把握时代潮流，在她妹妹玛丽·路易丝的陪同下，她开始经常出入社交场所。隆尚的跑马场成为她最爱的观察点。朗万姐妹一边聊着天，一边审视那些优雅贵妇，比较她们的衣着和妆发，评价它们在不同人身上的效果。

一天下午，她在跑马场上遇到了一位有着尊贵姓氏的意大利骑士埃米利奥·迪·彼德罗（Émilio di Pietro），他只是一个办公室文员。但是这满足了她对一位神秘遥远的“伯爵”所抱有的幻想。这个时刻对她的个人生活和职业生涯都带来了深远的影响。1896年2月20日，两人在巴黎结婚，1897年8月31日他们的女儿玛格丽特·玛丽·布朗什出生。1903年两人离婚的时候，让娜·朗万得到了女儿的抚养权。离婚后的两人走上了截然不同的人生之路。一个整日荒唐行事，另一个沉迷于工作和创作。对让娜来说，成为母亲的巨大惊喜弥补了婚姻失败带来的伤害。毫不夸张地说，玛格丽特是被她捧在掌心里养大的。莉莉特[1]是她的骄傲和快乐。

为了让女儿得到成功和幸福，她把工作以外的所有时间和精力都倾注在了女儿身上。女儿和公司成为她生活的两个重心，并且互相影响。时尚精品店是朗万的杰作，她的女儿也是，这两者都需要投入大量的爱心、照料和敬畏之心。为了这个小女儿，她重新学习，针线在她指尖飞舞，一圈又一圈，粗缝、旋转、缝褶、绣边。伊丽莎白·巴里耶[2]评论道："慢慢地，一个衣橱的衣服逐渐成型了，从来没有哪个孩子穿过这么多让人眼花缭乱的精美衣服，每一针每一线都充满了浓浓的爱意和惊人的才华。"让娜把玛格丽特当成她永恒的创作。她必须无时无刻都衣着完美，并且保持无可指摘的仪态和修养。在多维尔和比亚里茨的海滩上，那些戴着光泽诱人的珍珠饰品、色彩缤纷的七环手镯、身穿前卫泳衣的贵妇们都前来结识这位性格内敛、面带微笑的平民。她们恳求她给她们的女儿设计衣服，这些小女孩都是巨额财产或者贵族身份的继承人。

因玛格丽特而起，由玛格丽特所促，让娜成了儿童服装设计师。"慈母手中线"完美地诠释了她的人生主旋律。当玛格丽特长大成人的时候，她的母亲也随之成为一个纯粹的时装设计师。可以说这个优雅的帝国是由母爱缔造而成的。那些极致优雅的服装首先为玛格丽特在她的朋友圈、社交圈缔造了神话，接着影响到了周围所有女性，老少通吃。热罗姆·皮康注意到：围绕着玛格丽特的魅力光环，对她的生活产生了影响，为她母亲的职业生涯带来了决定性的改变。让娜将那些受到亲友们赞赏的独一无二的款式进行复制，将它们变为商品，她的职业领域从制帽业扩展到了时装业。后来，妈妈们也

---

[1] Ririte，让娜·朗万对她女儿的爱称。——译者注

[2] Élisabeth Barillé，1960 年 10 月 3 日出生的法国作家。撰写了《时尚记忆》（*Mémoire de la mode*）丛书中的《朗万》分册。——译者注

都来定制和她们的女儿一样的裙子：柔软舒适、真丝质地、线条流畅、色彩鲜艳、令人陶醉。

****

1908年，童装部成立，这一时尚领域迎来了新的发展机遇。充满智慧的让娜·朗万删除了小女孩衣柜里必不可少的海军装和厚重的连衣裙。她进行了创新：金色纽扣的法兰绒上衣，黑流苏白鼬皮大衣，领口绣满珠宝的短袖套头长裙。她还设计了一款“波光裙”，那是一款红色塔夫绸连衣裙，肩背部覆着一块金色的蕾丝披肩，裙子上绣满了金丝带。她用她独有的方式运用绢纱、丝绸和欧根纱。她解放了儿童的身体线条，使他们摆脱了可笑的复古主义者长久以来维护的耸肩缩颈形象。这些作品都很精致高雅，纯手工缝制，清新迷人。她反常规地采用了长而直的腰身，来凸显面料的流动性。当她为了维持造型把折边揉皱再卷起的时候，她并没有意识到这开创了著名的朗万风格的印记。她在那些精心设计的考究作品中融入了一些幻想和童真，却丝毫不显幼稚。

那些富有的家长们纷纷前来抢购这些豪华的服装，只为了让孩子能够衣着光鲜高雅，以彰显其品味、阶层和社会地位。每个人都梦想着能让自己的后代穿上让娜·朗万的作品。公司最著名的童装当属20世纪30年代为英国年幼的伊丽莎白公主[1]和玛格丽特·罗斯公主[2]设计的服装。她还为乔治六世[3]的女儿们的洋娃娃做了同样的衣服。1907年起，她雇佣了将近100名工人。

1907年8月，四十岁的让娜·朗万和曾担任法国驻曼彻斯特领事（1902年）的《时报》（*Temps*）记者格扎维埃·梅莱（Xavier

---

❶ 现任英国女王伊丽莎白二世。——译者注

❷ 伊丽莎白女王唯一的妹妹。——译者注

❸ 伊丽莎白女儿的父亲，已故英国国王，1936年12月12日～1952年2月6日在位。——译者注

Mélet）结婚。制帽商的第二场婚姻遵循了社会风俗，使她摆脱了单身母亲的身份。在公众面前他们是一对模范夫妻，但是他们的婚姻毫无激情。格扎维埃·梅莱在很长一段时间里都扮演着躲在著名时装设计师背后默默奉献的丈夫的角色，实际上他们早就分房睡了。

再婚之后，让娜发现这个表面看起来更加稳定的社会身份让她可以集中所有精力来实现她雄心勃勃的计划：将她的时装屋正式扩大成为高级定制时装公司。从1906年开始，保罗·普瓦雷就同时带来了两项革新：放弃紧身胸衣，采用帝政风格高腰裙；运用鲜艳、对比强烈的色彩。他的时装系列先后带来了新古典主义色彩和神秘东方主义色彩。更重要的是，他是第一位试图将时尚设计与人文概念结合起来的西方服装设计师。在他看来，服装应该融入所处的环境，表达一种生活方式。

1908年，让娜·朗万又开辟了"少女部"和"女性部"。第二年，她加入了巴黎高级时装公会。让娜·朗万在1909年第一次以"女裁缝"的身份出现在巴黎商业年鉴上。1910 ~ 1911年冬季开始，她在女装上采用当时流行的督政府风格或者帝政风格线条，推出一些曲度不明显的高腰直身长裙。她不拒绝任何大胆创意，所以当羽饰头巾流行的时候，她调皮地推出了插着玫瑰的发带，或者绣着绿宝石的晚装软帽。她从一开始就主打线条简洁、女性化的连衣裙，重点放在那些绝妙的细节上，比如在领圈或者袖子上的褶皱。她的作品面料肌理丰富甚至有些繁复，装饰着各种花边。珠绣和刺绣是朗万风格的两大法宝，经常出现在流苏腰带和长及脚踝的裙子翻边上。她尤其钟爱用饰带装饰服装。于是我们看到这条1910年推出的用玫瑰色真丝和黑色薄纱做的晚礼服，裙子上用金色饰带绣出精致的细密条纹图案。提花面料或者贴花面料被用在服装上，产生了最令人惊叹的效果。我们看到1912年的一条简洁的蓝色条纹真丝午间裙，裙子的领子、袖子和下摆的位置都装饰着提花褶裥荷叶边。面料本身的细节不如刺绣那么张扬，特别适合用在日间服装上。虽然并非每一件朗万服装的整体外观都独具匠心，但是装饰、珠绣、刺绣和其他细节，有时甚至是一些很细微的细节，都确保了她的独特之处。让娜·朗万的服饰已经显示出了能让人一眼识别的特征：不同面料和肌理之间的巧妙组合和非常独特的色彩感。她将野兽派绘画的色调发扬光大：黄绿色搭配锈红色，橙色搭配赭石色。特别优雅的黑白配也经常出现。

针对那些经常旅行的女子，她设计了用各种丝绒和哔叽面料做的各种西服套装裙。在裙摆或者上衣下摆加了两颗精致纽扣，让整体看起来像是骑马装。英国被她的魅力所折服，一些贵族夫人在她们的女儿初进宫廷的时候，毫不犹豫地求助于她天赋的艺术原创力。让娜·朗万完成了一项壮举，在一个月内，为她的伦敦贵客即兴创作了17款不同的服装。她设计的一套柠檬黄溜冰服为她赢得了巨大的成功，被刊登在《女性》(*Femina*)杂志上。有一天，两个姑娘在溜冰场上撞到了一起，笑着跌倒在地。她们互相看了一眼，就笑不出来了。她们身上穿的昂贵的Lanvin灯笼裤套装撞衫了，头上戴的钟形帽也是同款。所幸，一个穿着狐皮外套，另一个穿着的是卷毛羔皮外套。

事实上，让娜·朗万在1912年开设了皮草部。当时毛皮硝制技术取得了巨大的进步，看不出拼接差异，表面看起来就像是一整块面料。让娜·朗万很早就树立了史学服装设计师的形象。因为她自己不会画设计图，而是通过她的工艺师表达她的想法，所以这一点变得尤为重要。为了汲取灵感，她疯狂地查阅各种画报，收集成巨大的资料库。这些剪贴和资料让她经常从图像所描绘的角度看待时尚，也经常从过去几个世纪中汲取灵感。

****

第一次世界大战并没有影响到奢侈品贸易的蓬勃发展。其他人关店的时候（比如玛德莱娜·维奥内和普瓦雷），朗万还是保持着自己的地位。鉴于当时的形势，Lanvin时装屋的色调也变暗了。由于制作高级定制时装所需要的原材料供给问题，时装的款式简化了，高雅的定义又倾向于端庄朴素。这位设计师仍然努力保持平静，安心工作，她也希望能保持出品的最高水准。

在工作坊里，物资的到达、储存和可用劳动力的管理有条不紊。热罗姆·皮康[1]这样写道："事实上，在战争期间，时尚变化的速度比起战前和战后那几年都慢，但是也更让人捉摸不透，国际冲突本身的演变也无法预计，所以它对服装习俗带来的影响也常常不太清晰。"因此朗万夫人推出了两种不同类型的款式：一种是白天穿着，简洁朴素；另一种是夜生活穿着，有更多的装饰。晚礼服通常露出一截腿。让娜·朗万继续出口她的作品，1915年参加了旧金山国际博览会（这使她在美国的威望比她的巴黎同行更加持久），1917年她为美军重新设计了军装。现代军人要适应新的战斗服，收腰夹克彻底取代了那些不舒适的外套。

1917年，让娜·朗万和她的女儿一起搬到了巴黎十六区比若大道9号的豪华公寓里。她把福布尔圣奥诺雷路22号整栋楼都投入了高级定制时装业务，并且，为了表达对家庭最大的热爱，她把所有亲戚都招到了公司里。但是在她办公室的门上，挂了六个字母"Madame"[2]，表达了她无声的威望，并且不允许任何人逾越。她的公司里包含两个边饰工坊、两个裁缝工坊、一个内衣工坊、一个帽子工坊、一个绘画工坊和两个刺绣工坊。这是让娜·朗万不同于其他服装设计师的一个特色，她不把任何工作假手外人。经过多年的积淀，工艺精湛的珠绣作品成为品牌真正的符号。在她这里没有革命性的线条，有的是用不断创新的绚烂工艺制作的出类拔萃的高级定制时装。

她的头发挽成发髻，眼睛不大，但是明亮而坚定，淡漠的面具后面似乎隐藏着一些激动，看起来让人捉摸不透。成功对她来说是极大的鼓舞。在战争结束前，她与后来的竞争对手可可·香奈儿几乎同时先后在多维尔和比亚里茨开店。她将一些款式名字注册为"里维耶拉""多维尔"或者"特鲁维拉"，还有一款叫"运动"。

---

❶ Jérôme Picon，《让娜·朗万》（*Jeanne Lanvin*），弗拉马利翁出版社（Flammarion），2002。

❷ 夫人，员工对公司女老板的尊称。——译者注

20世纪20年代，时尚界有两大流行趋势——传统女性风格和现代主义风格。让娜·朗万是浪漫主义运动的领头人。她用色调柔和的欧根纱和波纹塔夫绸制作梦幻的裙子，装饰着缎带、手工造花（通常点缀在腰间）和蕾丝。这些款式都带有异国情调或者历史风韵，最后呈现出的“复古裙”上衣有鲸骨支撑，裙子腰间收紧，下面蓬开，裙摆刚好落到脚踝之上。再配上用饰带装饰的草帽和尖头皮鞋，整个造型就完美了。而这一切都是可可·香奈儿所抵制的。

****

1920年的香奈儿小姐是一个37岁，没有孩子，虽然各种关系被传得沸沸扬扬，但是仍然像空气一样自由的女子。朗万夫人已经53岁，还有一个23岁的女儿。香奈儿全力打造自己的设计语言，而朗万不遗余力地制作怀旧的复古裙。对香奈儿而言，最好的广告就是她自己。因为她本身就代表了她的客户群的形象，她开创的风格和设计都可以由她自己代言。而相反，让娜·朗万体型壮实，气场强大，这与她创作的服装所要表现的青春活力形象完全背道而驰。她自己更喜欢穿黑白色，很少装饰的庄重朴素的套装，并且必须搭配一条珍珠项链。她所设计的那些无袖低领的复古裙她一条都穿不了。她尽量躲避聚光灯，而香奈儿正相反，她寻求关注。如果说普瓦雷是古怪的，香奈儿是强势的，那么朗万就是沉默而内向的。她总有一种距离感。而且她很少在媒体上谈论她的工作，因为她对自己的天分有足够的自信，知道她只需要用作品来说话。和那个奥弗涅女子[1]完全相反！

1925年之前，朗万的作品在评论界的口碑和在市场的知名度都高于香奈儿。之后，雄心勃勃的香奈儿由于她众所周知的私人生活而赢得了更多的美誉和声望。但是让娜·朗万给她来了一个漂亮的反击。她的女儿玛格丽特在1917年嫁给了勒内·雅克迈尔·克列孟梭，乔

[1] 指可可·香奈儿。——译者注

治·克列孟梭[1]的孙子。为了这对新人，她买下了位于巴尔贝德茹伊路的一处府邸，雷雅娜的朋友阿科纳蒂·维斯孔蒂侯爵夫人在19世纪80年代的时候曾在那里住过。她甚至决定在这栋房子外加一个建筑，让她的医生女婿开诊所。但是计划赶不上变化，这对年轻的夫妇很快就离婚了。1924年4月28日，玛格丽特大张旗鼓地嫁给了让·德波利尼亚克伯爵。在她丈夫的要求下，她放弃了自己的第一个名字，改叫玛丽·布朗什·德波利尼亚克。德波利尼亚克一家的星期天特别受欢迎，他们家的沙龙向一大群杰出的艺术家开放。这场婚姻让Lanvin公司受益匪浅。富裕的德波利尼亚克家把所有的贵族和年轻貌美的女性音乐家、作家都引向了朗万，首先就是伟大的钢琴教育家娜迪亚·布朗热。一些附庸风雅的暴发户也慕名而来，以确保自己穿着得体。让娜·朗万代表着法国标准，象征着经典。她的客人经常穿着Chanel吃午餐，而到了下午茶时间，就换上了Lanvin。

终于，战争结束了，物资紧缺的年代也结束了。让娜·朗万擅长的刺绣和珠绣装饰迎来了一次新浪潮。她还将高级时装中珠绣的工艺延伸到新奇首饰的制作上。蓝色最终成为品牌的标志色，一个充满诗意的主题广告色，将她与两个最大的竞争对手区分开：喜欢奢华色彩的普瓦雷和专爱黑色的香奈儿。这个著名的蓝色——朗万蓝——是她从“温柔的弗拉·安吉利科”[2]那里借来的。她能盯着他的作品看到“脖子僵硬”。她可能也受到了中世纪彩绘玻璃中的钴蓝的影响，或者只是看到了一片没入薰衣草田的天空，总之她的新发现让这个颜色成为她的专属，并以她的名字命名。这个来自15世纪的蓝色在她这里不仅是一个色相，更是一种心境，不仅是一个色调，更是一种标志。这些珍贵的朗万色！可不仅是蓝，还有珊瑚红、渐变粉、波利尼亚克桃红（她为女儿开发的颜色）、樱桃红、锦葵紫、

---

[1] Georges Clemenceau，1841 年 9 月 28 日 ~ 1929 年 11 月 24 日。政治家、新闻记者，曾任法兰西第三共和国总理。——译者注

[2] Fra Angelico，1395 年 ~ 1455 年 2 月 18 日。意大利文艺复兴早期画家。——译者注

杏仁绿、委拉斯凯兹绿（致敬这位大画家）。她天生就对色彩有很强的悟性，与画家们的交流使她的色彩感更加细腻。她经常来往的画家有维亚尔、博纳尔等，她还收藏奥迪隆·雷东和雷诺阿等艺术家的作品。她说，自从见到印象派画家和他们表达颜色和光线的独特手法，她就深受启发，想要在她的作品中融入一种意境。为了得到做裙子的理想颜色，她甚至于1923年在楠泰尔建了自己的染织工坊。她经常使用一些让人平静的渐变色。

****

让娜·朗万还喜欢环游世界，通过这些旅行，她建立了一个独特的“面料图书馆”，为她提供来自世界各地的图案和主题灵感。作为经验丰富的收藏者，她发现了科普特[1]刺绣和中国刺绣的精妙，日本文化和波斯文化的绚丽，并且将它们重新运用到当代时尚设计中。大量的饰带和丝绒圆片，丰富的亮片和丝线，精细的刺绣和绝妙的组合，把她的想法都变成了现实。

“她的裙子就像花瓶里的鲜花一样美丽。朗万和我一样讨厌农田野。”萨沙·吉特里[2]说道。他是朗万一个非常重要的朋友，朗万为他一任又一任妻子设计服装。当他亲自陪同试衣的时候，她就知道他陷入爱情了：在他眼中，出街时装的每一个细节都和舞台服装同样重要。领子的裁剪、褶裥的位置，都融入他想给他心爱的女子塑造的形象中。让娜·朗万是这位舞台之王理想的朋友，每次彩排都记得请她观摩欣赏。伊冯娜·普兰当[3]哪怕在1933年离开萨沙·吉

❶ 科普特（Copt）一词的词源较为复杂。据历史记载，亚述人称古埃及为 Ki-Ku-Phon，意即“神祇之地”或“灵魂之地”。古埃及人借此作为自己都城孟夫的别名。泛指埃及和所有埃及人。——译者注

❷ Sacha Guitry，1885 年 2 月 21 日 ~ 1957 年 7 月 24 日。法国著名演员和剧作家。有五段婚姻。——译者注

❸ Yvonne Printemps，1894 年 7 月 25 日 ~ 1977 年 1 月 18 日。法国著名歌手、演员，于 1919 年嫁给萨沙·吉特里。——译者注

特里之后，仍然是朗万的忠实客户。她后来与演员皮埃尔·弗雷内共同生活，并最终嫁给了他。这并不妨碍朗万继续为第三位吉特里夫人雅克利娜·德吕巴克服务。这位迷人的女子承认，当她看到节目单上写着“无论在生活中还是在舞台上，雅克利娜·德吕巴克穿的都是让娜·朗万的设计”的时候，觉得特别“吉特里”。

朗万公司给许多出色的演员设计服装，但是舞台装和出街装的差别微不可循。玛丽·皮克福德、塞西尔·索莱尔❶、阿尔莱蒂都很喜欢这种始终兼顾舒适度的被升华的自然美。1925年，朗万夫人被授予法国荣誉军团勋章，而给她颁奖的正是萨沙·吉特里。他的贺词别出心裁：“一直以来，人们对您的赞美如玫瑰花瓣，予你芬芳。而今天您终于戴上了花环，众望所归。祝贺您，艺术家，实至名归。就在今晚，让我们举杯共庆，让我们齐声高唱：这个为仙女授勋的政府，万岁万岁！”

与艺术家、作家、音乐家和布景师的亲密来往，让朗万得到了更多与之合作的机会，也因此提高了她对艺术世界的浓厚兴趣：1901年，她为《西拉诺》❷的作者埃德蒙·罗斯丹制作了法兰西学院院士服。她还先后为女诗人安娜·德诺阿耶和路易丝·德维尔莫兰❸设计服装。她和阿尔芒·阿尔贝·拉托❹合作，开辟了“Lanvin家居装饰品”线，还应女演员让娜·勒努阿尔之邀，为位于巴黎歌剧院附近、于1921年开幕的多努剧院做了室内装修。朗万和拉托这两位的品味很一致。他们设计了一款首饰盒，蓝色天鹅绒，金色细木壁板，做工非常精致。然后他们终于开始着手位于福布尔圣奥诺雷路的店面的装修，并且通过这个项目展现出了

❶ Cécile Sorel，1873 年 9 月 7 日 ~ 1966 年 9 月 3 日。法国女演员。嫁给塞居尔·拉穆瓦尼翁伯爵而成为塞居尔伯爵夫人。——译者注

❷ Cyrano，该剧后被改编为电影《大鼻子情圣》。——译者注

❸ Louise de Vilmorin，1902 年 4 月 4 日 ~ 1969 年 12 月 26 日。法国诗人、小说家、剧作家、记者。她撰写的《可可回忆录》于 1957 年出版。——译者注

❹ Armand-Albert Rateau，1882 年 2 月 24 日 ~ 1938 年。法国知名室内设计师兼家具设计师。——译者注

异于寻常的想象力。电梯轿厢的雕镂栅栏门和人像装饰使它成为超出人们想象的新奇之物。橡木壁板和壮观的门都显示出梦幻奢华。这对无与伦比的双人组合通过造型、构成和色彩搭配所表达出来的艺术感让人赞叹。在让娜的邀请下，拉托为下文还会提到的“琶音（Arpège）”香水设计了奢华的黑色球型香水瓶。Lanvin品牌绝妙的标志性图案则是出自绘图平面设计师保罗·伊里布之手。他用单线勾画了朗万和她的女儿穿着舞会服装的形象，旋转的线条有一种轻舞的感觉。

当这位时装设计师于1924年在香榭丽舍圆形广场4号成立Lanvin香水股份有限公司的时候，她心里有一个坚定的信念：无论从时尚的角度还是从生活的角度来看，香水都是必不可少的元素。这关系到一个人的风格，是极其重要的嗅觉配饰。因此，为了开发第一批香水，她做了很多前期准备。她首先将配方的工作委托给了一位俄罗斯女调香师，玛丽·泽德（Marie Zède）。“虹彩（Irisé）”是开启这场冒险之旅的开山之作。随后而来的是“卡拉·杰努（Kara Djenoun）”，这个名字来自于对一次埃及之旅的回忆，之后“田野（Le Sillon）”“塞浦路斯（Chypre）”“如此那般（Comme-ci Comme- ça）”“迷恋（J' en raffole）”“总督夫人（La Dogaresse）”等接踵而至。1927年前至少有14款香水相继问世。1924年调制出的“我的原罪（My Sin）”是玛丽·泽德为她研发的最后一款香水，当它于1925年投放美国市场的时候，第一次赢得了巨大成功。层次丰富的木调和花香经过出人意料的调和，创造出来的这款香氛令人向往。1925年，年仅27岁的年轻的调香师安德烈·弗雷斯出现了，让娜·朗万充分挖掘了他的天分。他进入了位于楠泰尔的实验室，并于1927年推出了他的第一个作品“琶音”。大师级作品！它成为Lanvin公司的传奇香水。其他香水的成功也随之而来：1928年的“皱花瓣（Pétales froissés）”和“遗失的灵魂（L' Âme perdue）”，1934年的“喧嚣（Rumeur）”，1937年的“借口（Prétexte）”，而“丑闻（Scandal）”则是调香精英们公认的最佳皮革调香水。Lanvin公司成为香水业中最引人注目的一员。

现在回过来看看关于"琶音"的故事。这是为了玛丽·布朗什·德波利尼亚克（玛格丽特）的30岁生日而研制的一款香水。下达给调香师们的指令很简单："不要考虑流行，也不用担心预算，我只要完美！"她想看到他们创造出一种新的瑰丽芬芳，超越自然。超过60种鲜花香精被集合在一起，包裹在乙醛中，最后加上龙涎香和香草的香调。这样调和出来的香味层次丰富、变幻莫测。已经成为优雅的音乐家的玛丽·布朗什初闻芬芳便惊艳道："就像琶音一样美妙！"名字就这么定下来了。这款香水迅速在市场上引起轰动。柯莱特赞美它的现代感，路易丝·德维尔莫兰写道："探索这款香水，能感受到鲜花、水果、皮草、落叶交融在一起的味道。"然后她请塞弗尔陶瓷制造厂打造了香水瓶，瓶身是一个黑色的球形，顶上冠以铜制的松果型瓶塞。

****

让我们潜入公司的档案室：这里有将近25年的珠绣和刺绣小样，超过500款的所有系列的完整画稿。1925年，Lanvin工坊有超过800名雇员，这还没算上销售人员。每一个系列都会推出300个款式。她那些以18世纪X型轮廓为灵感的著名的复古裙，在一季又一季的更替中，不断改进，更臻完美。十年又十年，她的设计展现了众多变化：裙子的宽窄和长短、服装的比例、裁剪和细节。宽大的裙子在朗万夫人眼中就像是画家的油画布，她可以在上面添加各种刺绣、钉珠和贴花图案。她设计的公主裙、卡玛尔戈裙、第二帝国线条等都充满了现代感。这种蓬蓬裙风格，直到20世纪20年代前夜一直占据着统治地位。即便后来管型短裙成为最新流行，她还是坚持自己的风格。

她根据当下的时尚品味，与时俱进地进行再创作，使得那些造型优雅又与时代风尚高度匹配的浪漫主义风格的裙子仍然深受欢迎。她将触角伸向了成人礼舞会裙（成人礼舞会标志着女孩第一次在社交场合亮相）和婚纱领域。在20世纪20年代，她坚定地与流行的管状短裙廓型抗争，推出了塔夫绸和象牙罗纱制作的有鲸骨撑起的裙子。

1927年，中世纪的影响尤为显著。从裁剪到几何图案再到帽子的款式都显示出了中世纪风格。比如以修道士的僧侣袍为基础进行变化，搭配天主教徒的大串念珠，或者把僧侣帽转换成新娘的面纱。20世纪30年代，一种新的线条出现了，纤细修长。在20世纪20年代，她不再使用精细的珠绣和刺绣。金属薄片和金银丝线的交织提升了服装的奢华感，完全取代了珠绣绚丽多彩的效果。明缝在这一时期是最常使用的工艺。在1925 ~ 1935年期间，她设计了一款完美的裙子，线条流畅，侧边开衩，搭配一件无袖的柔软上衣。如何突破时代和条条框框的束缚是这位女裁缝思考的问题之一。

她在《VOGUE》杂志上说："多年来，大家都很乐于看到我的服装系列所表现出来的'朗万风格'。我知道大家对这一点议论很多，但是我从来没有将自己归为某种类型，也没有要刻意强调某种特定的风格。相反，每一季我都努力抓住飘荡在空气中的，因为一些事件影响而造成的不可捉摸的气息，然后根据我个人的理解，从中提取语言，用作品表达出我的想法。一个作品必然会反映出储存在记忆中的那些最生动、最新鲜、最复杂的艺术造型。我很相信我的直觉和灵感。如果我喜欢一个尺度，就不能容忍超出或者不及：平庸乏味的线条和过度显摆的奢华同样让我讨厌。"

构成她作品力量的核心是什么呢？首先，裁剪工艺不仅为了缝合面料，而是要让面料贴合身体，并且巧妙地美化身体。让娜·朗万运用这些技术来实现卓越的视觉效果。除了精湛的裁剪技艺，不同面料的拼接也诞生出了新的织物。她用拉线刺绣或者图案刺绣让一块简单的面料变得生动，或者装饰翻边和衣缘。她用类似绘画艺术的手法，将面料当成是画布，在上面展开创作。珠子和绣线就是她的颜料和画笔。她很大胆：比如她在好几款服装上绣了珊瑚，充分展现它们抽象的形状、热烈的红色和异国情调。除了珠子和刺绣，其他元素比如饰带、羊毛线、雪尼尔绒线等也经常被用到。她很喜欢将材料和颜色以意想不到的方式组合到一起。宗教及其仪式感服饰的影响都在她的创作中得到体现。

她的很多服装都以古老神灵的名字命名，一些有象征意义的元素，比如三叶草、蝴蝶结、花朵、玫瑰、雏菊、常春藤以及橄榄枝等，也在她的作品中一再出现。对哥特风格彩绘玻璃、绘画和历史服装的喜爱提升了她的色彩感，令她创作出如康塔塔[1]般优美的作品。一切都很和谐，哪怕是最小的细节：一抹朱砂色凸显一条腰带、无袖上衣均匀的橘色、螺钿和云母片做的花饰。没有哪个服装设计师像让娜·朗万那样搜集如此多的资料。她严谨的态度让她积累了很多古老刺绣、轶事画和时装版画的复制品。她查考各种民俗，然后让她的刺绣工作室将从中发现的新装饰图案表达出来。

虽然她经常从古代的式样中汲取灵感，她也同样热爱现代风格。尽管她的形象通常被贴上母爱价值、浪漫主义的标签，她也设计非常大胆的裙子。在20世纪30年代，圆润的香肩露了出来。真丝绉纱优雅地包裹着身体，将雪乳、玉臂、美腿掩藏。她很知道如何突出视觉冲击，有时候我们看到蔷薇花饰的刺绣图案在全身渐变铺开。这种图案使得穿着它的人哪怕在静止状态下，也能给人一种动态感。

从20世纪30年代初开始，Lanvin就生产了一系列高腰无袖连衣裙，上半身形成一个倒三角的形状。1936年，她用一款“提问”引起了震撼。这是一款黑色长袖连衣裙，白色腰带，领子上有一个问号，一举战胜了艾尔莎·斯基亚帕雷利。另一款叫“忧伤”，上半身用绷带和吊带织成网状，紧紧勒住胸部。名叫“美丽面具”的连衣裙领口开得很深，仅用一个装饰花结巧妙地遮住了胸前两点，而上下胸线都暴露在外。她特别喜欢将黑白银组合在一起，极致优雅。

[1] 康塔塔（Cantata）是多乐章的大型声乐套曲。原意指声乐说唱的乐曲。后演变成包括独唱、重唱及合唱，由管弦乐队伴奏，各乐章具有一定的连贯性。——译者注

****

让我们一起去探索Lanvin公司的内幕。位于布瓦西当格拉路和福布尔圣奥诺雷路路口的玻璃橱窗殷勤地看着你。走进这个建筑，错综复杂的旋转楼梯将这座珍贵的老建筑里的众多空间连接在一起，隐蔽的角落、弯曲的走廊、公司成立最初的L型大会客室、被称作“舞台”的私密小会客室，到处都是像蜂巢般忙碌的景象。这个著名的“舞台”用于接待皇亲国戚来访，或者在新品正式发行前为一些重要记者举办内部展演。它的名字可能来自一个细节：在围成三边的试衣镜前放了一个小台子，就像一个微型的戏剧舞台。我们看到在走廊里排列着很多模特，腰都特别细。会客室都是灰色的。模特间在四楼的隔层中，位于朗万夫人的会客室和工作室隔壁，是一个窄长的房间，面朝郊区，里面有一块大镜子，可以让大家从各个角度审视款式。灰色调上仅有一些白色金属反光，和谐的冷色调非常简练。

这里的员工来来往往，每一个都行色匆匆，尤其是在6楼的那些工坊。工坊里有些特别的规定。从学徒到首席，有很多级别，必须要通过多年认真持续的劳动才能一一达到：学徒、小工、二级工、工坊首席。能爬上顶层的非常少。是金子总会发光。绝对不能像在别的很多领域那样有所偏袒：必须要有经验和技巧，这骗不了人。在工坊里，首席和二级工组队工作。每对搭档要负责一件服装的制作。一旦剪错了或者烫坏了，那都是灾难。一切都要完美无缺。

马上要开始新一季产品的制作，每一个服装系列都是在激情中完成的，这种创作激情包裹着每一个人，从学徒到首席，从模特到工艺师。这是需要团队合作才能完成的任务。一个真正的智囊团在朗万夫人周围讨论，提想法，一遍又一遍地做了又改。创作团队服从指挥，也提出建议。还有面料的选择：手在丝绸呢绒中穿过；展开一幅，又展开另一幅；要找到一个和谐的搭配：这个色调和那个搭起来好看么？沉默……然后从下面堆积起的层层面料的最底下翻出了一块被遗忘的面料，完美匹配，大家激动万分。画稿和旧书

（非常珍贵的战利品：她的面料图书馆）堆在一起，名画的复制品在那里，就像是最好的创造力助推器。她被各种服装所包围：印度纱丽服、波斯绸缎、中国官服、阿拉伯刺绣长衣。一切都是好的，不能带来灵感的就没有价值。灵感的火花迸发，团队很兴奋，色调显现出来了。通常，让娜·朗万使用她最著名的柔和色调。

大家都在全力创作中：模特筋疲力尽，面无表情，素面朝天，任由那些灵巧的手在她身上包裹、打结又松开，毫无温柔可言；身体已经麻木，眼睛盯着镜子。面料垂下，形成很多褶皱，有的用大头针定型，有的任其自然，一个肩膀露出，胸部被包裹起来，腰部勒紧。裙子的型显露出来了，把它脱到地上，拿走……不是这样的！重新开始：模特累得弯下膝盖，一个褶皱好了，剪短，加长，裙子创作出来了……没有停顿，没有休息……一件作品就这样诞生。

每扇门背后各种声音交织在一起。剪刀在面料中吱吱作响；模特们在角落里，弓着腰，精神涣散，双眼无神；面料被脚踩脏了；在她们旁边，有烫衣服的熨斗和衬板。学徒们认真做事，手脚很快。缝合，用大头针固定，折一个荷叶边，所有这些都在一阵阵的笑声、歌声、玩笑声中完成。但是在“Madame”的办公室中，一片安静，创作团队在这里思考、等待。所有决定由勒内·拉比斯基埃小姐做出。情绪高涨……裙子雏形成型：连夜预创作的日子来临了；大家都认真工作，塑造优美的线条，调整褶裥，裙子就这么诞生了。稍作休息，然后又投入面料的选择，各种奢华绚丽的色彩，如云般缥缈的薄纱和网眼纱、温暖的毛呢。那些打开的书还在那里，现在已经没用了。但是又有其他的被拿来，来自世界各地的刺绣被翻阅、研究、重审、再设计；它们将被拿来点缀裙子，给它增添新的设计点。要尝试各种皮草：紫貂和狐皮是两大宠儿，貂皮也是。野生水貂没想到经过人工养殖和一些精妙的杂交后，自己会变成白鼬的白色。带着刺绣和金银珠片装饰的连衣裙也进来了。皮件商运来了手套和包。就差模特的鞋子还没到了，有人对着电话大声催促或者在最后一刻紧急下单。

没多久，关键的那一天大步到来了。高级定制屋的所有会客厅都做好了准备，花瓶里色彩艳丽的鲜花增加了节日的气氛，小工们排座椅，营业员忙碌着安排日程，每一次发布会都是一场硝烟弥漫的战场。所有的时尚专栏记者都在这里，手上拿着铅笔或者钢笔，他们将用权力的金手指决定准备仔细描写的款式。在让娜·朗万公司，发布会后都会有一场社交活动。克里斯蒂安·贝拉尔眯起了眼睛，玛丽·洛尔·德诺瓦耶[1]扇着扇子，伊冯娜·普兰当给摄影师摆拍。让娜·朗万在女儿玛丽·布朗什的陪同下亲自接待来访者。一边是绚烂的灯光，裸露的香肩，奢华的首饰，金色的香槟；另一边是疲惫焦虑的脸色和挂着大头针袋的小黑裙。模特们这时候都精心打扮，妆容精致，香气宜人，满场飞舞着，好像在准备芭蕾舞的几个高难度花式动作。

终于，第一款连衣裙出现了。全场安静。没有什么比时装发布会更像戏剧首演了。在后台，模特们开始紧张，跺脚互相催促。服装一件一件地出来……美国人聚精会神不停记录；她们从一个秀场赶到另一个秀场，非常疲惫，脸色紧绷，但是在模特从她们面前走过、微笑、旋转的时候，她们用速记法记录每一款的细节。展示还在继续，搭配得很好；每一款裙子经过，它的名字都会被报出："舒适""真诚"。模特们还保持着度假回来的古铜色肌肤，神情高傲，身上穿着昂贵的皮草或者珠宝，装扮就绪，视线放远，迈着轻盈坚定的步伐走来，她们肩负着所有希望和所有熬夜加班。营业员和小工心脏怦怦直跳，激动地微微颤抖：整个团队满怀热情，一笔一画一针一线制作的作品在今天完成了。明天这些裙子可能就将走向世界。

"Madame"如图书馆一样的办公室恢复了宁静，她很少离开那里，陪着她的是她的京巴狗，就像她唯一的保镖。Lanvin公司保持着稳定发展。1933年，她在马德里有一个分公司，另外还有5家分

---

[1] Marie-Laure de Noailles，1902年10月31日 ~ 1970年1月29日。法国艺术家，被认为是20世纪最具大胆和最有影响力的艺术赞助人之一。——译者注

店分别在多维尔、比亚里茨、巴黎普拉日、戛纳和巴塞罗那。但是局势动荡不安。尽管让娜·朗万机智地调整了业务方向也无济于事，每个人都面临威胁。1936年罢工也影响到了她的公司，就像是讽刺的回应，她1937年款式系列名字都是这样的“怀疑、骚动、推搡、不真实、暴政”。

她在世时就被立像，并在1938年被晋升为法国荣誉军团军官勋位。而且共和国和君主国都对她赞誉有加。一次在巴斯克海岸停靠休憩的时候，她看到一辆加长的黑色轿车围着她的橱窗转，她很担心。一位乘客从车上下来，一只眼睛上戴着单片眼镜，他跨过门槛，弯腰向这位设计师行了个大礼：“夫人，您一定是拥有仙女的手指，才让和谐如此臣服于您。”向设计师致意的是逃亡中的西班牙国王阿方索十三世。詹姆斯·德罗斯柴尔德男爵夫人、福西尼·吕桑热亲王夫人都穿朗万的设计。在法兰西喜剧院，很多剧目都会找到她来设计服装，她是很多演员的特约服装师，比如加比·莫尔莱、温柔的瓦伦丁·泰西耶、埃莱娜·佩德里埃、罗马尼亚的埃尔维尔·波佩斯科、活泼的米谢琳·普雷斯勒、高傲的埃德维热·弗耶尔[1]等。爱德华·布尔代[2]和让·吉罗杜[3]对她完全信任。1939年7月，萨沙·吉特里第四次结婚，迎娶热讷维耶芙·德塞雷韦尔[4]，新娘在市政厅穿的是一件朗万蓝礼服。

1939年春天，朗万推出的一些长裙用紧身胸衣将腰线勒得很细，这带来了明显的变化，营造出浪漫、柔美的情调，也成为后来克里斯蒂安·迪奥创作出新风貌的灵感。也许是为了反映当时动荡的政治形势和冲突的逼近，军装风格的绦带在1939年的时装系列中频繁

[1] 以上六位均为法国舞台剧或者电影女演员。——译者注

[2] Édouard Bourdet，1887年10月26日~1945年1月17日。法国剧作家。——译者注

[3] Jean Giraudoux，1882年10月29日~1944年1月31日。法国小说家、散文家、外交官和剧作家，是法国两次世界大战期间最重要的剧作家之一。——译者注

[4] Geneviève de Séréville，1914年5月3日~1963年7月6日。法国女演员。——译者注

出现，流行的颜色也趋向一种让人不安的色调：危险的蓝，迷雾灰、动荡的绿和紫。战争和德国入侵迫使她放慢节奏。唯一没有受到定量配给制度影响的是帽子。她总是对它进行创新改变。

1942年，她设计了一个适应动荡时期的时装系列，在大衣和外套上增加了很多口袋。款式的名字都很实用："我出门""我补给""我搭自行车"等。不久，她和希腊的马约[1]一起，为马塞尔·卡尔内[2]执导的电影《天堂的孩子》的两位女演员玛丽亚·卡萨雷斯[3]和阿尔莱蒂设计了服装（加朗斯[4]穿的那件仙气的白色真丝裙，就出自她手！）。解放后，让娜·朗万就没有任何阻碍了，她以开放的态度迎接战后新世界，经常毫无迟疑地借用过去的元素，尤其是刺绣的大蝴蝶结。

****

这时的让娜·朗万是比以往任何时候都要高贵优雅的老妇人，她在黑色长裙外穿一件亮片外套，厚重的头发挽成一个发髻，脖子上戴着最美的首饰。她还不想放下剪刀和大头针，就此颐养天年。她的生活继续像拉紧的弦一样绷着，每天在位于巴尔贝德茹伊路的公馆和被她称作"商店"的公司来回奔波。她像王者一般在会客室里转一圈，向每个人微笑致意。然后她坐到自己的办公桌前，桌上有一大束绑着浅绿色缎带的玫瑰花。工坊里，大家很怕她，但是也很爱她，因为知道她很公正。明明已经到了可以回顾过去辉煌的时

---

❶ 本名安托万·马里亚拉基斯（Antoine Malliarakis），笔名 Mayo，1906 年 2 月 15 日 ~ 1990 年 10 月 1 日。父亲是希腊人，母亲是法国人。超现实主义画家，同时也是装饰设计师和戏剧服装设计师。——译者注

❷ Marcel Carné，1906 年 8 月 18 日 ~ 1996 年 10 月 31 日。法国电影导演，代表作《天堂的孩子》被认为是最伟大的电影之一。——译者注

❸ Maria Casarès，1922 年 11 月 21 日 ~ 1996 年 11 月 22 日。西班牙—法国电影女演员，同时也是法国戏剧舞台上最耀眼的明星之一。——译者注

❹ Garance，阿尔莱蒂在《天堂的孩子》中饰演的角色。——译者注

候，她却还是认真参与复兴和重组她的世界的重要阶段。时不时地，她会去她的朋友德维尔莫兰一家位于韦里埃的花园里放飞自我。也许只是为了从七叶树上飘落的美丽的叶子。这种叶子的边缘形成完美的锯齿状，如果在朗万下一季推出的外衣翻领上看到这个图案，路易丝·德维尔莫兰也完全不会意外。

1946年7月6日，她突然离世，享年79岁。她的葬礼在韦西内举行。吕西安·勒隆宣读了悼词。路易丝·德维尔莫兰后来写道："当我还是少女的时候，看到那些穿着Lanvin的裙子在舞会上旋转的小姑娘，让我难以忘怀。如果说这种风格是一道光，那么朗万夫人创造的这道光赋予了她们诗意的幻想，让她们看起来就像弗朗西斯·雅姆❶和玛丽·洛朗森❷笔下的少女。"

于是，玛丽·布朗什·德波利尼亚克决定，由她亲自执掌公司。但是几季之后，曾在Chanel、罗伯特·皮盖❸和前面提到的在Paquin工作的西班牙人安东尼奥·卡诺瓦斯·德尔·卡斯蒂洛加入Lanvin，给品牌注入新鲜血液。他为Lanvin工作了超过10年，负责创作。其后，设计总监的接力棒在贝尔纳·德沃、朱尔·弗朗索瓦·克拉埃、玛丽尔·朗万、罗伯特·内利桑、克洛德·蒙塔纳、埃里克·贝尔热尔、多米尼克·莫尔洛蒂、奥西马尔·韦尔索拉托和克里斯蒂安·奥尔蒂斯之间代代相传，创作出了一季又一季的服装系列。今天，品牌的设计总监是阿尔伯·艾尔巴茨❹，从2001年执掌品牌开始，他就致力于挖掘让娜·朗万自创的设计语言，以巧妙的方式重新运用，再创品牌新形象（Lanvin男装由卢卡斯·奥桑德瑞弗打

❶ Francis Jammes，1868年12月2日 ~ 1938年11月1日。法国旧教派诗人。他笃信宗教，热爱自然，他的诗把神秘和现实混合在一起。——译者注

❷ Marie Laurencin，1883年10月31日 ~ 1956年6月8日。法国画家、版画家，巴黎先锋艺术重要人物，立体派成员。——译者注

❸ Robert Piguet，1898年5月6日 ~ 1953年2月22日。法国著名服装设计师，迪奥、纪梵希都曾在他手下接受指导。——译者注

❹ Alber Elbaz，1961年6月12日出生的以色列时装设计师。阿尔伯·艾尔巴茨已于2015年10月结束了与Lanvin的合作关系。——译者注

造）：消除年龄的界限，设计能美化各种体型的服装，从头到脚全方位包装女性。虽然提供各种选择很重要，但是永远不要屈服于一时的潮流：相反，推出永不过时的年轻化、女性化、优雅的风格才是上策。

马德莱娜·维奥内
(Madeleine Vionnet)

“高级时装界的建筑师”，这是人们一直以来对马德莱娜·维奥内的称呼。相对于从服装史中找灵感，她更加专注于研究身体和服装的关系。她是一个先锋者，开辟了前人从来没有走过的路，打破了行业的惯例，创新了裁剪的技术，更新了装饰的手法。在两次世界大战之间，她的公司已经成为最大的高级时装屋之一，作为先行的女权主义者，她很会从这方面入手引入重大创新。她也是第一个配得上“概念服装设计师”称号的人。

****

马德莱娜·维奥内于1876年6月22日出生于卢瓦雷省的希勒尔奥布瓦，但是她经常自称是汝拉省人。她很像那个艰苦地区的农民：身材小巧，瘦长的脸上有一双明亮的眼睛，精力充沛，动作有些鲁莽但是坚定而准确。后来她讲话的时候也会显示出一种农民的朴实和力量。她的母亲，玛丽·罗莎莉·加登布瓦是一位木鞋工匠和一位裁缝的女儿。在她两岁的时候，她的父母分开了，之后她和父亲生活。她父亲是汝拉人，在奥贝维埃入市税征收处做收税员。他们住在郎德利路8号。她后来说，“我妈妈离开了我爸爸，因为她想出去工作，于是就一意孤行。她组织能力很强，创建了‘小卡西诺（Le Petit Casino）’，那是当时巴黎最棒的、有歌舞表演的咖啡馆。”小玛德莱娜很久以后才和这位很有想法和冲劲的母亲重逢。可以看出，玛德莱娜·维奥内的血液里有从事时装业的基因。

她在学校成绩很好，在圣德尼地区获得文凭的年龄创了纪录：8岁！她甚至得到了媒体的吹捧。她很喜欢学习，童年最让她难过的事情之一就是没能得到一个杰出奖。如果她得到了这个荣誉，她的父亲可能就不会把她送去一个裁缝那里做学徒了。这位裁缝的丈夫是她父亲的同事，在奥贝维埃做乡村警察。那时，小玛德莱娜还不到12岁。她在这个简朴的工坊里每天工作10小时，并且很快就在缝纫方面显示出了和学习同样的天赋。16岁的时候，她离开乡村警察的老婆，进入位于和平路上的一家时装屋做学徒：樊尚（Vincent）时装屋。她的生活加速前进。18岁的她嫁给了一名公务员，埃米尔·德普托（Émile Depoutot）。他们生了一个女儿，但是很不幸，她在9个月的时候就夭折了。不久她就离婚了，然后带着一个小箱子和300法郎只身去了伦敦。她在弗吉尼亚湖的一所卫生院其实是疯人院找到了工作，负责洗涤和缝补衣、被、台布等。一年后，她来到了位于多佛街的凯特·赖利（Kate Reily）时装屋，继续她的学徒生涯，学习英国裁缝大师的工艺。她的年轻、热情和来自巴黎的双手，在这个领域都是非常重要的，这为她带来了最初的成功和年轻时的荣耀。

25岁的她回到了巴黎。那时，第一次世界大战还没有爆发，贵妇们外出旅行的时候要带上巨大的箱子，她们穿的都是在卡洛姐妹那里定制的如文艺复兴时期那般奢华的刺绣服饰。年轻的玛德莱娜在热尔贝夫人的领导下，在这些工坊里担任首席裁缝师的工作，她对这个行业已经了如指掌，这里对她来说就是一所华丽的学校。在卡洛时装屋，玛德莱娜结识了一些尊贵的客人，比如范德比特夫人、阿斯特夫人、格拉蒙公爵夫人。这些贵妇绝对考究，超级富有，她们只要最好的，但是还停留在传统服装体系中。她也有机会接触到一些知名演员诸如雷雅娜、利亚纳·德普吉、夏娃·拉瓦利埃等。玛德莱娜·维奥内对这家公司一直都怀有感恩之情：“因为它，我才有机会做劳斯莱斯。否则的话，我可能只能做福特。”

可以想象，这位年轻的姑娘在她所仰慕的热贝尔夫人手下工作，每天都在努力让自己的女装制衣技术更进一步，而她制作的女装也将更加完美。玛德莱娜·维奥内觉得，她制作的裙子之所以有着建筑的精确性，之所以能成为优雅的代表，热贝尔夫人功不可没。“我精通专业技能，”玛德莱娜·维奥内后来告诉记者安德烈·伯克莱，“但是关于真正的优雅、纯粹的华丽，这里对我来说毋庸置疑是一所很好的学校。热贝尔夫人喜欢18世纪的风格，而我喜欢柔软的面料，也被希腊建筑深深吸引。我喜欢宽松的效果。”

****

五年后，雅克·杜塞找到她，请她为公司增加一点活力。这时的杜塞已经从事业的巅峰滑落了下来，他对她说：“您可以把公司变年轻。”她后来说：“我点燃了一个小火苗，但是在这个老态龙钟的公司里，空气沉闷，它很快就熄灭了。”她设计的那些款式完全不符合当时的流行，模特们在展示新款的时候都没有穿当时必不可少的黑色紧身衣，那些顶级模特迈着如艾莎道拉·邓肯[1]般轻盈的步伐。“我最初推出的那些裙子引起了公愤。在1906年，模特们还要穿黑色高腰紧身衣，这让她们看起来就像酒店里的服务员。甚至在穿低领连衣裙的时候里面还要用一件紧身针织衫打底。我第一个革命性的举动就是要求她们都脱了这些内衣，然后像我们今天这样展示晚礼服。当第一个模特穿着领子开得非常低的礼服走出来的时候，引起了一阵窃窃私语，愤怒与惊讶的声音交织在一起。”

玛德莱娜·维奥内就像是信仰的狂热拥护者一样具有战斗力，她很快就发现，她和她那位如同18世纪贵族的老板站在了对立面。所有员工都抵制她的创新。她那些大胆的款式令人反感，当一个模

---

[1] Isadora Duncan，1877年5月26日 ~ 1927年9月14日。美国著名舞蹈家，现代舞的创始人，是世界上第一位披头赤脚在舞台上表演的艺术家。——译者注

特穿着维奥内设计的衣服出来的时候，营业员漫不经心地对客人说："关于这件裙子，我们没什么要说的。"但是有些客人比如夏娃·拉瓦利埃、吉内特·朗泰尔姆·爱德华[1]、美丽的斯福尔扎很快就成了维奥内的脑残粉。因为这些支持，她才在公司里坚持了3年。"杜塞先生性格软弱。"她后来解释道，"在他周围有一大群人，就像是宫廷朝臣。从来没有人会惹他生气。"

1912年，她决定单飞，在里沃利路222号自立门户，一些核心的忠实客户追随她而来。"我陆续产生了一些想法，我渴望自己创业，想要按照自己的想法管理一家公司，希望能随心所欲地创作我自己的款式，再也不想因为表演形式而不得不和团队整日吵架。"她解释道。这并不是一件容易的事，公司缺乏管理，她的商业总监是一个诗人，而公司场地很快就显得太过局促。没多久，战争爆发了，随之而来的就是延期偿付、未支付账单和工坊关门。

1918年4月，时装屋重新营业。她只花了很短的时间就强势推出了前所未见的现代感服装。随后，公司变得越来越有声望。老佛爷百货的创始人之一巴德尔先生和另外两位隐名合伙人一起，给予她蒙田大道50号一栋楼的租约，她接受了这份租约，并于1922年搬入此处。对于玛德莱娜·维奥内来说，时装艺术在于用哪块面料搭配哪位女子，使得两者都能展现最大的价值。所以她设计裙子的时候，都在研究怎样才能使裙子的线条不会因为动作而错位，而是能在动作中和谐演变。

那么，如何达成这样的和谐呢？要遵循面料自己的规律：它的固有本质，也就是经纬线。每块面料都有不同的垂坠感，了解面料与地面的位置关系，知道如何顺应斜裁方向，就能赋予连衣裙弹性，让它更好地展现女性的身体。她的技巧是将女性和裙子融为一体。她是这么解释她的工作方法的：面料的方向和斜裁是一方面；对裁剪、比例、平衡的精准研究是另一方面。然后还要研究客人的体型，

[1] Ginette Lantelme-Edward，1883年5月20日～1911年7月24/25日。法国著名舞台剧演员，社交名媛，时尚偶像。——译者注

因为一条好的裙子应该能顺应身体的习惯。“我的创新？不对称。”她说，“我是第一个顺着对角线方向裁剪布料的人。一开始我的同行们都说我乱来，后来很多人都学我。但是斜裁要做得好，需要有雕塑的感觉和立体空间想象力。”

如何凸显女性的体态美是她的第一个执念。清教主义和反女权主义拒绝这优美的身体，那么她就掀起时尚革命，将女性身体展现给他们看：在完美简洁的线条下，她的每一款服装都展现并强调了身体的形态。她不愿将女性囚禁在如建筑般棱角分明的线条中。她喜欢用烟灰蓝、水绿色、乳白色或者灰色的面料。

她还解决了那些阻碍女性自由掌握自己身体的因素：在她的紧身连衣裙内，没有紧身胸衣，甚至很多时候连文胸都不穿。但是维奥内无法取悦所有女性，比如香奈儿说：维奥内的衣服“很难穿好”。而她也很难被说服。她不会在任何一个款式上让步，她不愿意为了让女性显高或者显瘦而改变款式。太过精妙的设计带来危害：有些人觉得她的款式系列很单一，无法捕捉到她在细节上做的变化。“在音乐方面，我喜欢的是约翰·塞巴斯蒂安·巴赫[1]的变奏曲，这也是我想做的高级时装的样子。”这样严谨的设计让一些人对她无条件地忠诚，但是也有些人表示拒绝，因为觉得自己“无法达到维奥内那些款式的高度”。

****

作为公认的“时尚艺术家”，她的想象力、创新力和完美的技艺广受赞誉。法国装饰艺术博物馆主策展人帕梅拉·戈尔班认为：“她确实长期致力于对美学的追求，但是她从不将自己描述为一个完全的艺术家，而是在创作中寻求在艺术和时装工业之间的平衡关系。”

---

[1] Jean-Sébastien Bach，1685 年 3 月 31 日 ~ 1750 年 7 月 28 日。巴洛克时期的德国作曲家，杰出的管风琴、小提琴、大键琴演奏家，“西方近代音乐之父”。——译者注

她在同时代人中是独一无二的，服装史学家将她定位在保罗·普瓦雷和加布里埃尔·香奈儿[1]的中间，是在风格和意识形态的两个极端中间必不可少的一个中心点。

普瓦雷对维奥内来说是一个榜样。作为时尚先锋，他从众多艺术家画家朋友身上汲取灵感，设计了色彩奢华、图案非常现代的面料。除了时装作品，他还将自己的品牌延伸到了其他奢侈品领域：室内设计、香水、面料和戏剧服装。普瓦雷和维奥内都支持装饰艺术运动，两人在打击盗版方面都颇有成效。但是最后，普瓦雷走向了自我炫耀，而玛德莱娜·维奥内实现了自我升华。

自学成才的香奈儿对维奥内来说是一个值得尊敬的竞争对手。香奈儿抹去身体的轮廓，而维奥内则将它美化和凸显。在20世纪20 ~ 30年代选择维奥内就是反香奈儿。当然，香奈儿的时代有很多面，相较于不断引起争议的辉煌时刻，这个奥弗涅人在1954年洗去尘埃破土重来之后才树立了绝对的权威。“咖啡公社（Café Society）”的大资本家、艺术家、百万富翁对于优雅的喜好分为两派：炫耀的奢华和无法复制的低调。有些想要维奥内非常挑人的连衣裙，另一些则要一套出自伟大的可可的完美制服，款式被到处复制但是其完美做工无法复制。玛德莱娜·维奥内是一个纯粹主义者、一名杰出的工艺师，而香奈儿则首先是一位风格设计师、现代制服和功能性线条的创造者。

借助一个木制小人台做设计是玛德莱娜·维奥内独有的工作方法：她就像是一个雕塑家一样，在人台上试验、塑型、排布褶裥，不停地探索比例平衡。两次世界大战期间流行起来的希腊风格，只有用她的斜裁技术才能实现。然而她在一封信中写道：“我发明了一个裁剪体系，于是我现在受制于它了！”正是她的裁剪技巧让她的裙子如此难以被抄袭。想要复制她的某个设计，只能拆了它，把每一块都放平、铺开。就连那些裙子上的装饰都如此完美地顺着褶皱的走向，以至于它们看起来就像融在了面料中。她的创作永远不会

[1] 可可·香奈儿的本名。——译者注

停滞不前，每一次改变都会带来一张新面孔。“随着女性审美的变化，”她说，“我不停地努力构建新的和谐，但是始终围绕着我想要的那个不变的主题。”

这个纯朴、正直，额头光亮，目光总是炯炯有神的女子公开表达过她的工作理念：“我的脑袋就是一个真正的针线盒，剪刀、针线一直都在里面。哪怕在我散步的时候，都躲不掉。我会看路人们穿的裙子是怎么做的，甚至男装也不放过。我会在心里想：如果要看起来更有气场，应该在那里加一个褶裥。”她有信心能把工作和作品做好，正是这种自信底气，为她赢得了随性而为的自由。

“刚开始的时候，”她的一位员工说，“维奥内夫人不卖给外国的采购员或者代理商。连衣裙的大客户一开始冲我们发脾气，对我们不满意，但是随着我们的款式获得了成功，他们攻占了我们的沙龙。当我们终于敞开所有大门的时候，大家蜂拥而上。我们的裙子被一抢而光，但是背后有着不可告人的目的。然而，在国外的那些试样探索并没有得到什么成效。相反，在成衣制造对原创设计造成危害的美国，机器无法做出维奥内的作品。另外，我们原创的高难度工艺也让那些美国裁缝无法赶追。于是在那些一直需要新款服装的女性客户的压力下，美国买手们几乎同时改变了策略，他们不想再无可奈何地放弃我们惹人喜爱的作品，也不愿在这个不属于他们的领域和我们做竞争对手。”

****

蒙田大道，维奥内独自待在工作室里埋头工作。她很少会搁下手头的工作为客人试衣，除非对方是娜塔莉·巴尼[1]、娜塔莉娅·帕

[1] Natalie Barney，1876年10月31日 ~ 1972年2月2日。长期侨居于巴黎的美国剧作家、诗人和小说家。——译者注

雷[1]公主、希腊的玛丽娜公主[2]（英国国王的弟媳妇）或者克里斯蒂亚娜·路易·雷诺[3]（汽车王国国王的妻子）。她的知名客人还包括罗马尼亚王后、西蒙娜·贝里奥[4]、塞西尔·索雷尔、沙维尼亚克伯爵夫人以及非常富有的拉扎尔夫人。要穿上Vionnet出品的衣服，这些女子都要付出相应的价格。这些纯手工制作，饰以层层刺绣的服装杰作完全配得上如此高昂的价格。公司当然是有盈利的，但是庞大的员工队伍也需要有大量的收入才能支撑。在业务最繁忙的时候，公司员工一度多达1200人。

公司的组织结构用了那个时代还不流行的金字塔结构，等级非常鲜明：见习工、学徒、小工、二级工、工坊二把手、工坊首席。在Vionnet有很多种工坊，每一个都负责一项不同的任务。最重要的是边饰工坊和裁缝工坊。边饰工坊的工人用斜裁的方式工作，制作镶边、褶裥、荷叶边、卷边、明缝等。制作面料厚重、线条硬朗的西装和大衣的工坊，则是由一位男性掌管。还有饰品工坊，在这里制作维奥内设计的各种装饰品——绦带、镶边嵌线、不同的结饰。大家手上拿着20cm的尺子，顺着薄纱，折出裙子的褶裥。工坊里，大家一边聊天哼歌，一边连续几个小时弓着背完成繁重的工作任务，熬红了眼睑。那里没有柔软的地毯，也没有精美的灯光。

当时在其他时尚公司，员工都只能坐凳子，在这里，他们坐的

---

[1] Natalia Paley，1905年12月5日~1981年12月27日。亚历山大二世的孙女、保罗大公的女儿、罗曼诺夫王朝的成员。先后在法国和美国从事过模特和电影演员工作。——译者注

[2] Marina de Grèce，1906年12月13日~1968年8月27日。其父亲为希腊乔治一世国王的三子，其母是俄国沙皇亚历山大二世的孙女。其本人于1934年嫁给英国的肯特公爵乔治王子，成为肯特公爵夫人。——译者注

[3] Christiane Louis-Renault，她的丈夫是法国雷诺汽车的创始人，汽车工业的先锋者路易·雷诺。——译者注

[4] Simone Berriau，1896年7月21日~1984年2月26日。法国演员、歌手、戏剧出品人和导演。——译者注

是椅子。工坊的空间很大，还有员工餐厅。此外，工人们享受的额外福利在当时也是非常罕见的：医疗、牙齿护理、图书馆，甚至还有一个托儿所。在玛德莱娜·维奥内这里，气氛非常好。当然，工作时间很长，而裁缝们美丽的手就是她们的财富。她们小心保养自己的手，以免磨损了脆弱的薄纱和绸缎。她们对此也非常骄傲。在圣卡特琳节[1]那一天——单身女裁缝师的重要节日，庆祝圣卡特琳节的姑娘们梳着晚装发型——大家喝香槟庆祝。还有一个工坊是包装间，这里的任务是要将刚刚熨烫好的服装放入公司定制的箱子里，并且要尽量避免将衣服弄皱。

销售部同样是这种金字塔结构：二级营业员、一级营业员、销售经理。营业员要面临的现实就是要不停地刺激客人的购买欲望，努力让那些挑剔的客人满意。模特间里的等级制度不太一样。根据老板的选择，每个姑娘都有自己的定位和特长：有些展示晨间裙，另一些展示晚装裙，或者套装裙，或者皮草。这种接近军事化的组织结构是非常必要的，而且它也很符合玛德莱娜·维奥内的特点：她那些像拼图游戏一样的时装纸样证明，她是一个数学家。她喜欢切割，划定范围，布局。但是Vionnet公司最值得注意的特点是，它分为两大领域：一个由维奥内夫人负责，另一个由玛塞勒夫人负责。玛塞勒·肖蒙[2]（作家玛德莱娜·沙普萨尔[3]的母亲）1912年进入公

---

❶ Sainte-Catherine，圣卡特琳是未满25岁单身女性的保护神，每年11月25日是她的节日。每次庆祝都从黄帽子绿帽子比赛开始。这两个颜色是圣卡特琳的颜色。报纸有时候会刊登一些构思奇特的作品照片以及它们所代表的一些新发现、新技术和新设计。大家举手表决，选出优胜者，她将得到老板的拥抱以及一个红包。然后玛德莱娜·维奥内到各个工坊转一圈，问候每一个人就像将军阅兵一样。香槟是必不可少的，然后围着裁剪桌进行午餐聚会，最后通常以跳舞结束。

❷ Marcelle Chaumont，1891年12月～1990年。法国时装设计师，曾先后在朗万和维奥内的手下做首席裁缝。20世纪30年代末开了自己的时装公司，后来因为第二次世界大战和个人健康原因而不得不停止工作。——译者注

❸ Madeleine Chapsal，1925年9月1日出生的法国作家、记者。——译者注

司，并发挥主导作用。她们两人是亲密战友。和她的老板相比，玛塞勒·肖蒙非常热衷于参加社交活动，特别喜欢在各种晚宴上展示Vionnet最美的裙子。

玛德莱娜·维奥内一直保留着她与生俱来的一点点土气。在卖弄风情方面，她与魅力四射的可可·香奈儿所代表的巴黎式时髦和前卫风马牛不相及。在她的私生活中，没有亲王、没有勋爵，更没有像科克托、达利或者布努埃尔[1]这样的朋友。她唯一亲近的著名艺术家是勒内·拉利克[2]。他是一位玻璃艺术家和首饰设计师，掌握透明水晶玻璃和磨砂水晶玻璃的对比，能将立体派艺术家的发现转化到日常用品中。正是他为Vionnet公司设计了奢华的大会客厅。那间珍珠灰的主会客室气氛宁静，天花板上一个圆形的铸铁彩色花窗。他将其他会客室设计成灰色、白色和蓝色。

她率先将扶手椅和小圆桌的线条变得更加柔和圆润，当时这种风格还没有流行起来。门都是拱形的，营业员坐在椭圆形的座墩上为客人服务，这样她们就坐得比客人低，从而区分身份。试衣间的墙上有黄色的波纹闪光，营造出柔和的色调。乔治·德弗尔[3]的壁画展现了时尚的戏剧舞台，画面上装饰着古希腊古罗马的佩普罗斯、托嘎和丘尼卡[4]。她公司的装修透露了隐藏在她保守气质下的前卫思想。在宽大的楼梯下站着的是一级销售和她们的副手。楼上才是玛德莱娜·维奥内和玛塞勒·肖蒙的工作室。在她们中间，是绘图员的办公室。工坊、库房、食堂和牙医诊所占用了院子里的一栋五层楼。送货的汽车看起来很优雅：淡灰色的小货车，司机穿的像门卫一样的制服出自著名制造商之手。客人有任何不满意的地方，小货

❶ 路易斯·布努埃尔（Luis Buñuel），西班牙国宝级电影导演、电影剧作家、制片人。——译者注

❷ René Lalique，1860年4月6日～1945年5月1日。法国著名玻璃、首饰、珠宝艺术家，莱俪品牌创始人。——译者注

❸ Georges de Feure，1868年9月6日～1943年11月26日。法国象征主义和新艺术风格画家、工业设计师。——译者注

❹ 佩普罗斯、托嘎和丘尼卡均为古希腊古罗马时期的服装形式。——译者注

车就马上热情地去把衣服取回，第一时间送回工坊修改，售后服务必不可少！

****

在Vionnet，他们只要最好的、最美的。她要求供应商给她的产品不仅是特别的，还必须是最新的！有些毛纺厂和丝织厂按照她的要求为她定制新面料。对于面料，她会挖掘它们所有的特性：不同的重量，会得到意想不到的垂感；不同的外观，会带来不同的光影效果；面料的两面，能形成哑光和亮光的对比。包裹、折叠、打褶、皱缩、打结、镶嵌、镂空、刺绣、明缝，面料在这些充满创意的手中随意变幻。她特别喜欢某个颜色吗？她最常用的是纯净的单色。黑色、白色以及一些美丽清新的色调，例如能衬托眼睛的蓝色和绿色、和嘴唇呼应的红色。要把这些面料缝合在一起，加上装饰物，对线也有要求，还有绦带、刺绣、毛皮、皮革，所有这些也都是最特别的。

在Vionnet，鞋子和长围巾从来都不是无关紧要的，它们是整体造型中不可或缺的元素。长围巾可以缠绕或者披挂在脖子或者髋部，可以系在手腕上，让连衣裙更有动感。同样，那些结从来都不是简单地将缎带系起来，而是将裙子的两个裙片延长，然后打结连在一起。还有一个需要强调的点：她与同时代的大多数设计师相反，几乎只用局部刺绣，给那些用绉绸大方巾交错层叠制成的线条流畅的连衣裙增添色彩。

公司持续快速地扩张。维奥内不久就在纽约开了一家精品店，在比亚里茨设了分公司。好事成双，1923年4月26日，她和她的第二任丈夫，一个逃亡的俄罗斯人，比她小18岁的迪米特里·尼奇沃洛多夫（Dimitri Netchvolodoff）结婚了。两人的年龄差是惊人的，而且她已经有了白发，又不特别注意维持年轻的线条。而他，高大、苗条、优雅，看起来有些固执。为了取悦她年轻的丈夫，她买下了位于邦多勒镇山顶上的一栋房子“白宫”。才华横溢的鲍里斯·拉克鲁瓦[1]为她做了室内装修设计，为她添置了让·米歇尔·弗兰克[2]设计的椅子，后来还为她设计包和家具。夏天，为了让“尼奇”高兴，她会租一条游艇，因为他曾经是海军军官。不久，她将一家位于特鲁瓦永路的鞋店托付给了她的丈夫。这家店里的鞋子款式非常精致，并且全部都是量身定制的。还是在鲍里斯·拉克鲁瓦的帮助下，她重新布置了位于米利拉福雷附近的乡间住宅。

****

从1925年起，率性的姑娘们拒绝再穿紧身胸衣。女人们把裙子和头发都剪短了。身体变薄，几乎看不到胸。当大家都如此迷恋这样单一又不显身形的时尚的时候，与之完全相反又追求精致创新工艺的Vionnet风格将何去何从？尽管受装饰艺术风格影响，横平竖直的线条更加流行，她仍然坚持对斜裁的研究，裁剪比裙子更长的衣片或者制作风帽领。在这一时期，似乎没有人知道裙子会变得更长还是更短，这种时尚也使更多人穿上了长筒袜，最性感的长筒袜是真丝的，通常是单色。到了1927年，很多知名品牌都推出了露出膝盖的款式。1929年秋天的基调是由让·帕图定下的。膝盖？腰线？让·帕图把它们全部都遮起来。看不见膝盖，几何线条也没有！在肋骨下方出现了一条腰带，把妈妈们勒到无法呼吸。腰线不在髋部的位置了。时尚世界有些迷茫。是不是帕图搞错了？另外，虽然说他是时尚发言人，指挥可不是他。

指挥是她，可可，那个从20世纪20年代初开始就引领时尚的固执的小个子奥弗涅女子；那个魅力无限，让俄罗斯亲王和英国公爵们伤心欲绝的姑娘——加布里埃尔·香奈儿。所有人都快速冲向她

---

[1] Boris Lacroix，1902年~1984年。法国著名的室内设计师、灯具设计师。——译者注

[2] Jean-Michel Frank，1895年2月28日~1941年8月3日。法国著名室内设计师、家具设计师。——译者注

的秀场，就为了第一时间知道她的想法。和往常一样，当可可小姐走在那个有多面镜围着的楼梯上的时候，谁也不能进去，哪怕是一位公主。这是屏住呼吸的时刻，就像一个最著名的乐队指挥举起了手中的指挥棒。比其他秀场上更加瘦小的模特们一个个从后台走出。终于，“他”的影响不再存在，膝盖得到了特赦。那件著名的小外套用饰带装饰，用小链条拉直后背，外套里衬衣的下摆并不是自然垂到腰臀中间，而是被塞进了裙腰里。腰线就显出来了。

结束了！几何学设计师们的生硬设计被取代了。整个冬天两派人都在战斗，一派是直线干练线条的忠粉，另一派则始终追随最新调性、潮流和线条。最后的大赢家是玛德莱娜·维奥内，她从公司创建之时起就一直专注于对斜裁、边饰、褶皱的研究和创作。1930年春天的各个女性期刊都记录下了这一变化。服装设计师们纷纷抛弃了“生硬的几何轮廓”。一种新的廓型正在逐渐盛行。没有腰线、没有厚度，只有长度的“这种在20世纪20年代画师笔下被无限拉长的二维身体，被精心雕琢、凹凸有致的女性曲线所取代”，雅克利娜·德莫尔内克斯[1]强调说。雕像成为新的典范。斜裁不再是玛德莱娜·维奥内专有的技术，整个定制时装业都欢快地紧跟在这位领军人物的后面。在这一时期，设计师们都放弃了20世纪20年代的线性轮廓和未成年人的形象，转而设计更加柔软、更加强调女性身体曲线的雕塑般优美的服装。20世纪30年代柔软婉转的优雅风格是对她出类拔萃的技术的最大颂扬。她那些与身体曲线完美贴合，或者用流畅的褶裥将身形修饰得更加完美的裙子，如美人鱼般迷人，让所有人趋之若鹜。

就像某位时装历史学家尖锐地指出的：“这些像第二层皮肤一样贴身的裙子是多么难穿。谁能穿Vionnet？是不是要特别瘦的人才能让斜裁的连衣裙完美垂坠？”20世纪30年代的连衣裙是为身体而做的，而那些身体也是为连衣裙而生的。如雕塑般的身体配着古希腊古罗马风格的衣褶。肚子平坦、大腿结实的身体才能更好地展现

---

[1] Jacqueline Demornex，著名时尚作家。——译者注

这些服装。时机非常好：这是一个崇尚运动、解放身体的年代。这使得妇女们都必须动起来，把自己晒成古铜色的肌肤，用赫莲娜（Helena Rubinstein）、伊丽莎白雅顿（Elizabeth Arden）、栢姿（Dr N.G. Payot）或者教父级的化妆品牌芮谜（Eug è ne Rimmel）的产品为自己化妆。甚至柯莱特都在1934年开了一家“美妆店”。

1934年秋天，维奥内决定放弃古希腊的灵感而改走浪漫主义路线，并制作了一系列复古风格的连衣裙，变革之风在Vionnet吹起。每一件作品看起来都像是从华托的画中走出来的。塔夫绸重新回归，罗纱大行其道，皮草和蕾丝组合在一起，半透明的裙子层层重叠。她就此放弃她的褶裥了吗？当然不，她很快就又掉头回来。每一个新款都显示出比以往更加精妙的几何计算，以至于业内都找不到可以描绘它们的术语。

****

每一年，连续几个月，随着发布会那一天的临近，公司里的紧张气氛一浪高过一浪，大家群情激昂，头脑发热。在不断思考中，灵感一触即发。每天至少要提出两个设计想法。维奥内夫人掌控全局，她挺起胸膛，昂着脖子，卷发一丝不苟，嗓音洪亮，身上喷着自家香水。玛塞勒·肖蒙和她将每张设计图上都配上面料小样。供应商们摩拳擦掌跃跃欲试。

勒萨热（Lesage）是一家1924年成立的刺绣工坊，小工们的缝纫工艺和刺绣工艺能制作出梦幻的作品。成立于1880年的勒马里耶（Lemarié）羽饰坊是羽毛制作方面的专家，他们制作小饰品或者褶边、嵌饰、荷叶边和瀑布般的褶皱。鞋履工坊马萨罗（Massaro）制作最美的浅口皮鞋，内奇和弗拉特（Netch et Frater）雕刻最美的鞋跟。一年两个服装系列，坯布样衣装在篮子里从作坊抬出来。维奥内看着自己想法的雏形，然后继续创作、研究、折叠、尝试、剪裁，不达目的誓不罢休。一件连衣裙是各种因素的组合，它是一个记忆、一张图画、一份优雅；也可以说是一种剪裁、一组色彩、一个气息。

女性的优美身形，在光影和线条的交错中被描绘出来。

工坊里的首席裁缝几乎从来都不离开那个大办公室，监控着工坊的运作。各部门协作顺利。二级裁缝开始着手最初的裁剪，裁片用大头针别在人台上后，几乎很少能让人满意的，伤心的裁缝只能把它们取下拿走。必须再想别的办法，一个不行，那就十个。在多产的工坊里，每个人都很适应跳跃的节奏，看着一件件坯布样衣，也就是连衣裙的雏形，破茧而出。随着制衣面料的运达，大家更加忙碌起来。羊毛质感还是丝滑质感，这需要慎重抉择！对有些面料小样，玛德莱娜·维奥内当机立断，像主持军事会议一样，给出精准的指令，她用大量的大头针固定平纹薄纱，将坯布样翻过来，平列比较、修剪、调整，比较面料，将它们裹在人台上，想象它成为最终成品的样子。而在这之前，裙子最初的轮廓已经经历了比埃米尔·左拉❶的手稿更多的涂涂改改。玛德莱娜·维奥内通常都会优先选择绉绸，它简单的织纹结构和平纹薄纱很相似，适合用来制作上半身，进行斜丝裁剪或者螺旋裁剪。就像玛德莱娜·沙普萨尔在回忆时说的："把这些面料缝合在一起，点缀上装饰，需要用到线、边饰、刺绣、皮草、皮革，每一样都必须是最棒的。"还有一个不可疏漏的重要细节：纽扣！植物象牙❷、酚醛树脂、象牙、螺钿、皮革、玳瑁、珐琅、金属、玻璃、镜子、塑料、绦子，都可能被用来做纽扣，高级定制服装的每一颗纽扣都能创造奇迹。

服装一件接着一件地完成了：真丝乔其纱的连衣裙上饰有水晶珠绣蔷薇花饰，或者柠檬黄的绉绸连衣裙外搭黑色尚蒂伊蕾丝斗篷。金属丝交织的面料紧裹着上半身，下面形成柔软的长波浪，或者大衣上装饰着两个首饰般的扣环。象牙色薄纱斜丝剪裁，或者闪色塔夫绸搭配贝壳形的裙子。美丽、轻盈、精确、诗意在这里汇合。维奥内总是在秀前就开香槟庆祝。这个时装系列是属于她和她的团队

❶ Émile Zola，1840 年 4 月 12 日 ~ 1902 年 9 月 28 日。法国自然主义小说家和理论家，自然主义文学流派创始人与领袖。——译者注

❷ 用象牙棕榈和杜姆棕榈的果实制成的仿象牙材料。——译者注

的，大众的评价没那么重要。成功属于她们，因为她们都努力工作，并且忠于自己的想法。模特们只需要在安静中缓缓走出，让人听到她们经过时面料发出的沙沙声，那是服装在歌唱，就像是一曲音乐，在颂扬高级定制时装的美妙。

她最美的作品通常都有些神秘，让人捉摸不透。霍宁根·华内[1]为她的作品拍摄的最著名的一张照片，肯定就是以索妮娅为模特的那张。画面中，这位明星模特穿着轻盈的薄纱睡衣，上半身很像古希腊女子穿的无袖上衣，搭配着一条飞扬的长围巾，像是在飞行中被镜头捕捉到了。而她就像是被神明亲吻过的，在空中飘浮的仙女。著名的德国摄影师霍斯特·P·霍斯特[2]也在1935年创作了一组巅峰之作。照片中模特们穿着白色连衣裙，裙子上的褶皱就像古希腊古罗马寺庙里那些柱子上的纹路一样，线条流畅，条纹清晰，轮廓优美。

设计师阿瑟丁·阿拉亚[3]这么评价："维奥内在20世纪30年代创作的那些连衣裙，是她最美的作品，裙子上的褶皱妙不可言，而且非常具有现代感，因为这些褶皱都没有缝合或者固定，每次穿着的时候都是一次再创作。"这个突尼斯人继续解释道："这需要遵循一系列准确的流程和标准的动作。首先将裙子从头套下，然后将腰带系上。在垂下的一堆绉纱中，可以看到有两块布片，其中一块比另一块更大些。把大的那片对角绕过胸前，缠在手臂下。另一片旋转绞拧，这是维奥内的秘密之一，在拧的过程中将它与之前那片布绞

---

[1] Hoyningen Huene，1900年9月4日～1968年9月12日。20世纪20～30年代最早具有国际知名度的时尚摄影师。出生于俄罗斯，后在法国、英国和美国工作。——译者注

[2] Horst P. Horst，本名霍斯特·保罗·阿尔伯特·玻曼（Horst Paul Albert Bohrmann），1906年8月14日～1999年11月18日。德国裔美国时尚摄影师。——译者注

[3] Azzedine Alaïa，1935年2月26日出生于突尼斯，2017年11月18日于巴黎逝世。1984年获得年度最佳设计师奖，2008年获颁法国荣誉军团骑士勋章。——译者注

在一起，然后将这股螺旋形的绳子绕在肩上，在腋下固定。就是这些褶皱让裙子有了鲜活的动感和古希腊味道。格雷斯夫人也擅长做褶皱，但是她的褶皱是缝合的。维奥内的连衣裙是灵动的，旋转面料的方式才能得到意想不到的褶皱。面料并不紧裹胸部，而是形成圣水杯一样的造型。”❶

****

对于玛德莱娜·维奥内而言，最突如其来的意外发生在1936年。她怎么都没想到，她已经为员工提供了那么多的福利，可他们还是参与了罢工。他们甚至阻止她进入公司。这深深伤害了她。“此后，”她的首席营业员说，“一切都变得不一样了，裂痕产生了。”

事实上，风向在转，生活在变。20世纪30年代末，整个世界乌云密布。战争的威胁越来越近，而玛德莱娜·维奥内也已经六十多岁了。她是感到疲倦了吗？还是风云变幻的事件让她不知所措了？她在1939年2月2日发布了她的最后一个夏季系列，同年8月2日发布了她的最后一个冬季系列。战争刚打响，她就宣布了关门的决定。她在蒙田大道的租约（再续一个这么重的约或者另寻新址对她来说都太难）到这一年就到期了，何况，她也觉得累了。倦怠期提前到了！毕竟，她从1887年就开始工作，并不想再支撑公司渡过战争。所以她干脆退休了。1940年4月和12月4 ~ 6日三天，Vionnet公司被结算并且公开拍卖。她的几个忠实伙伴，诸如玛塞勒·肖蒙、雅克·格里夫、马格·德瓦尔都各自创业，试图成为她的接班人。但是战争的严酷使得他们的野心很难实现。

1943年，玛德莱娜·维奥内和她的丈夫离婚了，战争期间，她就在乡下疗养，豁达开朗，随遇而安。1945年，她还有30年的生命，生活在大家模糊的记忆中。不久，她开始在圣罗克路（Saint-Roch）

---

❶ 雅克利娜·德莫尔内克斯，《玛德莱娜·维奥内》，勒加尔（Regard）出版社，1990年。

的一所学校上课，教授斜裁法，保持和时尚的关联。虽然她的事业很成功，但是并没有为她带来金山银山，因为她的部分财产没有得到很好的经营。她把自己在乡下的房子卖给了雅克·格里夫。她也不再佩戴首饰。她慢慢地变成一个热情、清醒，有时有些怀旧的老妇人。有一天，巴伦夏加[1]甚至让她穿上了鲜花图案的晨衣。她很高兴能在年轻设计师的眼中看到自己的存在感，也很高兴地知道她的作品在很多美术馆展出，尽管她生命的最后无夫无子，很孤独。1975年3月2日，她在家中去世，享年99岁。她被安葬在汝拉省的拉沙萨尼镇，安息在一块全白的石板下。事实上，很多人以为她早就去世了。

虽然在20世纪后半叶的时尚杂志上，她的名字鲜少被提及，但是巴伦夏加、迪奥、阿拉亚、三宅一生以及山本耀司都为她的才华所倾倒。1988年，吕芒家族重新运作这个品牌。2006年在希腊设计师索菲亚·科科萨拉基[2]的妙笔之下，品牌洗去了尘埃，之后品牌又被交到了马克·奥迪贝尔[3]灵巧的手中。再后来意大利商人马蒂奥·玛佐托与在瓦伦蒂诺（Valentino）做出极佳业绩的吉亚尼·卡斯蒂里奥尼联合收购了Madeleine Vionnet品牌。他们希望重新赋予这个品牌以生命力，在他们看来，这是一个非常“有利可图”的事业。2012年，哈萨克斯坦亿万富翁戈加·阿什肯纳兹取得了公司超过50%的股权，决定要唤醒这个睡美人。

2009年，巴黎装饰艺术博物馆做了一场她的作品回顾展，布展非常巧妙。2012年9月，在庆祝公司成立100周年的晚会上，名流汇集。很多家店在世界各地开张，颂扬她留下的美好记忆。这位伟大的设计师从文明的源头汲取灵感，把身体当成设计的主体而不是

---

❶ 克里斯特巴尔·巴伦夏加（Crist ó bal Balenciaga），1895年1月21日～1972年3月23日。西班牙时装设计师，巴黎世家品牌创始人。——译者注

❷ Sophia Kokosalaki，1972年11月3日～2019年10月13日。希腊时装设计师。其同名品牌注册在伦敦。——译者注

❸ Marc Audibert，出生于1955年，意大利服装设计师、工业设计师。被誉为弹性纤维之父。——译者注

炫耀其高超裁缝技艺的载体。她工作勤奋，并且有着时尚圈里很少见的低调谨慎。她把自己的工作当成一项神圣使命，并且赋予她的连衣裙独特的含义："赞美女性，用她的每一件服装来书写一首完美的诗。"

可可·香奈儿
（Coco Chanel）

她凭着一己之力，在20世纪打赢了一场史无前例的女权主义战争：在一个男性主导的世界中，强势推出由女性设计师为女性设计的作品。她将来自塞文山脉家族血统中的严谨和疯狂年代的现代感结合在一起，她包装了那个年代，也缝制了她的传奇。她设计的不仅是时尚，更是一种风格；她打造的不仅是品牌，更是一种精神；她不只是一个女人，更是一个神话。科克托将这个短发女子比喻为“一只黑天鹅”。

可可·香奈儿的一生都在编织谎言，将她的过去描绘成她梦想的样子。她喜欢掩盖真相。她给自己杜撰了一个商人父亲，在美国发了财，然后还有几个令人讨厌但是身份高贵的姑妈。她希望自己出身高贵。以保罗·莫朗和路易丝·德维尔莫兰为首的很多作家都美化了这个讨厌谎言却一直说谎的女子的传奇故事。然而，与大多数女性的矫情相反，在出生日期上，加布里埃尔·博纳尔·香奈儿（Gabrielle Bonheur Chanel）却从不隐瞒：1883年，可能是因为她对于自己在漫长的生命里一直保持美丽而感到骄傲。

****

1883年8月19日，让娜·德沃勒急急忙忙赶去索米尔的慈善医院。她是塞文山脉流动商贩阿尔贝·香奈儿的女伴，也是他让她意外怀孕。几个小时后，她生下了一个黑发棕肤的女婴，取名加布里埃尔。香奈儿后来说："我父亲很怕别人叫我加比（Gaby），所以在想到更好的名字之前，他都叫我小可可。"关于这个在市场里贩卖工作服的小商贩父亲，她很少提起。他是一个缺席的父亲。她的母亲在她出生3年后和她父亲结了婚，在她12岁那年死于结核病。香奈儿后来承认："我的头发是黑色的，就像马鬃一样，我的烦恼是黑色的，就像通烟囱的工人一样；我的皮肤是黑色的，就像我们山里的洞穴；我的性格是黑色的，就像一个从不妥协的国家的内心。我是一个叛逆的孩子。"

阿尔贝·香奈儿做了一个他觉得唯一可行的决定：放弃他的孩子们。他的儿子们像收容所的孩子一样被安置到了农场，三个女儿茱莉亚·贝尔特（13岁）、可可和安托瓦内特（8岁）被送到了奥巴齐内的孤儿院。之后她再也没有听到过关于他的消息。她并不那么否认自己的出身血脉，她会按照她父亲的籍贯说自己是塞文人，但她更愿意根据母亲的籍贯说自己是奥弗涅人。可可·香奈儿的祖先好像一直都扎根在塞文山脉的土地上，在阿尔代什省和加尔省的边界，更准确地说，是在塞兹河谷上游。在她的祖先里，有一个织布工、一个敲钟工、一个麻纤维精梳工、一个马蹄铁匠和很多佃农。她实际上是一个农民的后代，有农民的大手和深厚的根基。正如克洛德·德莱[1]指出的："她应该爱她的父亲吗？她不断地复制着他的姓氏，这也是她从他身上得到的唯一财产，而且这个姓氏也将成为一个无法复制的品牌。"

香奈儿小姐在她的连衣裙、套装裙、方巾、植物象牙纽扣、羊皮包、茧绸衬里、香皂、腰带扣上都烙上了她的双C标志。这个首字母标志在很久以前被刻在她的曾祖父约瑟夫位于蓬泰伊家中的一张凹凸不平的木桌子上。另一个传说是，她后来在克雷马城堡居住的时候，看到了背靠背交织在一起的两个C。

---

[1] Claude Delay，1934年12月22日出生，法国心理分析师和作者，出版过《可可·香奈儿》等名人传记。——译者注

弃儿、贫穷、屈辱。这样悲伤的境遇让她变得既脆弱又强悍：一方面害怕被再次抛弃，另一方面对暴力有着强烈的渴望。缺乏温情的她后来变得非常迷人，并且乐于征服别人的情人。1895年到1901年之间，这个准孤儿生活在位于奥弗涅山干旱山脊的奥巴齐内修道院中。没有任何高墙可以阻挡可可。香奈儿后来设计小黑裙的灵感是否来自穷孩子们的黑色罩衫？她不断表现出来的严厉是不是修道会的严峻生活带来的影响？永远的黑色白色。黑色是修道院的粗呢衣服的颜色。白色是修女帽的颜色。这些颜色和对比给她留下了深刻的记忆。啊！这些挽到肘部的袖子，卷起的折边里藏着一块手绢……还有学生们穿的罩衫留下的耻辱烙印。只有穿过这种制服，戴过这种丑陋的平顶草帽，才能体会到一件服装可以给人带来多大的约束感，让人显得多么卑微。更让人感到屈辱的是，制服还分成了两种：一种代表着弃儿、孤儿；另一种是自费生，家里人把他们送来这里学习。可怕的学校！

加布里埃尔后来曾说，“孤儿”这个词让她不寒而栗。她后来向有可能为她书写传记的作者路易丝·德维尔莫兰吐露心声：“我在构想我的生活时曾思考，所有我不喜欢的东西势必有一个对立面会是我非常喜欢的。我的野心就是要走到这个对立面去。我很快就意识到，我的童年建立在了所有能让灵魂得到满足的美好事物的背面：温柔、喜悦、艺术、奢华和爱显然都存在于我的世界之外！严厉让我看到了宽容；一个耳光让我感知到了爱抚；烦恼和我谈论快乐；愚蠢打开了我的智慧；我学习阶段无处不在的猜疑和监管鼓舞了我对独立的追求和对爱的渴望，而在我周围，大家对此都毫不在意。”加斯东·博纳尔[1]是试图为她撰写回忆录的作者之一，并不知道奥巴奇内存在的他对香奈儿有如此评价：“相较于一个秩序的缔造者，她更像是一个浑然天成的巴黎大人物。”

1901年，她从奥巴奇内到了穆兰，被一所天主教寄宿制学校录

[1] Gaston Bonheur，1913年11月27日～1980年9月4日。法国记者、作者。——译者注

取。在这里她遇到了她一生的伙伴：阿德里安娜·香奈儿，她多产的爷爷奶奶最小的孩子，也就是她的姑姑，但是两人年龄相仿。所有第一次看到她俩的人都以为她们是姐妹。这样的误会并不会让她们不高兴。两人穿着同样的制服。星期天，所有寄宿生都要去做大弥撒。那些自费班级的年轻姑娘们都占据了中间的座位，而孤儿和穷人家的孩子则被安排在过道。但是加布里埃尔很喜欢看这长长的仪式队伍。马路都被装扮得很美，还飘着芬芳。到处都是彩色的花束、饰带和圣物。她高声歌唱，她轻步而行。她能感受到大家在看她，尤其是那些男人们。在修女和香火中的她不再是那个将自己关在外省孤儿院的黑色大门里的不起眼的小毛孩。她现在在穆兰，这里不仅是有一座修道院的城市，还是一座有大量骑兵驻扎的城市。

穆兰那些享有教俸的妇女教给她精益求精的缝纫手艺。不久，加布里埃尔和阿德里安娜就被一起安排到了一家诚实本分、顾客盈门的店里做店员。这家名为“圣玛丽”的店主营新生婴儿衣着用品。他们也卖妇女和小姑娘穿的衣服。她们就住在老板家里，两个小姑娘睡同一间卧室。她们只是做店员吗？当然不。因为她们的缝制手艺像仙女一样灵巧，订单蜂拥而至。这个年轻的姑娘已经开始引起大家的注意，有一张她在20世纪初拍的照片，这是一张侧影，照片中的她充满幻想，细长的脖子上系了一个大花领结，纤腰盈盈一握。平顶草帽的帽檐下是一股浪漫的风情，脆弱、腼腆，但又火热。

****

在穆兰，她的美貌没有逃脱第十驻防部队中尉们的眼睛，并且在未来也纠缠不清。在两次大规模演习的间隙，潇洒的军人们就向年轻的女孩们献殷勤。因为这是最受欢迎的驻扎部队之一。城里开了一些驻唱咖啡馆，供部队放松休闲。大家在中国咖啡馆跳舞，一到星期天，就去阿尔卡扎咖啡馆跳四对舞。圆顶咖啡馆的歌舞表演还有“人肉背景”：十来个龙套演员坐在明星们的身后，她们的作用是在节目之间转场的间隙让观众们耐心等待。气氛非常和谐。加布里埃尔碰碰运气，结果被录取了，这个新歌手只会唱两首歌。一首歌里有一段副歌是学公鸡“咯咯咯嘎”地叫——很像后来的让·保罗·戈尔捷[1]——很快，在咖啡馆里形成了一种传统，当这个年轻的姑娘羞怯地唱起“咯咯咯嘎”的时候，大家一起陪着她唱出各种家禽的叫声，这给了她很多鼓励。她的另一首代表作名为“谁在特罗卡德罗看到了可可？”她的听众为了让她再唱一次，不厌其烦地重复副歌中的那两个音节“可可，可可”，每次加布里埃尔演唱都会出现这个场景。

加布里埃尔一生都对歌唱保持着热情，尽管她的嗓音很细弱。在1906年的悠长夏天，耳朵里回响的大家的欢呼声在她心里种下了一个小小的心愿，希望能在音乐厅崭露头角。她一边试着练声，一边为那些去做温泉水疗的贵妇们修补衣服。她学习运动，学习单脚足尖旋转，她还在“大栅栏”温泉理疗中心做侍水员，面带微笑给客人们斟上矿泉水。晚上她穿上舞台服装。随着十一月的来临，度假的人们都走了。可可失去机会了吗？没有，因为在她殷勤的仰慕者中，可可的黑眼睛认出了其中一位是她忠实的观众：艾蒂安·巴尔桑（Étienne Balsan）。

他会为她指出一条在20世纪初，对于一个出身贫寒但是富有魅力、又渴望摆脱不安定和贫苦生活的女孩来说唯一的出路：成为被包养的情人，一个被男人努力追求，想要得到，并且用奢侈品包围的女人，一个谁都不会娶回家的女人。刚和著名的交际花埃米莉安娜·达朗松分手，这个有些土气的小姑娘给这匹年轻的“狼”带来了一股清风。艾蒂安·巴尔桑对天真少女的爱和他对竞赛马的爱不相上下。他无所畏惧。作为一个富有家庭的精英，他和最爱的那匹纯种马一样，总是横冲直撞。他唇上有两撇胡子，长得并不帅，但是精力充沛，慷慨大方，并且比谁都知道如何维系友情。他有一个种马场，在贡比涅附近还有一处占地很大的产业，还改造了一个老的修道院用来举办宴会派对。他是一个彻头彻尾的乐天派，过着钟

---

[1] Jean-Paul Gaultier，1952年4月24日出生的法国时装设计师、高级定制时装大师。——译者注

鸣鼎食的生活。1906年，艾蒂安把可可从困境中解救出来，把她安置到了鲁瓦亚留。加布里埃尔见识到了20世纪社会给漂亮的穷苦姑娘的唯一出路：成为一个食利者[1]隐姓埋名的情妇。这些食利者只需要操心自己的妻子、家庭或者社会平衡。对她来说幸运的是，巴尔桑能自由地选择自己的生活方式，并不妥协。他的朋友们都热衷于骑马、马球、购物，都拥有勇气、财富和情妇，都热爱享乐和冒险。在这群人中，她开始学习上流社会的社交技能。

作为一个游走在社会边缘的优雅的赛马狂热分子，在巴尔桑的生命中，骏马、俱乐部、赛马场比财富更加重要。对于可可来说，这种无所事事的悠闲生活充满魅力，她探索古堡生活，学习优雅礼仪，摆弄花花草草。艾蒂安那伙快乐的朋友圈，衣香鬓影、珠光宝气的姑娘们，晚宴派对，乔装改扮，一切都很值得学习。年轻的可可在学习中创新，出于挑衅，她发明了自己戴平顶草帽和领带的方式，把自己打扮成小男孩，还在扣眼上插一朵鲜花。她的细腰、平乳、扁臀和围绕在他们周围的那些身材丰满、身穿蕾丝衣裙的女子完全相反。这时候的她暗中观察，记在脑中并保持沉默。

巴尔桑给了可可其他任何人给不了她的：让她保持独立性。正是因为他，她才有了选择、思考和判断的时间。因为她无论如何都不想变成和其他女性一样的人，她们一生都依赖男人，以及为他们的宠幸和金钱而活。对于一个贫苦、美丽、野心勃勃的年轻姑娘，那个时代只给了她两个选择：婚姻或者风花雪月。

而可可，她想要开辟第三条路：工作。但这并没那么容易……因为艾蒂安对此并不认可："你为什么要工作呢？你在这里不好吗？"可可跟他说要开一家帽子店。在她之前，很多女子都向巴尔桑要首饰或者华丽的服饰。但是一家店！可可在自己的坚持下，开始在贡比涅，在艾蒂安愉快的目光中，为朋友们做帽子。

---

[1] 食利者是依靠存款，尤其是专门依靠持有有价证券以取得利息、股息收入为生的人。产生于自由竞争阶段的食利者是资产阶级中的一部分，其出现是与资本主义制度下股份公司的发展密切相关的。——译者注

很多轻佻的女子主动来接近巴尔桑。香奈儿算是比较瘦的一类。她静静地听着看着，默默观察这些丰乳肥臀、头戴羽饰的女子。在那个年代，如果她想逃离这个充满了交际花的世界，真的只有一条路：成为艺术家。在鲁瓦亚留，艾蒂安最好的朋友之一，一个英国人，对她很认真。他带着英国口音说："注意，可可是有天分的。不要打击她的积极性。"布瓦·卡佩尔（Boy Capel）的意见非常重要。他年轻、英俊、有教养，最重要的是，他与众不同。当同龄的富家子弟还只知道挥霍的时候，他已经建立了自己的财富，并且在纽卡斯尔的矿场拥有大量的股份。在伦敦，他的商业敏锐度和他的马球技术一样广受好评，而他也在上流社会如鱼得水。他是一个直觉敏锐的人，但是作为正人君子，他也有他的底线：不可能现在就把可可从艾蒂安身边抢走。

1909年，她搬去了巴黎，住在了她的情人位于马尔泽布大道的单身公寓里，并开始了她最初的业务。但是这时候还不算是真正的商店。虽然成果还很有限，但是她赢得的不只是尊重。可可还得到了一些支持，先是安托瓦内特（比她还熟谙生意之道），然后是制帽专家吕西安娜·勒巴泰（Lucienne Rebaté）。可可的帽子都是非常优雅的。她先从老佛爷百货公司买来一些造型简单的平顶草帽，然后以高雅的品味和精致的工艺对它们进行修改和精心修饰、点缀。在充斥着羽毛饰宽檐遮阳帽、鸟巢头饰和各种白鹭羽饰的赛马场上，香奈儿的第一批帽子引起了轰动！交际花和像加布里埃尔·多尔奇亚[1]这样的女演员们都因为戴着她的帽子而更加引人注目。可可的时尚之路就这样开始了。一些上流社会女士开始戴她的平顶草帽和钟形帽，于是在巴黎沙龙里赞美之声口耳相传。在1910年10月的《Comoedia》日报上，刊登了她戴着自己创作的曲线优美的黑色天鹅绒宽边遮阳帽的照片，一顶帽子上高耸着一支深色的羽毛，另一顶上斜插着一支白鹭羽毛。它们凸显了她优美的侧影和皮草衬托下更

---

[1] Gabrielle Dorziat，1880年1月25日～1979年11月30日。法国舞台剧和电影女演员，巴黎时尚潮流引领者。——译者注

显优雅的脖子。

****

艾蒂安在1910年资助她在康邦街21号买下了一间店面，但是和她一起开香槟庆祝的却是布瓦·卡佩尔。此后，这个英国人对可可过于频繁的拜访使得巴尔桑搞不清楚他们之间的关系到底是什么性质。于是他决定绅士地退出，并且保留了他们之间的友谊。两人之间的角色转换非常和平，没有任何争吵扯皮。这种友好的对调体现了法式马里沃体[1]小说中的优良传统。

加布里埃尔·香奈儿在很多场合下都说过，她只爱过一次，也只认识一个似乎是为她而生的男人。差不多可以确定，她说的是真的。对她而言，布瓦是一个非常可靠的伴侣，并且给予她温柔、信任和尊重。他们之间将产生热烈的爱情，这是香奈儿一生挚爱，尽管勒韦迪在她后来的生命中也占有一席之地。

“他不只是英俊潇洒。他培养了我，他可以不顾他人的眼光，而将我身上独一无二的特点发扬光大。对我而言，他是我的父亲、哥哥和整个家庭。”香奈儿对保罗·莫朗说。这位作家和卡佩尔很熟，他的小说《莱维斯和伊蕾娜》就是以他俩的故事为灵感创作的。

布瓦培养了她热爱阅读的习惯，带她经常出入巴黎独特的热力四射的地方，教她自信地表达自己的观点。她学习跳舞，因为他喜欢！她再也不怕说话，哪怕对方对她是虚假奉承。事实上，在很长一段时间里，香奈儿都显得谨慎高傲，她宁愿保持沉默，也不愿意不小心说出无趣或者无知的话。米西亚·塞尔特[2]的回忆录中描述了

---

[1] 18世纪法国喜剧作家马里沃（Marivaux）过分细致而矫揉造作的描写爱情心理的笔调。——译者注

[2] Misia Sert，1872年3月30日～1950年10月15日。波兰血统的钢琴家，曾在巴黎主持艺术沙龙。她是众多艺术家的赞助人和朋友，也是香奈儿好友。——译者注

她和加布里埃尔第一次见面的场景，她非常惊讶："虽然一直都是我一个人在讲话，她一句话都没说，但是奇妙的是，几个小时一下子就过去了。"布瓦教会了她真正的爱情有多深，但是不会因此而荒废了她的创作。"香奈儿时尚（Chanel Modes）"现在还不能自负盈亏。1913年，布瓦出资让她在多维尔开设了第二家店。

可可脑子里只有一个想法："减轻女性从头到脚的负担。"她有一些非常明确的想法就在小人台上试验。在马克西姆餐厅或者跑马场边，当有女子问她"您的衣服出自哪位设计师之手"时，她回答"我自己"。多维尔对她来说非常合适。在马球场上，她衣领打开，头上戴着一顶新奇的帽子，像是扁平的瓜皮帽，这是她发明的巴拿马草帽，又引起了轰动。无论是在这座诺曼底古城的城市舞台上，还是在她商店的橱窗玻璃后，她都冷眼观察那些过于圆润的臀部、多余的褶裥和"普瓦雷式的杂乱"。在她那又长又密从不修剪的眉毛下，在她低窄固执的额头下，她那双审视的眼睛从不懈怠，即便在那些不可避免的下雨天，宽宽的马路上非常冷清，只能看到几个帆船运动的狂热爱好者和几个穿着厚呢大衣或者防水衣的运动爱好者，她也不会放过。香奈儿设计的装饰着一支羽毛或者一朵花的窄边小软帽开始在晚会上流行起来，并且很快在花园派对上取代了宽檐遮阳帽，并使它们最终被时尚遗忘。同一时期，纯净主义运动的理论家，建筑师阿道夫·路斯在维也纳发出了他著名的口号"装饰即罪恶"。

可可很快就找到了她的信条。与众不同，出其不意，低调优雅，琢磨不透。这就是一个想要保持神秘、充满诗意的女子应该达到的境界。然而她在街上和赛马场上看到的女子都穿着宽大复杂的浅色呢绒连衣裙，上面点缀着饰带、皮草、凸花花边和一条条排列的黑貂皮互相争妍，但是最后都不过是给鞋子擦灰。一些女子在她们精雕细琢的蓬松发型上，戴着用天鹅绒、绢纱、蕾丝做的庞然大物，上面堆砌着各种羽毛、水果、鲜花、锻结。戴着巨大帽子的她们绷紧了身体，似乎在努力寻找平衡。另一些女子的打扮是苏丹式的，裹着头巾，服装上都是东方风格的装饰，褶裥腰带或者细腰绳系在胸下，末端有流苏垂下。这些女子都像是陈设一样，被关在了笼子里。紧身胸衣是她们的枷锁，三层衬裙是她们的牵绊，高帮皮鞋是她们的桎梏，浓密的头发是她们的负担，封闭的温室沙龙是她们的牢笼，偏见是她们无法挣脱的网。脸色像月亮一样苍白，身上像帆船一样挂着各种绳索，在30岁之前，她们都像小鸟一样叽叽喳喳地谈论着一些无关紧要的问题。到了30岁，她们牛奶般的肌肤变成了奶酪质感。她们躲进自己的闺房，用糖果塞满自己，用缎带装饰自己，把自己变得像家具一样，抛弃了对法兰西喜剧院和布洛涅森林公园的全部记忆。而男人们则自命不凡，上蹿下跳，指手画脚。他们的服装便于运动，他们没有被束缚在牢笼里，他们可以自由翱翔。可可希望女性拥有与男性同样的自由，拒绝那些搞笑怪诞的衣服。她不要怪诞。

当其他地方没有业务召唤的时候，布瓦·卡佩尔就到多维尔，组织一场马球比赛，然后开着他优雅的戴姆勒车离开。也许他可以在可可身边多待些时间？但是1914年7月，欧洲开战了，布瓦被动员入伍。可可似乎在等待时机。1914年夏天，她开始实施一个在她脑子里盘旋了很久的方案。她弄来了两块做英国外套的代表性面料，还借鉴了布瓦·卡佩尔的运动衫的针织面料和他外套常用的法兰绒。第一套服装就这么诞生了，裁剪上保留了水手衫的型，材料上像是马夫的套头毛衫。衣服线条宽松，不需要穿任何紧身胸衣，身形只是隐约可见。这是她作为裁缝获得的首次成功。

很快她就在橱窗里陈列她的水手衫、骑手帽和一些轻便的外套、半身裙、真丝夹克、晚装大衣和一些配饰。运动服装初显端倪。在1914年还没有运动连衣裙。女士们参加体育赛事就像中世纪贵妇们戴着汉宁帽参加骑士比武。她们腰线都束得很低，髋部和腿部运动都被牵绊。可可知道，在战争结束后，女性将会需要更与时俱进的服装，羊毛或者真丝的针织服装。香奈儿拒绝追随他人创作的时尚。一天下午，芒什的寒风袭来，她披上了一件马球手穿的针织套衫。衣服对她来说太大了，她就把衣服系在腰间，用袖子打结。回到酒店，她看到镜子里系在身上的毛线衫很适合她。于是她找人做了几件，放在了橱窗里，马上被抢购一空。故事有几个不同版本：有的版本里，马球运动员被赛马骑师取代；有的版本里，针织套衫变成了厚呢上衣。还有一个说法是，可可只是借用了她的外甥安德烈·帕拉斯的英式上装。这个外甥是她姐姐茱莉亚的孩子，在她姐姐去世后，她就收养了他。

之前离开多维尔的那些优雅的巴黎人因为担心首都被轰炸而成群结队地回来了。于是香奈儿顺势而为，从帽子设计师转型成为真正的服装设计师。而那些女子突然发现19世纪已经走向死亡，新时代带来的是自由和新的生活方式、新的穿衣方式。这个时代不需要花俏的服装，方便实用才是王道。香奈儿将为她们推出顺应新时代的时尚，这种时尚对普瓦雷风格和他的羽毛、珍珠、束手束脚的连衣裙、细布长裤和东方刺绣造成致命打击。不久之前，女性服装的装饰性还是设计师们主要考虑的问题（绒球、薄纱、刺绣、蕾丝）。而在香奈儿眼中，整体廓型和线条才应该是首位的。她觉得首先要清除所有多余的装饰，或者说，所有会破坏纯粹感的手段。后来人们称她为高级定制时装界的冉森派教徒。

后来有人控诉香奈儿抹杀了女性。这是错误的。她只是抹杀了几个世纪以来鲁本斯[1]强加在我们心中的女性形象。嘲笑这些肥胖的弗拉芒女人的同时，她只是唤回了更加古老的审美标准。对于曾经嘲笑她身材单薄的利亚纳、埃米莉安娜或者克莱奥来说，这是多好的反击。仅仅一个海滨度假季，她就让这些曾经的社交女王被收进了格雷万博物馆[2]的阁楼里。在她看来，一条裙子既不应该是设计师的个人表现，比如沃斯或者杜塞设计的裙子，也不应该是戏剧服装，比如普瓦雷的设计。它最重要的品质应该是：适合它的主人。“适

[1] 彼得·保罗·鲁本斯（Peter Paul Rubens），1577年6月28日～1640年5月30日，17世纪佛兰德斯画家，是巴洛克画派早期的代表人物。西班牙哈布斯堡王朝外交使节。——译者注

[2] Musée Grévin，该馆位于巴黎蒙马特大街，是19世纪著名画家格雷万于1882年创建。全馆分蜡像馆、幻影厅和魔术剧场三部分。——译者注

合”这个很抽象的词在这里指的是客人应该感觉自在，就像在家里一样。这真的是第一次当我们谈论一条裙子的时候关注到了它的穿着者。

****

1915年，可可在比亚里茨开了一家店。店面位于通向海滩的下坡路上，几乎就在海滨赌场的对面。成功很快如约而至。从西班牙王室到圣塞巴斯蒂安的美女们，订单以疯狂的速度增长。很快，她雇佣的60名员工已经无法满足大量订单的需求了。

1916年冬天，面料很稀缺，她打算推广针织汗布。这种面料在此之前一直只用于制作男士内衣。面料制造商罗迪耶（Rodier）正担心库存卖不出去，可可就把它们买走了。这位工业家不理解可可为何对他的汗布情有独钟："女士比男士更不喜欢它。相信我，这种面料松松垮垮，不平伏，易起皱……您用它什么都做不了！"

但这正是她要找的针织面料，但是是机器生产的。她坚信，这种朴素的面料将会在迄今为止充斥着花俏设计的时装市场占有一席之地。加布里埃尔用行动证明她不是自欺欺人。她自己第一个穿上了用这种面料做的衣服，而这也解除了罗迪耶的疑虑。那是一件长度到裙子中部的不收腰大衣，没有任何形式的装饰，非常严谨，几乎像是男式服装。这件衣服有一种毋庸置疑的力量。1916年的这个夏天，香奈儿为女性们赢回了舒适自在、行动自如的权利。风格将会比装饰变得越来越重要，不起眼的廉价材料突然变得高贵，这显然为在不久的将来创作出更多人承受得起的优雅提供了可能性。尤其是，她如此坚定地表达了之前任何人都不敢表达的想法；在这些不显腰身、没有曲线的服装中，女性都是直线条的，而她们穿的半身裙也是前所未有的短。

一位曾为她工作的裁缝德雷夫人还记得："对我们来说，这是一项壮举。因为在那时，汗布都织得不好。斜纹汗布会变形，所以要返工做好多次。而且香奈儿小姐要求必须做到完美！如果试衣结果不满意，她就会发很大的火。但是她的作品引起了轰动，那无与伦比的精致和简约，与普瓦雷和维奥内夫人截然不同。她有着不同寻常的果断和大胆。她的好品味是天生的，从蕾丝、装饰到色调都由她自己来选。在里昂或者苏格兰的染坊中出品粉色调的真丝或者羊毛中，她总能选出最美的。”几年之后，可可就将成为业内第一。用的是最简单粗暴的方式：挑起战争。这是一场同行之间的蕾丝之战，战斗对象是：普瓦雷及其土耳其色彩作品和维奥内夫人及其褶皱。这也是一场与现代女性深受其害的愚蠢装扮的战斗：为了保持那种轮廓，需要穿上两到三公斤的装备：紧身褡、鱼骨胸衣、胸垫、夸张的装扮。总之，就是让女性无法感受自由，无法自如来去，无法乐在其中，无法心生欢喜。

1916年伊始，非常挑剔的《时尚芭莎》（*Harper's Bazaar*）刊登了香奈儿第一款从未被复制的服装，比亚里茨系列中线条非常纯粹的一款：没有紧身胸衣，没有褶饰，没有荷叶边。为美丽的女性客人设计的这条连衣裙非常有魅力，但是却丝毫不见战前时尚的任何印记。这件深V领的衣服里是一件男式裁剪的衬衫，翻开的衬衣领露出了脖子。袖子上没有任何蓬起的部分，而是从肩到手腕紧紧地裹住整个手臂，像是长筒袜一样。一条与裙子同色的长巾系在腰间，两头自然垂下，形成了长长的飘带。杂志盛赞这件迷人的香奈儿衬衫裙。这时可可已经雇有300名工人了，而且她很快就能够将布瓦借给他的钱全部还清，这出乎布瓦的预料。

而布瓦正准备悄悄溜走。可可从这时起确定，她的情人——那个她曾经认定会相伴一生的男人——不会娶她。他的艳遇太多了。她相信宿命论，明白她的出身是贴在她身上永远甩不掉的标签，而野心勃勃的布瓦是不会甘于这样门不当户不对的婚姻的。她想的没错！布瓦很快就开始追求里布斯戴尔勋爵的女儿戴安娜·李斯特。他们的婚礼于1918年10月在博福尔私人小教堂举行。在这之前没几天，她做了一个惊人之举，以表达她的怨恨、反击和挑衅：她把那一头织成辫子盘在头上的漂亮浓密的及腰长发都剪了。对于这个罕有的举动，有很多版本的解释。她对保罗·莫朗是这么解释的：

“1917年的时候，我打薄了我厚重的头发。我开始一点点把它们修短，最后我就留短发了。”但是香奈儿对克洛德·德莱所说的版本与之大相径庭，而且更详细地讲述了事情是如何一步步发展，并导致她彻底改变发型的。

一切都是从一次朋友间的巴黎歌剧院之约开始的。香奈儿在位于加布里埃尔大道的公寓里做出发前的准备。“我还从来没有进过加尼埃厅。我穿着一件自己公司出品的白色连衣裙，长发披散到臀部。”她的发量非常大，以至于可可抱怨说她“要被头发压垮了”。但是命运即将让她得到解脱，并将随之解放所有女性。“在我的浴室里，有一个热水点火管。我打开热水龙头准备洗手，可水是冷的。我拉了一下点火管，然后就炸了。我的白裙子上都是烟灰，头发上就更不用说了。我的脸只要洗一下就好了，因为我并不化妆。”这个小事故并不会阻碍可可晚上出去的计划。其他优雅的女子都会闭关几个月等头发长长，但是可可很高兴地将它们剪短。“我拿来一把剪刀把辫子剪了，头发立刻披散在我脸上。那时候，我的头发就像黑貂皮一样油亮。我对自己说，另一条辫子也得剪了，我还要去歌剧院呢。于是我叫来了贴身女仆帮我把辫子都剪了。我穿上了一件前片交叉对迭的黑色连衣裙，在腰部用一个像清真寺尖塔的饰品收紧固定。”

剪了平齐短发穿着小黑裙的香奈儿，既不像那些围着男人转的女孩，也不像那些循规蹈矩的妇女，她就是自己创造的一个独一无二的角色。当她穿着腰线低于髋部的短裙走进剧院的时候，她的新发型让全场静默了很长时间。那一晚，巴黎的观剧镜瞄准可可的包厢的次数比看舞台的次数还多。大家的眼睛都离不开她。第二天，当时著名的美女米西亚·爱德华兹[1]和勒特利耶夫人，在法兰西戏剧院成功塑造了经典的塞利梅纳[2]形象的塞西尔·索莱尔，都来让可可帮她们剪头发。效果是颠覆性的。女性纷纷仿效她的发型，说这是

[1] 即米西亚·塞尔特。——译者注

[2] Célimène，莫里哀的经典剧本《愤世嫉俗者》中的女主角。——译者注

代表自由的新发明！

布瓦真的相信可可将自己的浓密长发祭奠婚姻之神了吗？事实上，即便在婚后，布瓦也偷偷回来找可可。他似乎不愿就此和她分开。对于这对难舍难分的情人而言，一切都是宿命。我们所知道的关于布瓦最后一段旅程的一切都是矛盾的。他应该去戛纳和他年轻的妻子共度圣诞。有人说他和那位女裁缝决裂了，也有人认为，他去地中海海岸是因为他希望随着远离巴黎，他能结束对可可疯狂的爱。只是没想到等待他的是死亡。他和他的鱼雷型敞篷汽车一起在戛纳的公路上被压碎，而那时距离1919年的圣诞节只有几个小时，一切看起来都那么浪漫。

香奈儿遭受了巨大的打击，尽管她的眼睛里好像没有一滴眼泪。“你？女人？”布瓦曾经笑着说。如果作为女人，就应该在生活给你当头一棒的时候，躲到床上痛哭流涕，那么可可确实不是一个女人。但是打击确实是沉重的！随着布瓦的突然离世，她一下子失去了她的顾问、伴侣、朋友、情人、爱人，再也没有人和她一起欣赏东方乌木漆面屏风，一起策马奔腾，她的青春、她的激情也随之而去。她只能将自己投入疯狂的工作中，这可能是最好的慰藉了。她重新站了起来，并且投入战斗。从此，她就是一个人在战斗了，从三十六岁开始，她要用她自己的方式来重塑这个世界。在布瓦去世的三个月前，加布里埃尔刚刚离开了康邦街21号，搬去了31号：一个历史性的地址。香奈儿革命正在进行。

****

1919 ~ 1920年，那些复员的军人和那些被释放的战俘都无法相信自己的眼睛。这些女人还是原来的样子吗？她们那么迅速地涉足男性的活动圈。她们的外形也证明了一点：她们想要和男人一样。腰线消失了，乳房成了禁忌，头发剪短，环形卷发和波浪卷发消失，身体本身和时尚一样，发生了翻天覆地的变化。紧身胸衣没有了，只有吊袜带；文胸没有了，只有把胸压平的束胸带。对小脚的颂扬也就此结束。短裙的流行展现了纤长的美腿。男人们去有歌舞表演的咖啡馆欣赏美腿的时代似乎已经是很久以前的事了。

那些帅气的姑娘，穿着男式裁剪的西装套装，或者很短的衬衣式连衣裙，头发剪短，一顶钟型帽遮了一只眼睛，这就是假小子造型。传统被抛弃，大家现在热烈追捧的是所有新鲜的、出乎意料的事物。女性从现实中抽离，放任自己的亢奋、忧郁或者狂热。她们的新款奇装异服和那个时代的艺术一样，非常具有革命性。1914年前的世界里，女性高傲、僵硬，她们的丈夫把她们带到沙龙、剧院、赛马场或者舞会炫耀，她们就像是洋娃娃，只是一个豪华的装饰，在成为母亲之后，她们变得更加安静、顺从。战争、疯狂年代和可可·香奈儿将为这些女性带来自由，让她们可以自在跳舞，自娱自乐，享受生活。她们剪短头发，抛弃那些镂空花边和奶奶的长裤，穿上针织运动连衣裙、短款晚装裙、水手裤，从白天到晚上都能让人保持优雅的针织小套装，20世纪20年代的女性表达的不仅是她们对新时尚的喜爱，更是对新生活的渴望。大家都说是香奈儿发明了假小子风格。这是不正确的。假小子们从维克多·玛格丽特[1]引起轰动的小说中走出来，为夜晚欢呼。要说香奈儿的第一个成就，那是成功推出了日间套装。

当然也不是所有的事都像大家想象的那么容易。因为高级定制时装突然迷失方向，失去了它在时尚界的地位。在1921年，它向短发宣战，可可一笑置之。1922年它与短裙作斗争，裙子突然变长了，但是腰线的位置降得特别低。冬季系列时装所用的面料颜色鲜艳，与深受可可和时尚女子喜欢的黑色抗争。然而都是徒劳——在第二年各品牌春季系列发布中，我们看到黑色又占领了统治地位。其他设计师都溃不成军。一位时尚记者甚至大胆地说："时装设计师推出产品，巴黎女子决定时尚！"1923年，裙子稍微短了点，1924年就更短了。腰线还在往下降，几乎要到膝盖了。设计师们想出了一千种新想法，各种边饰、弧线、褶皱、装饰，但是都被坚决抵制。于

[1] Victor Marguerritte，1866年12月1日～1942年3月23日。法国小说家。1922年出版了小说《假小子》。——译者注

是，他们也突然喜欢上了简约。1925年，他们宣布被可可所青睐的睡衣款是不可缺少的单品。连衣裙的造型是几何形的、平面的、多棱角的——就好像是立体主义入侵了时尚。6月，裙子短到了极致，甚至连晚装裙的下摆都到膝盖以上了。

女性走上工作岗位，穿上专业服装参加运动，在酒吧里跳舞，开汽车。围绕着“假小子”这个主题，其他一些变体出现了。桃丽姐妹[1]穿着衬衫款连衣裙，直发配着圆圆的脑袋；葛丽泰·嘉宝[2]头发理得像贵族侍从，头上戴着宽檐软帽，她们都塑造了新女性的形象。《VOGUE》杂志将舞台剧演员和电影演员时隔几年的照片放在一起，以展现葛丽泰·嘉宝的影响力。1928年，裙子变长了，但是下摆曲线长短不一；1929年春天，裙子的前摆到膝盖以上，但是后摆要长很多。10月，腰线回到了正常的高度。11月，长长的晚礼服突然出现。革命期似乎到了极限，时尚与高级定制似乎和解了。但是在1919 ~ 1930年这些年里，只有那些成功演绎当时时尚女性新风格的高级定制时装设计师才是胜利者。是什么秘诀让香奈儿成为时尚界的女王，并且让那些守旧的服装制作者被遗忘在角落呢？

秘诀一：她开启事业的时间恰巧是风格演变在酝酿的时期，当然，这只是一个机遇。香奈儿说：“我曾经问自己，我为什么会投入这个行业，为什么我会有一个革命者的形象。最初的目的不是为了创作我喜欢的，而是首先要将我讨厌的那些淘汰……我只是命运的工具，用来实施必要的清除工作。”

秘诀二：她的直觉准确地捕捉到了正在发生的演变——这就不是巧合了。

秘诀三：她的天赋让她能将这种演变以具体的形态表现出来，她的个性让她能主导时尚并且用她别出心裁的想法征服时尚。1920

---

[1] Dolly Sisters，20 世纪 20 年代风靡美国一时的双胞胎滑稽戏舞娘，桃丽姐妹组合，有一部同名电影就是讲述姐妹俩的故事。——译者注

[2] Greta Garbo，1905 年 9 月 18 日 ~ 1990 年 4 月 15 日。生于瑞典斯德哥尔摩，瑞典籍好莱坞影视演员，代表作《茶花女》《安娜·卡列尼娜》等。——译者注

年，一位时尚记者在看过香奈儿的服装系列之后写道，他觉得这个系列的服装是由一个非常有艺术家气质的女性设计的，并且只是为她而做：羊毛针织的套装裙，上衣配有真的口袋和纽扣，而不只是装饰，百褶裙，直身晚装裙，双绉绸斗篷。所有这些服装都裁剪严谨，颜色深沉。而且在之后很多年里，整体线条也只是稍微调整。这就是香奈儿，永远的香奈儿。

****

在20世纪20年代，可可的时尚霸主地位显露无遗。她推出了一种新的女性形象，她让大家忘了昨日女性，教她们自然的态度，这里剪掉一缕头发，那里剪掉一个装饰，下剪刀的时候果断而准确。她做的一切都很合理。旅行穿的大衣很舒适，口袋的位置正好可以插手，帽子都能装进旅行箱。黑色针织或者呢绒连衣裙如此简洁严谨，普瓦雷说："可可发明了一种风格：奢华的悲惨主义！"她推测，在一个优雅的女子也经常要乘坐公交车、地铁、出租车的时代，未来属于简洁的裙子。那个保罗·普瓦雷将女性束缚在那些复杂的面料中，将她们打扮成东方女神的时代彻底结束了。因为她，时尚走上了大街。

她为那些贵妇带去轻佻少女的大胆风格，为小资阶级带去公爵夫人的仪态。她的创新一个接一个，根本停不下来。她取消了垫肩，推出了针织两件套（半身裙配套头衫和长袖羊毛开衫）、围在腰间修饰腰线的皮腰带、戴在毛线衫上的珍珠项链。她打碎了对牛奶色肌肤的崇拜，建议大家都晒成古铜色，她自己就是在仰慕者的游艇上晒日光浴的。一天晚上，她去巴黎一家高级餐厅吃饭，她皮肤黝黑（她刚从蓝色海岸回来），穿着一件毫无装饰的宽松连衣裙，戴着三串珍珠项链，顶着一头利落短发，这与餐厅里那些头发卷曲、披着饰带、戴满首饰、涂脂抹粉、脸色苍白的贵妇形成了鲜明的对比，大家目瞪口呆。香奈儿大胆突破，其他人跟风模仿。她让伯爵夫人们穿上宽松轻柔的连衣裙，让好莱坞明星们穿上像学生制服般的套装。她让线条发生了改变，也意识到自己是先锋。她用最廉价的动物皮毛替换最昂贵的皮草：毛丝鼠拜拜，兔子万岁！事实上，没有从南美运来的毛丝鼠皮，也没有从俄罗斯来的貂皮了。她通过提升风格和创新，摆脱了资源紧缺的困境。

她强调舒适和行动自如。她向保罗·莫朗强调了她的信条："身体的所有关节都在背部，因此这里需要尽可能多的面料……一件衣服应该是可以在身上松动的，一件衣服应该在我们静止的时候是贴身的，而运动的时候又足够宽大。不要害怕褶皱，只要是有用的褶皱都是美丽的。我首先考虑坯布在模特身上的形状，面料的选择是后面才考虑的；坯布样衣做得准确，比任何东西都美……高级定制时装的艺术是在于扬长避短，将身前的腰线抬高，让女子显得更高；后背腰线下倾，以免显得臀部下垂。连衣裙的后片要裁得更长，因为它会往上缩。所有能显得脖子修长的都是美的。"对可可来说，这几年时间过得非常快：她是巴黎时尚界毫无争议的女王，并且活跃于巴黎的三个主流世界：贵族聚集的圣日耳曼区，铺张挥霍的奥斯曼大道和香榭丽舍，艺术家纵情的天堂蒙马特高地和蒙帕纳斯。

可可·香奈儿不做时尚，她就是时尚。1920年，她投入了一项新的冒险。在针对男士推出的"香奈儿之水"大获成功之后，她决定创造一种新的香水。她毫不怀疑，这将会给她带来巨大的成功和国际影响力。因为在世纪之初，拘谨的小姑娘和严肃的妇人都散发出混合了鸢尾花、素心兰、栀子花、玫瑰花香的浓烈香水味，这些香水的名字浮夸又搞笑，类似于一种伪装的快感。但是她为什么会有开发时装设计师香水的想法呢，这明明是化妆品商的领域？"因为她将女性从头装扮到脚，"她的一个朋友说，"她想把女性完全包装起来，而对她来说，女性的香味也是服装不可分割的一部分。"她一生都痴迷于整洁卫生和寻找美好的气味。她与欧洲最著名的鼻子恩尼斯·鲍[1]在格拉斯的相遇也许不是偶然。

[1] Ernest Beaux，1881年12月8日出生于莫斯科，1961年6月9日于巴黎去世。世界上最伟大的调香师之一，香奈儿5号香水的创作者。——译者注

关于香水，香奈儿希望它和她的裙子一样，是为了这个新生的时代而创作的。它应该能适应户外活动，并且不会在人群中变味。同时，它也应该在沙龙或者闺房中保持香水的功效。它一定不能像战后这几年流行的紫罗兰或者薰衣草的香味，必须要有自己的特点，而且层次丰富。香奈儿讨厌平庸。鲍对茉莉花的使用毫不吝啬。他将各种精华组合在一起，为她提供了10个由各种鲜花精华组合而成的配方。可可选择了第五个，由茉莉花（后来格拉斯每年茉莉花产量的四分之一都被她采购了）、玫瑰、紫罗兰和乙醛混合而成。可可当然不具有一个香水合成师的鼻子，但是她的鼻子足够让她在没有理论基础的条件下判断出哪种香味会获得成功。她就称它为“5号（N° 5)”香水。是因为她选择了恩尼斯·鲍给她的第五号瓶么？或者只是因为这是一个简单的数字，就和那个著名的方形香水瓶（线条简洁、方正，瓶身光滑）的线条一样美丽，与当时非常流行的拉利克制作的精雕细刻的香水瓶完全相反？还有一个版本的解释：“5”一直都是她的幸运数字。就赌是这个原因！在她整个人生中——甚至死后，因为她后来希望在她的墓地上装饰5只石狮子——5都是她的吉祥数字，她每次时装发布会都会定在2月5日和8月5日，雷打不动。

“5号”香水将迎来双重胜利：在商业上大获成功，在化学领域旗开得胜。它让调香师们摆脱了偏见。它用事实证明，在高端香水领域也能使用合成产品，即便是大量使用也不会影响其品质，甚至还能改善品质。这就是为什么说“5号”前的香水制造业和“5号”后的香水制造业是两种完全不一样的产业。传说一瓶“5号”香水在康邦街被打碎了，当时这款香水还在试验阶段。营业员和顾客们都急切地想知道是什么这么好闻。不管怎样，当“5号”问世的时候，所有女性都细细品味这种无法模仿的香调，在茉莉和玫瑰的花香里，融合了香根草、依兰、鸢尾、铃兰、山楂、黄水仙，在乙醛的作用下龙涎香和麝香的温暖气息更好地支撑了那些花香，也给香氛带来了一股灵气。

1924年发生了一件事，对这款香水带来了深远影响。一天康邦街迎来了两个非常能诱惑人心的人，两个国际级的商人，维德摩尔

（Wertheimer）兄弟——皮埃尔和保罗。他们收购了以舞台剧化妆品起家的历史悠久的妙巴黎（Bourjois）公司，从而涉足香水制造业。所以他们能对香奈儿说：

——您的香水是世界上最棒的，但是现在，世界不仅局限在巴黎或者多维尔的海滩。纽约才是世界之巅。而我们已经进入了那个世界。我们有一家工厂，妙巴黎的生产厂。让我们来生产和发行“5号”香水，您一定不会失望的。

于是她和这两位非常具有说服力的兄弟合作，开办了Chanel香水公司。她并不想被不断扩张的业务吞噬，但是想要获得特许使用费。之后围绕合同展开激烈的讨论。后来可可发表过一个非常中肯的评价：“时尚不仅存在于连衣裙中，时尚是空气，风把它吹来，我们感受它，呼吸它，它在天空中，它在碎石路面上，它与思想、习俗、社会事件都息息相关。”

在香奈儿这里，哑光的面料诸如绉纱和羊毛都是白天穿着的，而真丝绸缎和天鹅绒则用于晚装，有时还要用镶钻的饰品来衬托。1926年，她发明了著名的“小黑裙”，成为她的标志性作品。那是一条黑色双绉绸的无领连衣裙，袖子又长又窄，上身部分直到臀部都是宽松的，而裙子部分则是紧身的。美国版《VOGUE》杂志将这款裙子比作是批量生产的黑色福特小轿车，并且预言它将会同样占有非常大的市场。尽管遭受了很多刻薄的评价，“香奈儿的福特”还是得到了预期的成果。那些男性专栏作者哀叹：“没有胸、没有肚子、没有臀部。而裙子，被剪到了膝盖。”他们讽刺：“当下这个20世纪的女性时尚应该叫‘剪剪剪’”，然而都无济于事。女性的选择已经不再仅仅依附于男性审美。她们更愿意效仿香奈儿简洁大方的品味。

想象一下，香奈儿小姐正在康邦街31号5楼的工作室里工作。房间的墙壁上贴满了暗色的莫列顿绒布和长绒毛织物。和很多服装设计师不同的是，她从来都没有服装样衣师，她也从来不先画草图。她所有事都自己做。剪裁，用大头针固定，在堆满面料的货架、长长的白色绸缎卷轴、摊开在椅子上的平纹针织布、薄纱、印花丝巾等各种材料中一边尝试，一边不停地自言自语，她从早忙到晚，从不露出疲惫之色。她在脖子上挂一根长长的棉纱带子，上面系着一把剪刀。她身上坚忍不拔的手工艺人特质，追求工作完美的农民精神，耐心细致的蜜蜂品质，或许就是她成功的秘诀？她在肃静中用她的十指、指甲、掌锋、掌心、大头针直接在衣服上操作。有时为了抚平鼓起的绢纱，她在自己的作品前跪下，腰部紧绷，因为集中精力，花岗岩色的双眸闪闪发光，扭曲的双唇剧烈地颤动。

一个有如此高的天赋和创造力，有如此丰富的个人品质的小人物，能够让当时最著名的男人们都为之神魂颠倒，是不难理解的。她也像是在向命运复仇。在她这里，雇佣了最多的上流社会人士：俄罗斯的逃亡者或者落魄的贵族。他们能有多少作用或许还有争议，但是因为他们的人脉关系，给香奈儿带来了很多世界各地的客人。俄罗斯的玛丽女大公帮她管理上衣刺绣工坊；至于一直都拥有大量财富的艾蒂安·德博蒙伯爵，他很高兴能为她设计首饰，用捷克斯洛伐克的彩色石头串成闪耀的项链和手镯。

****

香奈儿对艺术家有着极大的包容度。对于那些她看好的艺术家——她很少看走眼——她都非常关心和慷慨。只要给她打一个电话，她就会赞助一个项目，或者让一个经济困难的朋友住到她的某个住所里，又或者帮忙支付房租或者医药费。但是可可并非什么都买。如果将那些被香奈儿小姐的慷慨所吸引而涌向福布尔圣奥诺雷路29号的所有画家、作家、舞者当成是食客，那对他们来说是一种侮辱。做赞助人是一个非常微妙的艺术，可可知道如何给她的朋友们极高的尊重。艺术家和上流社会阶层、高级定制工人和富有的客人，这些来自不同世界的人在她这里相遇，产生了奇妙的组合。她想要将那些放荡不羁的艺术家打扮成花花公子，也会因为一位客人要求她设计和其他设计师一样的女性服装而干脆地将她除名。

1920年夏天，可可在嘎尔什度假期间，和她的邻居、著名的剧作家亨利·伯恩斯坦结成了友谊，还收留了和家人一起逃离俄罗斯

的伊戈尔 · 斯特拉文斯基[1]。朦胧的纯朴爱情诞生了 :

“那时的他很年轻又害羞，他喜欢我 :

——你已经结婚了，伊戈尔，我对他说，如果你的妻子卡特琳娜知道……

他的回答非常俄罗斯 :

——她知道我爱你。除了她，我还能向谁倾诉这么重要的事？”

香奈儿为这位作曲家最初的几场音乐会作担保。他以自己的方式予以回报 :“斯特拉文斯基教我音乐 ; 我对音乐仅有的了解都得益于他。”他应谢尔盖 · 狄亚基列夫[2]之邀，为新古典主义芭蕾《普钦内拉》编曲的时候，就住在她家中，期间他送了她一个圣像，香奈儿一直把她放在床边，就像是一件珍贵的圣物。

另一个俄罗斯人也在这一年进入了她的生命。他就是俄国沙皇尼古拉二世的堂弟和前副官迪米特里大公。那一年他二十七岁，比可可小十一岁。他们的私情只保持了一年，他们的友谊却维持了一生。这一次，是斯拉夫人的魅力以及罗曼诺夫王朝[3]天生的奢华意识进入了这个流动商贩家的女儿的心中。她在多维尔让俄罗斯模特们展示的皮草和农民衬衫风格的罩衫能看到他留下的痕迹，她对巨型宝石的青睐也体现了拜占庭风格的影响。香奈儿在她的斯拉夫系列中加入了一些在西方从来没有见过的单品，比如从俄罗斯农民的连衣裙汲取灵感，搭配多排珍珠项链穿着的饰有东方刺绣的方领短袖罩衫。因为巴黎是流亡的白俄罗斯人最佳的避难城市。在十月革命中破产的一些贵妇们沦落为营业员、模特或者高级定制时装的画师。

❶ Igor Stravinski，1882 年 6 月 17 日 ~ 1971 年 4 月 6 日。美籍俄罗斯作曲家、指挥家和钢琴家，西方现代派音乐的重要人物。——译者注

❷ Sergei Diaghilev，1872 年 3 月 31 日 ~ 1929 年 8 月 19 日。俄罗斯的艺术评论家、赞助人、芭蕾舞承办人和俄派芭蕾之创始人。——译者注

❸ 统治俄罗斯的第二个以及最后一个王朝，也是俄罗斯历史上最强盛的王朝。1917 年俄罗斯爆发二月革命，尼古拉二世签署退位声明，罗曼诺夫王朝结束。——译者注

沙皇家族的伊蕾娜公主，也就是刺杀了拉斯普京[1]的费利克斯·尤苏波夫的妻子，是其中一个能够募集到足够资本开创自己品牌的人。伊尔菲（Irfé）时装屋就这样于1924年诞生了。瓦伦蒂娜在十月革命结束后也来到了巴黎，并且于1922年前往纽约。四年后她成立了自己的时装屋。至于加利齐纳公主，她在香奈儿这里得到了决定性的支援，使她能在罗马创立自己的品牌。

1922年，让·科克托将索福克勒斯[2]的剧本《安提戈涅》改编后搬上工坊剧院。毕加索画布景，奥涅格谱曲，香奈儿制作剧服。主要因为有那位加泰罗尼亚画家的加入，她才答应了这个免费的工作。但这位亲爱的巴勃罗迟迟不来。香奈儿为女演员热妮卡·阿塔纳修做了一件手工编织的大衣，用卡其色、棕色和黑色表现古希腊花瓶上的图案。

科克托要求排练。可可大吼："大衣是不是会淹没在背景中还是它应该淹没其中？什么都还不知道就继续，这很荒谬。"编剧也怒了：先要背台词啊！"什么台词？"香奈儿喊道。科克托扔出了一句："索福克勒斯还是存在的！"可可一下子就被气疯了，她冲向大衣，拉出一个线头将整件大衣拆了，而针织工在一边抽泣。

首演的时候她夸张地说："戏剧还真是滑稽！当我在最后一刻，将自己的大衣扔到演员的肩上的时候，就完成了整场演出！"

她欣赏艺术家都是因为他们的创造力，而他们也都喜欢独特的可可，"她的易怒、恶毒、夸张和她讨人喜欢的幽默、慷慨，这些都构成了她独一无二的个性，令人感动、吸引人、令人讨厌、极端……总之，有人间烟火"。这就是科克托对她的描述。

她是无视规则的女王，发号施令的女皇，这是她个性中与生俱

[1] Raspoutine，沙皇俄国时期颇为争议的人物，反对他的人先后用毒药、枪击等手段来杀死他，最后把他扔入冰冷的河水中，但法医最后鉴定他却是死于溺水。此后，"拉斯普京"一词就用来形容那些生命力顽强的现象。——译者注

[2] Sophocle，约前496 ~ 前406。克罗诺斯人，雅典三大悲剧作家之一，代表作《安提戈涅》《俄狄浦斯王》。——译者注

来的一面。1924年6月她又见到了科克托。这次是为了狄亚基列夫在香榭丽舍剧院推出的芭蕾舞剧《蓝火车》，作曲是达律斯·米约。这次的舞美由雕塑家劳伦斯[1]创作。可可以运动服装或者沙滩服装为灵感进行创作，网球运动员苏珊·朗格伦[2]是她的缪斯女神。体操运动服、草底帆布鞋、网球裙、条纹Polo衫，我们可以看到这些都是香奈儿公司后来持续开发并且获得巨大成功的运动服的雏形。1926年，当科克托要在艺术剧院上演他的作品《俄狄浦斯王》的时候，他继续邀请香奈儿为他的角色创作服装。虽然她感觉自己属于艺术大家庭，每一个毛孔都和艺术息息相关，她仍然对这个世界保持着批判的眼光。她相信过犹不及，讨厌多余轻佻的表现，将严肃性放在首位。她承认艺术和时装之间的深厚联系，但是对于那些自称为艺术家的时装设计师，她嗤之以鼻："我再说一次，时装是技术、是手艺、是生意……一套衣服想要和一尊美丽的雕塑相媲美，或者想要突出一个绝美的女主角，这都很好，但是这并不意味着时装设计师可以自以为是地自称是艺术家，将自己打扮成艺术家，或者摆出艺术家的姿态。"看得非常透彻！

1924年，她与一位挑剔的艺术家坠入爱河，他就是米西亚·塞尔特介绍给她的皮埃尔·勒韦迪[3]。这个男人和狄亚基列夫一样有魅力，他在现代诗歌领域的地位如同毕加索之于现代绘画。勒韦迪比香奈儿小6岁，他敏感、笃信宗教、不名一文，娶了一位名叫亨丽埃特的"缝纫小工"，两人住在蒙马特的一间佣人房里。或许米西亚·塞尔特在勒韦迪身上看到了与香奈儿个性相似的一系列矛盾之

---

❶ 亨利·劳伦斯（Henri Laurens），1885年2月18日～1954年5月5日。法国雕塑家和插画家。——译者注

❷ Suzanne Lenglen，1899年5月24日～1938年7月4日。法国网球运动员，女子网球历史上最伟大的运动员之一，是第一位转为职业网球选手的女子网球运动员。——译者注

❸ Pierre Reverdy，1889年9月11日～1960年6月17日。出生于纳博纳，是20世纪初期法国著名诗人、超现实主义诗歌的先驱之一，与毕加索、阿波里奈、雅各布等人一起参加立体派活动。——译者注

处：两个都是定居巴黎的外省人，对首都闪耀而迷人的世界从着迷渐渐变为质疑。这个和可可一样矛盾重重的纳博纳人同时表明，诗人应该是一个苦行者。但是，不能因此就像有些作家那样，穿上丑陋、放荡不羁、不得体的服装。他总是穿着合体的西装、衬衫，打着领带。他相貌平平，但是却有一双明亮的眼睛，里面似乎燃着火，让人过目不忘。他们俩有着同样强硬的性格，在感情上非常激进极端。她很快就为他神魂颠倒，她也能接受这样的他。他对这个低估他才华的社会充满仇恨，另一方面又不想出名。他永远真诚，在时而渴望时而畏缩中深受折磨。热爱纯粹。

在他离开巴黎前往索莱姆之前没多久，他们相爱了，只有米西亚和沉默的亨丽埃特见证了他们的关系。诗人将他的书赠与加布里埃尔，并且将两人的名字写在了扉页上。她将这些书像她的钻石或者珍珠一样一生珍藏。笃信宗教又已婚的勒韦迪不能放弃他的信仰，这也是他的艺术，就像时装之于香奈儿。他们都知道无法苛求对方。勒韦迪害怕，他怕可可，怕她的世界，怕被她的占有欲所吞噬。勒韦迪忠于自己的伦理观和他所遵守的内在约束，很快作出了决定。尽管可可对他施以各种诱惑，他还是突然回心转意，想起了亨丽埃特。他突然采用极端暴力的态度逃离这位耀眼的女性对他的诱惑，以找回自己被撩拨的心。他避走索莱姆，之后又时不时地出现在香奈儿的生命中。直到他1960年去世前，他都会将自己作品的第一版，有时甚至是手写稿寄给她。在他们的关系结束后很久，她还一直表达对他的作品的欣赏。当勒韦迪躲在索莱姆中写作的时候，他对上帝的信仰有时也会动摇；同时，香奈儿在水晶灯的照耀下，有时会待在公司的墙角怀疑自己。

****

这个奥弗涅女子是一个有社会地位的人，她工作，她自由地支配自己的身体和思想，充满了智慧。她所拥有的财富弥补了她贫贱的出身和较低的学历教育。但是构成她非凡品格的所有因素都无法用财富来解释：她惊人的自信，她过度自负和羞怯的矛盾碰撞，她慧眼识珠的天赋，她预感所处时代变化的惊人能力，所有这些都为香奈儿添上了神秘的色彩。而且她特别有广告意识，善于处理公共关系，懂得识人用人。但是我们不能只看到她财务上的成功。她安葬了二十岁的雷蒙·拉迪盖[1]并且支付了为他送行的白马的费用，因为科克托躲起来暗自神伤了。她资助谢尔盖·狄亚基列夫的俄罗斯芭蕾，帮助拳击手艾尔·布朗重新回到了拳击场，对很多天才给予鼓励和赞助，但是她所做的这一切都不是“毫无意义”的。她的词典里就没有这个词！她仍然不停地工作，同时等待一个真正的男人，一个既是导师又是情人的人。于是，一位英国公爵出现了，他就是英国最富有的人，威斯敏斯特公爵，理查德·阿瑟·格洛斯芬诺。当然，潇洒不凡！

可可是在1923年的圣诞节，在戛纳，通过她的朋友维拉·贝茨的介绍和他认识的。在经过3个月漫长的迟疑之后，他们在巴黎再次相见……“当时我有三个情人，威尔士王子，迪米特里大公和威斯敏斯特公爵，我选择能给我最多庇护的那一个。”她对保罗·莫朗轻轻诉说。她登上了他的“船”，开始了5年的“航行”。注意她的表述：她在等一个可以保护她的男人。还有一句她经常说的话更能说明问题：“我就是一个为后宫而生的女子。”这个在冗长的职业生涯中表现出强大内在力量，被夸赞拥有钢铁般毅力的女人，说出这样的话还是非常出乎人意料的。这一下子就揭开了隐藏在这个传奇的面具背后的脆弱，和对爱的渴望和绝望。真正的香奈儿就是这样，充满了矛盾。

这位英国贵族闯入了她的生命，也搅乱了一些事。她的年龄和内心已经不再追求突然的激情，而是希望和公爵维持长久的关系，这是因为几年里她就丢失了很多曾经拥有么？我们理解她为何犹

---

❶ Raymond Radiguet，1903 年 6 月 18 日 ~ 1923 年 12 月 12 日。法国作家，被誉为 20 世纪天才少年。主要作品有《魔鬼附身》《德·奥热尔伯爵的舞会》等。科克托的同性恋人。——译者注

豫了几个月。她在公爵身上看到了激情和沮丧，就像朱庇特[1]和彼得·潘[2]。他易怒的脾气和他敏捷的思维，他对下属偶尔的残暴，他孩子气的玩笑，他的精致优雅。可可和她的公爵，真是养眼的一对。他们经常一起出现在巴黎的头等席上，或者蒙特卡洛的仙乐斯餐厅。他送了她一艘最豪华的游艇（四桅纵帆）“风筝号”，以及她在罗克布吕纳的一栋有二十个房间的别墅“拉珀萨（La Pausa）”（用了不到一年的时间就完成施工了。这个房子的风格以及它在建筑和装修上的想法都表现出了他的严谨）。他甚至专门雇了四个人，他们唯一要做的事就是在他们分开的时间里保持两人间的信息畅通。

大家在利物浦的英国国家障碍赛马大赛上，在埃普索姆赛马会上，在爱尔兰的雷鸟狩猎场，在赌场俱乐部，都能欣赏到这位时装大师。在他的引荐下，她结识了英国最上流的社会精英阶层，可可也因此而赢得了一批重要的客户，甚至在伦敦开设了一间时装沙龙。她在这里为约克公爵夫人[3]、黛西·法罗斯[4]，蒙巴顿伯爵夫人、艾姆罗德·丘纳德[5]提供服务。

这位公爵是真心实意地想要娶加布里埃尔为妻的。虽然她不属于贵族阶层，甚至不属于上流人士，但是在他看来，她完全值得和他那个阶层的人联姻。而且很容易产生厌倦情绪的他，在她身上看

---

[1] Jupiter，罗马神话中统领神域和凡间的众神之王，古老的天空神及光明、法律之神，也是罗马十二主神之首。以贪花好色著称，奥林匹斯的许多神祇和许多希腊英雄都是他和不同女人生下的子女。——译者注

[2] Peter Pan，苏格兰小说家及剧作家詹姆斯·马修·巴利的长篇小说《彼得·潘》的主角。代表不肯长大的男孩，象征着永恒的童年和永无止境的探险精神。——译者注

[3] 伊丽莎白·安吉拉·玛格丽特·鲍斯－莱昂（Elizabeth Angela Marguerite Bowes-Lyon），1900 年 8 月 4 日 ~ 2002 年 3 月 30 日，英王乔治六世的夫人，1936 ~ 1952 年的英国王后，号伊丽莎白王后。——译者注

[4] Daisy Fellowes，1890 年 4 月 29 日 ~ 1962 年 12 月 13 日。法国著名社会名流、才华横溢的作家、时尚偶像。——译者注

[5] Emerald Cunard，即莫德·丘纳德（Maud Cunard，1872 年 8 月 3 日 ~ 1948 年 7 月 10 日）。生于美国的英国社交名流。——译者注

到了源源不断的创造力和令人鼓舞的活力，这让他的生活更加快乐。至于可可，至少在他们刚开始交往的时候，她是完全没有想过婚姻之事的。后来她想过，但是想到的时候一下子就明白与威斯敏斯特公爵结婚意味着什么。首先她显然要放弃她所热爱的职业，而后来也证明这是她生活的唯一动力。其次，她会与艺术家、作家的圈子断绝来往，而他们对她来说就像是真正的家人。如果她成为伊顿庄园的女主人，将会有一道深渊将他们分开。所以她拒绝嫁给他。相较于公爵夫人的皇冠，她更喜欢时尚教主的长袍。她总是这样牺牲爱情，后来有一天她承认：

“上帝知道我是不是坚守爱情。我总是毫无保留地坠入爱情。可是当需要我在我爱的男人和连衣裙中做抉择的时候，我选择连衣裙。我是一个能控制住自己欲望的女人。工作对我来说就像是一种毒品，当然我也会问自己，如果没有男人的帮助，我是否会成为今天的香奈儿。”

他们俩的爱情逐渐走向平淡。加布里埃尔做了一个不得已的决定，劝说公爵找个人结婚。她跟他解释，这对他是最好的选择，因为他不惜一切代价都想要一个继承者。在他们1930年突然分手之前，她享受了他们少有的共同生活的最后的烟花。他为她的时尚世界带来了来自英国的灵感。她从苏格兰带回了粗花呢时尚（“我要把她们都打扮成昆汀·达沃德[1]”），她推广了各式各样的贝雷帽（“我要让她们头上都戴上海军贝雷帽”）。但是公爵分手的时间到了，加布里埃尔在时装领域和英国的亲密关系也将以其他形式呈现。1926～1931年，香奈儿的时尚就是英国风。她甚至被邀请为弗格森兄弟（Ferguson Brothers）公司的棉布做推广；1931年的春夏系列发布会上，她展出了三十七套用提花棉布、西亚麻布、平纹细布和欧根纱做的晚礼服。

再见了，公爵！紧接着，那个令人激动的诗人，索莱姆的隐

---

[1] Quentin Durward，英国著名的历史小说家和诗人司各特的小说《昆汀·达沃德》中的男主角，来自苏格兰的弓箭手。——译者注

士，皮埃尔·勒韦迪又一次闪亮登场，回到了她的生命中。他处于极度不安中，他感受着内心折磨、阴沉愤怒，他认为她在众多情人中轮流挑选。但是如果我们列出她的情人名单，我们可能会忽略一个真实的香奈儿，那个认真工作的她。她的那些干净利落朴素大方的服装被认为是优雅中的优雅，她的声望是世界性的。证明就是，山姆·戈尔德温[1]（没错，就是美高梅公司的合伙人）给了她一个机会：1929年的金融危机给电影工业带来的影响让他很焦虑，他觉得好莱坞需要新鲜血液，所以他开价一百万美元，请她一年两次拜访日落大道，激活她体内的小火山。她并没有马上扑向这个机会，而是等了好几个月才接受，戈尔德温为此很紧张。他开出的条件太有吸引力了，她无法拒绝。而且，这个百万合约达成的时候，巴黎高级定制时装正遭受经济萧条的牵连：美国客人减少了很多。

事实上，美国电影的成功很大程度上取决于服装，大量预算都投入到了女明星的衣柜中。很长一段时间，好莱坞的工作室都追随巴黎时尚并在此基础上进行调整，但是当裙子变长的时候，他们就措手不及。转眼间，很多电影就有点过时了。为了避免再发生这样的灾难，二十多位设计师被派到了时尚之都巴黎，向工作室实时汇报最新流行趋势。而塞缪尔·戈尔德温提出的这个方案更加有效：将有国际知名度的法国时装设计师请到他们中间来。

1931年2月25日，“时尚独裁者”和她的朋友米西亚一起登上了欧罗巴号邮轮（Europa），前往新大陆。在纽约有几场招待会（可可下榻的是皮埃尔酒店），十天后，她乘坐一辆全白的专列火车，从纽约前往洛杉矶。在抵达站台上，接待委员会为首的确确实实就是葛丽泰·嘉宝。各大报纸的头版都被《两大女王的世纪会面》的标题占领。两位王者互行贴面礼，而可可则在评估这个神奇新大陆的价

[1] 即塞缪尔·戈尔德温（Samuel Goldwyn），1879 年 8 月 17 日 ~ 1974 年 1 月 31 日。波兰犹太裔美国电影制片人。——译者注

值。在一次招待会上，珍・哈露[1]的美色完全没有诱惑到她，而她也意识到，在好莱坞，明星们就是制片人的仆人。

第一部电影她和埃迪・坎特[2]合作，第二部长片中她为三位女明星设计时装，她的第三部作品是为葛洛丽亚・斯旺森[3]设计服装。她很快就想念法国了。她立即声明“香奈儿小姐概不出售”，她觉得这座城市太庸俗，但是在离开后的40年里一直和玛琳・黛德丽保持着友谊。去他的百万美元，回到康邦街的她感觉心满意足。但是在回程的途中，她在纽约停留了几天，她在这里与《VOGUE》和《Harper’s Bazaar》的主编们建立了决定性的联系，并且在这里看到了成衣的美好前景，而这是当时的高级定制时装最厌恶的现象。

****

加布里埃尔・香奈儿开始显年纪了。她的脸变得冷酷，脖子变得僵硬，尽管她拒绝在公共场合戴眼镜，也改变不了视力变差的现实。香奈儿身上的机灵调皮的劲儿似乎被抹去了。就像哈尔・沃恩[4]指出的：“超负荷工作、香烟和年龄都在她的脸上留下了痕迹。”但是她的创造力永不枯竭。

1932年的万圣节，香奈儿小姐为她的珠宝系列展“钻石首饰”

---

❶ Jean Harlow，1911年3月3日～1937年6月7日。美国电影女演员，是当时最知名的性感女星。——译者注

❷ Eddie Cantor，1892年1月31日～1964年10月10日。演艺生涯超过50年的美国喜剧演员。他因炯炯有神的大眼睛以及活力充沛的搞笑、歌唱和舞蹈而闻名。——译者注

❸ Gloria Swanson，1897年3月27日～1983年4月4日。美国女演员。以其在无声电影中的生动的表演技巧和魅力而著名。代表作《日落大道》（1950）、《75航空港》（1974）。——译者注

❹ Hal Vaughan，1928年～2013年10月17日。定居巴黎的美国著名记者、前外交官。曾著有《与敌共眠：可可・香奈儿的暗战》（*Sleeping with the Enemy: Coco Chanel's Secret War*）。——译者注

揭幕。公主王妃、公爵夫人和大使们纷纷前来。邀请函上的地址是福布尔圣奥诺雷路29号，那是一座建于18世纪的富丽堂皇的府邸，香奈儿把它选定为自己的居所。她既非钻石商也非首饰商，而且一直都是廉价新奇首饰的捍卫者，却突然进军真正的珠宝首饰，这是出乎大家意料的。可可都展示了什么呢？最纯洁、最白净的钻石。款式令人眼花缭乱。披在袒胸低领上不闭合的项链。“我希望我的首饰像缎带一样戴在女子的手臂上”，她解释道。悬在长项链下面的坠子，摇身一变，成了胸针。“一件饰品不应该是一成不变的，它应该能随着场景的变换而调整。”她说。至于图案：彗星、星星、蝴蝶结。极其奢华。但是为什么会有这场在加布里埃尔·香奈儿的职业生涯中唯一的一场珠宝首饰展？因为男人！他就是保罗·伊里布，这些首饰都是他设计的。他是一个全能天才，插画家、装饰设计师，热爱前卫和奢华。他的姓氏全称是伊里巴内加雷（Iribarnegaray），他把它缩短成了伊里布（Iribe）。保罗是他的名。他绝对不是一个平庸的人。

他们的交往是从1932年的这个卓越的珠宝项目开始的。在此后的三年中，她继续参与他所热爱的一切，并且从中认识了自我，当然中间也不乏争吵。在她的情人中，他是第一个也是最后一个不仅仅是床伴和玩伴的人。他对她来说是不可或缺的，她让他参与到她的业务中，尤其她感兴趣的香水事业。事实上，在这个领域，惊人的成功毫无意外地带来了利益的纷争；可可的合伙人没有太多分享的精神，他们之间针对数据，提出各种诉讼。保罗做她的代理人，维护她的利益……难得一见的可可。她爱伊里布，并且为他做了她从来没有为其他男人做过的：她打算与他共度一生，并且将他带上她的时尚王者宝座，就像时尚界的王夫。她已经下定决心，然而，命运已经给她使了太多花招，并且没有打算收手。1935年夏天，在拉珀萨别墅，他们在烈日下打网球。她走向他，在还有一米的时候，他突然倒地，因为心脏骤停而突然死亡。这给可可带来了巨大的悲痛。她的挚友米西亚·塞尔特不得不找人来给她治疗。

从此以后，可可的双眼变得冷酷。布瓦·卡佩尔死于车祸，皮埃尔·勒韦迪隐居了，保罗·伊里布死了。孤独的魔掌重新伸到了这个奥弗涅孤女身上，对这个年纪的女性来说这是更加难以忍受的。名声，她得到了，但是幸福，从来没有。不难理解，她此后不再为感情所动，全情投入到工作和解决各种问题中。确实，在将保罗·伊里布安葬于巴比松之后，她就开始拼命工作，似乎沉溺其中。这时正在准备按照惯例要在2月推出的70套春夏系列服装。

失去了那么多爱情的香奈儿，像流亡者一样，将丽兹酒店和她位于康邦路三楼像博物馆一样的公寓当成自己的避难所。在丽兹，她有自己的卧室和仆人，房间的装修像是修行的风格，晚上她都在这里度过。而在马路的另一边，是金色的暮霭，梦幻的异国情调。康邦路的公寓还是原来的样子：屏风、镀金木、镜子、吉祥动物，将浅栗色调用到室内装饰和时装中是这位时装设计师的首创，这种“天方夜谭的帐篷”的氛围灵感来自她的画家朋友若泽·玛丽亚·塞尔特[1]的作品。

****

让我们前往圣地追溯历史。我们从著名的多面镜楼梯拾级而上。在最上面，香奈儿蹲在最后一个台阶上，像一个隐藏的神灵，危险又充满好奇地注视着她的嘉宾们。至少在举行时装发布会的时候，她在镜像中看着楼下那些模特鱼贯而出，在宽敞的米色大厅中展示新款。坐在她的楼梯台阶上看秀被认为是一种高贵的殊荣，对于那些她认为没有资格享受该特权却厚颜无耻地坐在那里的客人，她会果断地让人将他们从楼梯上赶走。两个带着威尼斯微笑的乌黑发亮的黑人守着她三楼的客厅，那是她的栖息地，她的庇护所，只有经过她的允许才能进入。这间公寓就像是一个魔法森林，一座俄罗斯芭蕾的梦幻布景，这里有树，就是那些巨大的中国屏风；这里有星

---

[1] José-Maria Sert，1874年12月21日～1945年11月27日。西班牙壁画家，喜欢使用黑色和金色。——译者注

星，在铜板墙纸下闪耀的水晶吊灯；这里有动物，几只镀金木做的鹿；这里有风，是夜来香的浓郁香气；这里有人，一尊希腊大理石美男子雕像。继续前行进入餐厅，这里也是巴洛克风格的，里面有教堂的镜子、镀金的边桌、漆艺屏风，在英式的餐桌边上，按照礼仪，有一位膳食总管。第三个大房间是香奈儿小姐的办公室。内壁上都贴了装饰薄板，就像是护壁板。

如此张扬的奢华，对于刚刚建立人民阵线❶和提出带薪假期的1936年的法国来说，是不是一种挑衅？康邦街和所有高级定制时装工作室一样，面临着全面罢工。富有的客人们坐在展示厅里，工人们穿着工厂的衣服，旋转针线盒，发出风琴的声音。她很生气，甚至产生了敌对情绪。可可的一生都是一个冲撞的老板，她这次是真的无话可说。后来她向她的职员建议，将整个公司出让给他们，前提是她还是公司的领导者。她无法理解这一运动：活着怎么能不工作或者梦想着尽可能少工作呢？于是她厌倦了。她很可能会失去她所缔造的这个伟大的公司，但是她从来都不是一个真正的生意人，各种数字和报表都让她烦恼至极。创造一家工业企业没问题，但是只因为它是属于您的，您就能管好它？慢慢地，秋天来了。罢工平息了。和很多老板一样，可可作出了一些让步并且屈服了。工作重新开始。但是香奈儿心里的弹簧断了。有人跟她反抗。某种世界观被打碎了。可可非常害怕，1939年她突然将公司关闭，可能这就是某种秘密报复。

小小低潮期出现了？没错，但是即便是低潮期也没有妨碍她为科克托的《俄狄浦斯王》中的演员们设计服装，让·马莱在这部剧中首次登台。她也为卢齐诺·维斯康蒂❷的才华所着迷，也是因为

❶ 1935年7月14日，法国社会党、法国激进社会党、法国共产党和各大工会组织全国规模的反法西斯示威，并决定起草统一左翼各党派行动的共同纲领，人民阵线遂宣告诞生。——译者注

❷ Luchino Visconti，1906年11月2日～1976年3月17日。意大利电影导演。1963年，凭借古装片《豹》获得第16届戛纳国际电影节金棕榈奖，1965年，凭借剧情片《北斗七星》获得第30届威尼斯国际电影节金狮奖。——译者注

她，他成为让·雷诺阿[1]的助理。事实上，可可越来越痛苦。一个竞争对手让她付出了沉重的代价，她就是意大利人艾尔莎·斯基亚帕雷利。两人之间的争斗已经持续多年，但是在1937年前后，巴黎的很多知名人士都放弃了她而转投艾尔莎和她那些火红的颜色，像降落伞一样的裙子。斯基亚帕雷利让那些美丽富有的上流社会人士相信，这个世界是肤浅的、有趣的，还有一点超现实，而且它将一直如此。而香奈儿坚持认为自己为女性穿衣艺术带来的贡献并没有失去其价值，而且她相信，这个怪诞的罗马女人激起的不过是一时迷恋，不会持续很久：她坚信，流行和风格是对立的，而她认为，Chanel风格是永恒的。斯基亚帕雷利的“未来主义”在她看来不过是视觉陷阱！但是在1938年这一年，她还是有些气馁。她已经56岁了。她有没有考虑过在名声鼎盛的时候激流勇退呢？她会不会担心如果她坚持下去，名声反而会沉沦？

时装流行趋势让她很恼火。那是奥地利和德国乡村风格的衍生，头上戴着蒂罗尔[2]帽子。杂志告诉女性读者她们可以根据自己的方式选择穿针织的希腊柱似的服装，还是用绸缎和绢纱将自己装饰成维多利亚风格的贵妇。到处都是从各种不同文化运动中提取出来的元素组合而成的混杂风格：古典主义雕塑般优美的褶皱，可能会和复苏的维多利亚风格的娇媚的紧身胸衣结合在一起。巴伦夏加的设计中，委拉斯凯兹那个年代的带鲸骨裙环的裙袍和19世纪80年代的腰垫交替出现。吕西安·勒隆根据华托的绘画创作了18世纪风格的长拖裙连衣裙。梅吉·罗夫承认自己的灵感来自于布歇[3]，马德

[1] Jean Renoir，1894年9月5日～1979年2月12日。法国导演、编剧、制片人、作家。——译者注

[2] 奥地利西部地区名。——译者注

[3] 朗索瓦·布歇（Francois Boucher，1703～1770年），法国画家、版画家和设计师，是一位将洛可可风格发挥到极致的画家。曾任法国美术院院长、皇家首席画师。出版过《千姿百态》画册。——译者注

莱娜·维奥内的设计朝着雷卡米埃夫人[1]方向发展，当然还有艾尔莎·斯基亚帕雷利，她用腰垫连衣裙将她的客人们变成了第二帝国的女子。

她终于还是被厌倦情绪淹没。不管是不是借口，1939年爆发的战争对她而言是一个下意识等待的时机：突然有一天，她将康邦街的大门关了，她的时装屋停业了。这一漫长而痛苦的孤独将持续十四年。“我以为我们不会再做连衣裙了。”她后来以此作为解释。她在康邦街的精品店仍然正常营业，很快，那些休假的德国军人来店门口排队，就为了给他们的老婆带一瓶著名的“5号”香水。她已经放弃了一切，包括她的度假屋和她在福布尔圣奥诺雷路上的府邸。她把自己关在豪华的两室屋里，与世隔绝，甚至为了避免与人接触而拒绝租房，她从此就住在丽兹酒店的套房里。这段时间里，她与天才的加泰罗尼亚雕塑家、毕加索和科克托的朋友阿贝尔·莱·飞若沙[2]有过短暂的交往。她将他留宿在丽兹酒店，而他后来为她做了一座美丽的半身像。当雕像上出现铜绿的时候，她搬家去了波城，住在她一个外甥的房子里，然后又去了克莱蒙，住在她一个姑妈家中，当然最后还是回到了巴黎。她多大了？五十六岁，但是她不谈论她的年龄。时间的车轮加速前进，她饱经沧桑的小脸上被刻下了皱纹，鼻子变宽了，脸颊凹陷了，这个20世纪20年代的美丽姑娘在战争年代有了一张冷酷的面孔。

可可在经历了黑暗年代的同时，也助长了她强大的自我主义，这后来也成为她的传奇的一部分，比如她那些刻薄的话语，或者不容反驳的评判。但是认识她的那些人都强调她是一个极其慷慨的人，而且大多数情况下都是匿名赠与。而且她并不孤单。因为可可很快就爱上了一位纳粹外交官，他是德意志第三帝国外交部部长约阿希

[1] 《雷卡米埃夫人》是1805年法国画家弗朗索瓦·热拉尔创作的一幅布面油画，该画现收藏于巴黎卡那瓦莱博物馆。——译者注

[2] Appel.les Fenosa，1899年5月16日～1988年3月25日。西班牙著名雕塑家。——译者注

姆·冯·里宾特洛甫优雅的随行人员之一。身材高大，金发碧眼，这位极其优雅的英俊的雅利安人[1]名叫汉斯·冈瑟·冯·丁克拉格，但是和他亲近的人都叫他“斯帕茨”（Spatz德语“麻雀”的意思）。他们是像她朋友所说的，战争开始前就认识的吗？有可能，因为在第二次世界大战之前，“斯帕茨”是在时髦精英中交游广阔的花花公子。社交生活几乎为零，与密友的促膝长谈，和一个德国人的纯朴爱情，这就是可可在第二次世界大战期间的生活。在她位于康邦街的公寓里，气氛舒适安逸，外面的纷乱似乎与她无关。但这只是一个骗人的表象。

“麻雀”的魅力很好地掩藏了这是一个古怪的家伙。一开始他在戈培尔[2]的巴黎宣传处工作，很快，他改为情报部门工作。在他的建议下，可可打算利用自己“雅利安人”的身份，拿回她在战前转让给犹太工业家的香水产业的所有权。幸运的是，逃亡到美国的维德摩尔兄弟很快控制了局势，Chanel香水的管制权被转到了不吸引纳粹注意的代理人手中。这次失败之后，这位服装设计师又积极投入另一个项目中，而且是很重要的项目：停止战争。

这个疯狂的想法是1943年的时候进入可可·香奈儿的脑子的。除了做帽子、衣服和著名的“5号”香水，她想以别的方式被载入历史。那时有很多渴望和平的人分散在法国、英国和德国，他们觉得古老欧洲的优势和传统恐怕会在战争中被摧毁，应该停止大屠杀，以免为时过晚。香奈儿和其他梦想和平的人相比，她的优势是与两大阵营的最高层都有关系。当她还是威斯敏斯特公爵的情人的时候，她就和丘吉尔认识，她也因为蒙少校而能够进入德国的上层。

于是她想或许她可以促进敌对双方的交流。她将自己的想法告诉了“麻雀”的一个朋友狄奥多·蒙少校，他前往柏林将这个消息传达给了德国秘密机关的代理人施伦堡（纳粹反间谍机构负责人），

---

[1] 希特勒将金发碧眼的日耳曼人定义为雅利安人。——译者注

[2] 约瑟夫·戈培尔（Joseph Goebbels），1897年10月29日～1945年5月1日。纳粹德国宣传部部长，后任纳粹德国总理。——译者注

没想到的是，后者对此非常有兴趣。英国军情六处截取的长达119页的审讯摘要显示，香奈儿的意图非常明确，上面写着："这位女子和丘吉尔非常熟悉，并且足以和他进行政治谈判。她作为苏联的敌人，非常希望帮助法国和德国，对她来说，法德的命运是紧密相连的。"文件中还明确指出，施伦堡要求立即将香奈儿本人带到柏林。会面于1943年4月在位于德意志首都的中央保安局六处进行。显然，可可对于扮演类似玛塔·哈丽❶的角色感到很有趣，尽管她并没有叛国的打算，更多的是一种牺牲精神。

也许我们能试图为香奈儿的出发点找到一些浪漫的解释，但是要看透柏林当局的想法就太难了。他们真的相信，仅仅依靠社交关系就能让丘吉尔同意和德国进行单独媾和谈判吗？而这，还是在纳粹正在明显失去战争优势的时候？不管德国人对这个行动的结果有多少怀疑，对他们来说，哪怕冒着失败的危险，也好过以后因为过度依赖党卫军而后悔。于是他们尝试这个方案，给香奈儿代号"威斯敏斯特人"。她得到保证，德意志第三帝国中央保安局巴黎办事处将被授权向她发送必要的任务单。

与时装界明星谈生意的麻烦很快就显现出来了！回到巴黎后，她就要求带上一位女官随行，这位女子就是嫁给了一位意大利上校的英国人维拉·贝茨，她与英国显贵有姻亲关系，所以和丘吉尔也关系亲近。狄奥多·蒙少校又回去请示施伦堡，后者虽然恼火，但还是亮了绿灯。两个好朋友立即启程前往马德里，她们需要英国驻马德里大使馆的撮合，来实现完成她们使命必需的初步接触，因为参加完德黑兰会议❷回国的丘吉尔在西班牙首都停留48

❶ Mata Hari，1876年8月7日～1917年10月15日。是荷兰人玛格丽莎·赫特雷达·泽莱（Margaretha Geertruida Zelle）的艺名，她是一名艳舞演员，是20世纪初知名交际花，第一次世界大战期间与欧洲多国军政要人、社会名流都有关联，被认为是双重间谍。最终在巴黎以德国间谍罪名被法军枪毙。——译者注

❷ 德黑兰会议是第二次世界大战期间苏、美、英三国首脑于1943年11月28日～12月1日在伊朗首都德黑兰举行的会议。——译者注

小时。

说服丘吉尔，并且告诉他，如果他继续这样的死亡游戏，会造成那个古老美好、有着优良传统的欧洲的死亡……香奈儿对此毫无怀疑。事实上，两位朋友入驻丽兹酒店后的第一个任务都是前往英国大使馆，但是她们都没让对方知道。事实上，有隐藏的小心思的不只香奈儿一个。维拉之所以答应陪着这位女裁缝来马德里，是抱着和她的丈夫在意大利解放区重聚的希望的。可可和维拉很不巧地在大使馆出口的台阶上遇到了。不管怎样，被施伦堡命名为“帽子行动”的计划被堵死了：丘吉尔当时的健康状况令人担忧，所以他不能接见任何人。这给了英国大使馆一个完美的借口来拒绝香奈儿。香奈儿一无所获地回到了巴黎，她觉得应该去柏林到施伦堡面前为自己辩护。任务失败后，她回到了巴黎，感到深深的失望。她是那种不喜欢失败的女人，哪怕在她并不擅长的领域。于是她又回到了占领时期的暗淡岁月里，即便有和斯帕茨的私情，这样乏味的生活还是和她在战前的那样丰富而精彩的生活形成了惨烈的对比。

第二次世界大战结束后，香奈儿在1944年8月接受了法国内务部队的审讯。香奈儿的传记作者们都确定，她瞧不起那些只穿衬衣的年轻人。审问她的人对于她在战争期间的秘密工作一无所知。他们忽略了她与阿勃维尔[1]的合作。她很快就被释放了，这在当时的背景下是非常令人惊讶的。因为那时有德国情人的女性都得到了严厉的制裁。普遍认可的猜测是丘吉尔进行了对她有利的积极干预，她甚至还出示了英国首相向她证明友谊和支持的信件。谢尔盖·里法[2]被禁止登上舞台，阿尔莱蒂因为和一位德国军官的恋情而在监狱里待了几天。甚至玛丽·洛朗森也被追究。她躲过了最坏的可能，她

---

[1] Abwehr，魏玛共和国创建并几乎贯穿纳粹德国整个时期的德国国防军情报局。——译者注

[2] Serge Lifar，1905 年 4 月 15 日 ~ 1986 年 12 月 15 日。乌克兰裔法国芭蕾舞演员、编导。在第二次世界大战德国对法国占领期间是通敌者。——译者注

在瑞士恩加丁山谷体验自我"流放"的痛苦，但却不愿相信这是逼不得已的选择。与此同时，在康邦街上，笑容满面的美国大兵们排成长龙，他们要为自己的女朋友带上香奈儿小姐的"5号"香水，打包进箱子里。队伍有时一直延续到卡普西纳大道奥林匹亚音乐厅的位置。

年华老去，无所事事，厌倦一切并且近乎抑郁的香奈儿在瑞士沉沦了几年。她固有的对游牧生活的喜爱使她更喜欢住酒店，而且经常换着住。她特别喜欢洛桑和日内瓦湖畔，最终在索夫巴兰山上买下了一座别墅。

1947年、1948年、1949年、1950年、1951年、1952年。时间一年又一年地过去，对可可来说，这样毫无生机的日子似乎是一成不变、永无止境的。在瑞士，除了几个朋友的偶尔造访，每天必不可少的步行成了她生活的中心。她独自生活，看穿了一切。但她还是幻想着有一天能在欢呼声中回归。20世纪50年代开始了，而她毫无行动。但是时间很紧迫了。战争一结束，雅克·法特、皮埃尔·巴尔曼就占了一席之地。特别是克里斯蒂安·迪奥，他在马塞尔·布萨克[1]的强大支持下，于1947年推出了新风貌系列，引起了剧烈的反响，从而统治了全世界。他的时尚与两次世界大战期间的简洁风格完全背道而驰，他借鉴了第二帝国时期和美好年代[2]的紧身胸衣、紧身腰带或者撑架裙，他的服装结构性和装饰性都非常强，需要上千小时的细致工作，用长度惊人的面料像建筑一样堆砌而成。长及脚踝的裙子、高跟鞋、宽边遮阳帽、长手套……女性的花瓶形象再

---

❶ Marcel Boussac，1889年4月17日～1980年3月21日。法国企业家，棉花大王。因其拥有迪奥公司和欧洲历史上最成功的纯种赛马养殖场之一而闻名。——译者注

❷ Belle Époque 指从19世纪末开始至第一次世界大战爆发而结束。这个时期被上流阶级认为是一个"黄金时代"，此时的欧洲处于一个相对和平的时期，随着资本主义及工业革命的发展，科学技术日新月异，欧洲的文化、艺术及生活方式等都在这个时期发展日臻成熟。此时期约与英国的维多利亚时代后期及爱德华时代重叠。——译者注

次占领了主导地位。迪奥的装饰风格遮盖了伟大的可可小姐的光芒。因为他，时装大师的地位攀上了顶峰，成为国际巨星，借着这个金灿灿的形象，他背后的生意人从1948年开始签署了第一份许可证合同（最早是长筒袜，之后是化妆品、各种配饰，当然还有Dior香水），建立起了一个金融帝国。

****

于是在生命走向暮年，到了别人该退休的年纪时，她向世界发起了一个惊人的挑战：重新开启了她的时装屋……并不只是打酱油，打发她的老年时光，而是要重振她在战前的光辉和国际声誉。在这个时装大师的名气和他们的服装系列一样会很快过时的年代，这样的回归并非毫无风险。五十年前为奶奶设计衣服，现在为她们的孙女设计衣服，这看起来像是一场疯狂的冒险。正因为这是一个疯狂的赌局，可可愿意下注。她想尝试复出。她一直都争强好斗，与年龄抗争，拒绝衰老，拒绝对逝去爱情的怀念，她要重建Chanel。在她脑子里，另一层考虑可能才是主要的：她非常清楚地知道，如果成功回归高级定制，相当于为Chanel“5号”做了一个价值数百万美元的广告。香水的销售——同时她自己的收入——将会得到极大增长。

她的香水魔法不断地刺激着她的积极性。她怎么会不给她的合伙人维德摩尔兄弟制造各种麻烦？巴黎刚获得解放，她就在康邦街的精品店里卖起了一款名叫“香奈儿小姐”的香水。维德摩尔兄弟让人扣押了她的动产。香奈儿大怒，发誓要报仇。她让一个瑞士的香水加工厂制作一款“香奈儿小姐‘5号’”香水，一款“香奈儿小姐群岛森林”香水，一款“香奈儿小姐康邦街31号”香水。她很小心地选用了和Chanel公司完全不同的香水瓶。然后她决定把这些香水送给她的朋友们。这些和她亲近的人都是纽约大商场的老板，在香水市场建立了非常稳固的地位。难道她没有权利拥有自己喜欢的朋友吗？面对如此的精明狡猾，维德摩尔兄弟宁愿妥协，鼓励可可回归高级定制时装。

于是她回来了。一开始是一些几乎秘密的接触。不是在法国，而是在大西洋彼岸，那些她在20世纪30年代初认识的女子，一些大型时尚杂志的美国专家。带着或多或少的诚意，或者出于善意，他们回答她："为什么不呢？"而实际上他们不太相信她能成功。

可可一个一个地找回了她原来的那些工坊的首席工人，这些人在过去的十五年里她很少见到或者从没有见过。她劝她们说："我们面前还有十年的青春……"她要做什么呢？简单来说，就是Chanel，和过去一样。她拿回了自己的品牌，亮出了所有的爪子。她不再有迷人调皮的脸蛋，取而代之的是干瘪的脖子上充满渴望的脸，配上她炭黑的眉毛和炯炯发光的眼睛，就像是一只猛禽。

在71岁的时候，她向那些愿意听她话的人说，她之所以复出重操旧业，只是为了反抗那些新裁缝的坏品味。她那傲慢又让人沮丧的嘴里说出来的话多么讽刺啊！"迪奥？那是画板上的胡言乱语！……格雷？那是挂在紧身胸衣上的褶裥！"或者"连衣裙的上身部分就像戏剧的第一幕一样容易做。需要技巧的，是如何将它结尾。而我是唯一一个知道怎么做裙子的人！"巴伦夏加给她寄去了一个山茶花组成的心。"这是放在棺材上的花，"她冷笑着说，"大家都急着要把我埋葬呢！"她觉得自己被篡位者包围了。高级定制时装业看起来也是满目疮痍。马塞尔·罗莎在关闭自己的时装屋几个月后离世了，罗伯特·皮盖已经进入坟墓。雅克·法特被白血病夺取了生命。吕西安·勒隆、莫利纽克斯、斯基亚帕雷利都退出了时装圈。高定时装屋被重新洗牌。在这个花俏的帝国，也有一些莎士比亚式的故事。

****

1954年2月的第一个礼拜，很少有比带有香奈儿签名更抢手的邀请函了。她很自然地选择了5号，这是她的幸运数字。那天下午两点开始，沙龙里就坐满了人。媒体似乎已经准备好了，如果发布会成功就致以盛赞，如果失败就冲上去撕咬。马皮·德图卢兹·洛特雷克[1]、帕斯特雷伯爵夫人、鲍里斯·科奇诺[2]、苏菲·利特瓦克[3]、菲利普·德克鲁瓦塞和《Harper's Bazaar》主编卡梅尔·斯诺[4]都在第一排就座。在冰冷的气氛中，她的第一个系列开始展示了。当第一个模特出现在舞台上的时候，全场肃静，她上身是一件黑色的西装式外套，一件白色的小衬衫，下身的半身裙既非直身也不宽大。老妇人坐在通往她的套房的楼梯顶上，不让人看到，通过镜子的反光，偷偷关注着。什么都没变，所有都一样。就是纯粹的Chanel！

灵活柔软的针织小西装，黑色和白色的平纹细布，用精美的专用面料制作的直身大衣，还有著名的边缘饰有织边的Chanel粗花呢套装。带衬里的罩衫、长项链、链条。悲剧的是，它们和1938年的服装一模一样，而十五年来，技术已经发生了改变。这些瘪塌塌的衬衫裙，这些镶嵌了对比强烈的斜裁小布片的软塌塌的外套，只是为记忆中的女性设计的记忆中的服装。以比贝思科亲王夫人为首，不久前还是她的死忠粉的那些观众交换着灾难的眼神。气氛更加冰冷，现场只有微薄的掌声。可可躲在了楼梯尽头的镜子里，大家都没有看到对未来的展望，只有对过去令人失望的再现。

最终，这显然是一场惨败。尴尬而让人怜悯的安静。至少在那些用暗淡的眼神看了她作品一眼的法国记者的眼里是这样的。《战斗报》报道"香奈儿在乡下"，《曙光报》轻蔑地称之为"令人伤感的回顾展"，文章中写道："模特们有一点20世纪30年代的廓型，没有胸、没有腰、没有臀。"《法国晚报》是最恶毒的："昨天，整个巴黎

---

❶ Mapie de Toulouse-Lautrec，1901年5月7日 ~ 1972年12月30日。法国记者。——译者注

❷ Boris Kochno，1904年1月3日 ~ 1990年12月8日。俄罗斯裔法国作家、歌剧剧本作家。——译者注

❸ Sophie Litvak，1926年 ~ 1979年。法国模特、时尚记者。——译者注

❹ Carmel Snow，1887年8月27日 ~ 1961年5月。曾先后在美国《VOGUE》和《Harper's Bazaar》杂志工作，担任《Harper's Bazaar》主编期间大大提高了时尚杂志的水准。正是她将迪奥的花冠系列成为新风貌（New Look）。——译者注

都来观看了一个驯服者的毁灭。她本人并没有露面。在一场关于未来的游戏中，我们没有看到未来，只看到了对过往令人失望的再现，那个傲慢的黑色小剪影快速沉没其中。”正是在这样的时刻，让人感受到了巴黎的无情。在两次世界大战之间，她的第一个统治时期，大家有多爱可可·香奈儿？当她回来的时候，几乎所有人都反对她。大家冷笑着说：谁会买这个“老女人”的衣服？法国媒体伪善地表示震惊。他们错了。Chanel小套装还在前行，它们将会征服全世界。美国媒体首先打出了精彩简练的英语标题“香奈儿的买家们出手了”。这是事实。一开始，只是小小的波动，随着时间的推移，几周以后，就形成了巨浪。根本停不下来。

她重新开始是因为她感到了厌倦，她继续是因为她感到快乐，更是因为她相信运气，相信所有的相遇和想法都是机遇。事实上，她有着异于常人的直觉。同时带着与生俱来的不同寻常的优雅和最终走向极致奢华的极简品味。一条Chanel小黑裙，几串Chanel珍珠项链，一对Chanel耳环，这就是一个独具一格的女子。一个充满活力、机灵多变，同时又一丝不苟、决不妥协的女子。就像她说的：“流行易逝，风格永存。流行是由有趣但是很快就会过时的想法构成的。而风格，可以持久存在……就像一棵树。始终都是那棵树，但是每个春天，它都会有变化。有人说我们一成不变，其实是他们视而不见……”绦子镶边的小套装、薄纱连衣裙、绗缝包、山茶花、假首饰[1]和镀金链子，黑白对比，反时尚的时尚……所有这些延续至今的Chanel基本构成元素，都是可可从她自己过往的经历中提取出来，在这个应该颐养天年的年纪发明的。

另一个重要因素巩固了她的成功复出。1954年5月24日，可可和维德摩尔家族的香水公司达成的协议让这位裁缝大师可以安静地致力于她的工作，这也是她生活的动力。她卖了她的时装屋，她的不动产公司。当然，她保留了香水特许权使用费的抽成，以及参与

---

[1] 这里指不是用真金白银、珍珠宝石制作的首饰，而是用廉价材料做的首饰。——译者注

香水开发的权利。她还是在康邦街的公司里工作，保留了对时装业务的指挥权，但是从今往后，所有费用的问题就都由公司来解决了。某种形式上的超级终身年金将会持续十七年。现在她可以毫无后顾之忧地全情投入自己的工作了。

担心一些记者在看秀的时候觉得无聊，或者有些外国记者不理解她的设计意图，她决定为他们印制一些解说她的服装系列的节目单，给每条裙子编号，在边上标上价格等。这就是这个节目单的关键。简而言之，就是某种导向性评论，把记者的活儿给干了，给他们做好的现成文章，让他们当天晚上就能通过电报向全世界发布。这个小册子获得了极大的成功，通讯员甚至杂志主编都对此表示非常感谢。其他时装设计师也都急忙采用了这个创新想法，绞尽脑汁，亲自撰写文案；这样一来，他们不仅是艺术家，还成了作家。媒体只要拿来稍加点评和注释就行了。

香奈儿的另一个天才之举是：她的模特队伍里，几乎都是来自世界各地的年轻姑娘或者上流社会的小姐：玛丽·埃莱娜·阿诺德、苏茜·帕克、吉斯兰·阿萨克、奥迪勒·克罗伊、保尔·里佐、咪咪·达尔康格、妮可·弗朗科姆等。这也像是一个宫廷，有它自己的规矩、阴谋，也有她的宠臣。因为可可很喜欢在她的小世界里激起友谊和仇恨，从而维持嫉妒的气氛。她需要这些美丽的女子围绕在她周围，在她们的青春中，她可以掩盖自己的年纪。她很尊重的克里斯特巴尔·巴伦夏加给她写信说："我们能做的只有关店了。"可可鼓励他："没有嫉妒的竞争，这才能让我们的手工艺焕发生机。"因为她一直想要做一个手艺人。

这位裁缝还有一个值得注意的细节：在香奈儿小姐的服装系列里，从来没有婚纱。时装大师们传统的华美片段在她的创作中被剔除了。原因很简单。她的第一件也是唯一的一件婚纱是为妹妹安托瓦内特而创作的。她的妹妹嫁给了一个加拿大人，然后就去这个寒冷的国家生活了。在经历了一次不幸的婚外情之后，年轻的安托瓦内特自杀了。从此香奈儿就再也不做婚纱了。这种带有资产阶级格调的服装要去别处找，而不是在可可这里（虽然她后来曾经为她的朋友阿贝尔·莱·飞若沙的婚礼画过一款）。

如果说有一种服装是世界公认和她的名字紧密相连的，那就非她著名的绦子镶边小套装莫属了，它甚至超越了小黑裙在1926年获得的成功。它在1955年发布的服装系列中留下了浓墨重彩的一笔，后来也被全世界复制。它成了女性衣橱中的必备单品。当然她并没有“发明”套装裙这种服装形式，但是她全面改进了它的设计。香奈儿套装是由粗花软呢做的，由一件半身裙和一件短外套构成。外套上有四个口袋，用首饰般精美的纽扣扣合。它当然会演化成各种颜色，还有百来种不同的变化。每年，从工坊制作完成的小套装有七千多套。

她的另一个传奇故事是玛丽莲·梦露为她的“5号”香水所做的免费广告。因为记者问这位演员晚上都穿什么入睡，她爽快地回答：“五滴Chanel‘5号’。”这位明星不能说其他香水，否则会被指与香水师有染。这里，她出于女人的默契提到了Chanel，就像她给了一个取悦男人的秘方，就像是在展示一种媚药的功效。“5号”香水的这种效力只有少部分归功于它的配方，更多的来自可可本人，来自她为全世界女性所塑造的形象。可可意识到了她塑造的风格和香水之间的自然联系。一个女孩如果干干净净，穿着Chanel，裹着“5号”香水的芬芳，她就永远不会是一个“可怜的女孩”。

继艾蒂安·德博蒙、西西里的富尔库·迪佛杜拉[1]这两位贵族之后，1954年，她请来了设计师格里波瓦[2]和罗伯特·古森斯[3]为她设

---

[1] Fulco di Verdura，1898年3月20日～1978年8月15日。是最后一位享有西西里的佛杜拉公爵头衔的人，意大利著名首饰设计师，最初为香奈儿设计，后在1939年开设自己的珠宝品牌Verdura。——译者注

[2] Grippoix，将手工琉璃煅烧焗制工艺和高级定制珠宝创作相结合孕育出了无与伦比的珠宝作品。把人造珍珠做出真珍珠般的光泽，Grippoix工坊是第一家。从1924起，Grippoix工坊和香奈儿一直保持合作关系，直到2005年，被香奈儿收购，成为其旗下高级定制手工坊之一。——译者注

[3] Robert Goossens，1927年1月30日～2016年1月7日。法国珠宝设计师，被称为“首饰先生”。Goossens工坊在2005年被香奈儿收购，成为其旗下高级定制手工坊之一。——译者注

计十字架饰物、胸针、珠宝纽扣、手镯、耳环、吊坠、项链等充满想象力和品味的杰作。她很喜欢说："没有什么比假首饰更像一个非常漂亮的首饰。它有色彩的价值、信仰的价值、装饰的价值，它有一个真正的珠宝首饰应该有的所有价值，除了克拉值。"

她对这些首饰的设计和制作都投入了极大关注，她严苛的要求以及她对专业手工艺人致以的极大尊重，都给她的合作者们留下了深刻的印象。关于她的首饰，她说起来滔滔不绝："我总是戴着很多项链、链条、胸针、耳环以及各种颜色的石头，以至于当我说我不喜欢首饰的时候，别人无法理解。我不喜欢的是为了宝石而宝石，那些菱形大钻石，精心雕琢的大宝石，都是为了显示佩戴它的女子的丈夫或者情人的地位和财富。我也不喜欢为了首饰而首饰，比如从保险箱里拿出来展示的钻石别针和所谓的珍珠项链。这些，都是我们在有经济危机的时候可以卖掉的首饰。为富人做的首饰，我不喜欢！"而她自己拥有精美的祖母绿和非常漂亮且稀有的红宝石，当然她也喜欢不太贵的暹罗粉红宝石、锡兰浅色蓝宝石和黄玉。

随着时间的流逝，香奈儿越来越排斥时尚稍纵即逝的特性。她更喜欢永恒的线条：教士袍、丈夫的西装、骆驼兵的撒哈拉帆布短袖上衣——然后在贝雷帽上别一个宝石，或者在制服背心上挂成串的珍珠项链。虽然她从来没有孩子，但是她领悟了一个人丁兴旺的家庭中母亲的要求，一件衣服应该能穿十年。她一次次地修改她的"制服"，她最爱的小套装，它们在她身上如此完美，她再也不换别的衣服了。

****

1957年，她作为荣誉嘉宾受邀前往美国达拉斯接受一个时尚界的奥斯卡奖："尼曼·马库斯时尚领域杰出服务大奖。"继包袋之后，另一个新单品的出现让Chanel形象更加完整：双色拼接浅口皮鞋。在她的肖像摄影中我们经常能看到她穿着这个单品。也是在这一年，新风貌走向了灭亡。1958年开始，时尚和风格更加细分。夸张和荒诞的年代到来了。每年两次都要全盘改变：四季豆线条、囊形线条等。秩序和好品味消失了，创新成为最高价值。可可还是坚持她一直在做的：美国和街头都是支持她的。她拒绝彪形大汉似的宽肩和过于窄长的髋部、降低的腰线和上身宽松鼓起的连衣裙。她保持自我，而她的风格影响了整个法国高级定制时装，这种影响力至少持续到了20世纪60年代中期。然后围绕迷你裙和超长裙，各种争吵出现了。时尚不再是迷惘而是疯狂。可可坚持远离库雷热[1]、卡丹[2]、帕高·拉巴纳[3]和其他反传统的设计师。她在谈论某些年轻同行的时候，那态度就像大厨在骂他手下最差的帮厨。只有于贝尔·德·纪梵希[4]和伊夫·圣洛朗[5]得到了她的好感。

但是时尚的飘忽不定，她亲爱的同行们的荒谬，都使她非常生气。虽然在经济上她不怕任何人。1963年，她的产量刚刚能满足

---

[1] 安德烈·库雷热（André Courrèges），1923年3月9日～2016年1月7日。法国时装设计师。他在20世纪60年代创造出未来感和前卫艺术的设计，颠覆该年代的全球高阶时尚潮流，成为20世纪60～70年代的时尚指标。——译者注

[2] 皮尔·卡丹（Pierre Cardin），1922年7月2日出生于意大利的知名服装设计师。他以前卫的风格和太空风设计而闻名。他更喜欢几何形状和图案，常常忽略女性形态。——译者注

[3] Paco Rabanne，1934年2月18日出生于西班牙的时装设计师。20世纪60年代初，他以设计金属、塑料等前卫材质的服装起步，还推出过以纸张、唱片、羽毛、铝箔、皮革、光纤、巧克力、塑料瓶子、短袜和门把手为材质的服装。——译者注

[4] Hubert de Givenchy，1927年2月20日～2018年3月10日，法国著名时装设计师，于1952年创建了纪梵希时装屋。从1953年延续到20世纪90年代，“奥黛丽·赫本”式晚礼服一直是纪梵希服饰的象征与标志。——译者注

[5] Yves Saint Laurent，1936年8月1日～2008年6月2日。曾担任迪奥的设计助理和设计总监。1961年建立了自己的同名品牌，被认为是20世纪最重要的时装设计师之一。——译者注

需求。她为让娜・莫罗[1]、德菲因・塞里格[2]、罗密・施奈德[3]、杰奎琳・肯尼迪[4]提供了服装。1963年11月，当美国总统倒在他夫人的怀里的时候，她身穿粉色套装，上面沾染了她丈夫鲜血的照片在全世界被传播开，进一步提高了这位服装大师的知名度。法国媒体曾经称其为“守旧者”，现在大家对她的抄袭盛况空前。“最好不过！”她悄悄地对密友说，因为抄袭是最美的颂扬。

可可是不可动摇的，她忘记了年龄，越来越专横，她像主宰自己的沙龙一样主宰着时尚。每个服装系列的推出，无论是对她而言，还是对成衣工、工坊首席工人或者模特而言，都是一场体力考验。康邦街上的整栋Chanel大楼，所有工坊，上百名员工都被她拽在手中。她用与以往相同的活力，相同的热情，相同的坚韧顽固，相同的严格要求，亲自指挥每一个款式的每一次试衣，一整天拿着她著名的剪刀，剪裁、拆线、修剪。她始终都打同一张牌：那就是让她的平纹布、剪刀、天分和女性奥秘共同作用，创造奇迹的魔法。

美国作家杜鲁门・卡波特[5]说她像“一只瘦小的麻雀，干净整洁，说话滔滔不绝，有着啄木鸟一样的活力”。对科克托来说，她就像是一只巴斯克地区的小公牛。当然也像母老虎。她有麻雀的精神，公牛的顽强，猛兽的狡诈：这些才是她成功的因素，再加上骄傲和智慧。

---

[1] Jeanne Moreau，1928年1月23日～2017年7月31日。法国演员、歌手、导演、编剧，毕业于巴黎国立音乐舞蹈学院。——译者注

[2] Delphine Seyrig，1932年4月10日～1990年10月15日。黎巴嫩出生的法国舞台剧和电影演员、导演、制片。——译者注

[3] Romy Schneider，1938年9月23日～1982年5月29日。奥地利女演员。代表作《茜茜公主》。——译者注

[4] Jackie Kennedy，1929年7月28日～1994年5月19日。美国前总统约翰・肯尼迪的夫人，时尚偶像。——译者注

[5] Truman Capote，1924年9月30日～1984年8月25日。美国作家，代表作有中篇小说《蒂凡尼的早餐》（1958）与长篇纪实文学《冷血》（1965）。——译者注

让我们去看一下发布新系列的那一天她都在做什么。中午12点（发布会在15:30开始）。她坐在沙龙中间的椅子上，手边是一叠打印了数字的塑料牌子，指挥着服装秀的彩排。她对穿着她的服装的超模依次进行最后一次检查。她坚持亲自检查所有的收尾工序和折边。只有当一切都和她对一条出色的裙子的认知相符的时候（她对完美有一种病态的追求；她的字典里没有“差不多”这个词），非常迷信的她才会在经过长时间选择之后，将符合她最后印象的数字挂上去。

听听她1961年在《法国玛丽》（*Marie France*）杂志上专横粗暴的说法：“为什么我在外套的下面装上镀金链子？很简单，为了增加它们的垂性。我偏爱使用柔软的面料，因为它们能让身体更加女性化，所以我只能给它们挂铅锤。然而铅锤太重，而且会牵扯衣服。金属链子能让我的衣服均匀合身。大家都以为这是个装饰。错了，这是技术上的必要手段。为什么我的套装上有超过两个口袋？很简单：因为女性抽烟，当她们在办公室的时候，不会带着包走来走去。因此她们需要有地方可以放烟、打火机、手绢。两个口袋不够用。”在香奈儿小姐这里，一切都是有条有理、精心计算的。她什么都想到了。

她很快吸引了罗兰·巴特[1]的兴趣，他说：“如果打开我们今天的文学史，您应该会看到一个新的经典作家的名字：可可·香奈儿。香奈儿不用纸和墨书写（除非在她迷失的时候），而是用面料、造型和色彩；这并不妨碍我们赋予她与伟大世纪[2]的作家并肩的威望与荣耀：如拉辛[3]般优雅，如帕斯卡[4]般朴素（她曾提及），如拉罗什富

---

❶ Roland Barthes，1915年11月12日～1980年3月26日。法国作家、思想家、社会学家、社会评论家和文学评论家。——译者注

❷ 指法国17世纪。原来指路易十四统治时期（1643～1715年），后泛指整个17世纪，从亨利四世统治时期到路易十四逝世，即1589～1715年。——译者注

❸ 让·拉辛（Jean Racine），1639年12月22日～1699年4月21日。法国剧作家，与高乃依和莫里哀合称17世纪最伟大的三位法国剧作家。——译者注

❹ 布莱士·帕斯卡（Blaise Pascal），1623年6月19日～1662年8月19日。法国数学家、物理学家、哲学家、散文家。——译者注

科[1]般哲学（她也一样给大众一些箴言），如塞维涅夫人[2]般敏感，如大郡主[3]一般爱嘲讽人，并且被冠以同样的别名。香奈儿将时尚从粗俗的边缘拉了回来，赋予它传统规则的所有价值：理性、自然、永恒、以悦人为乐，而非以惊人为乐。（……）香奈儿的设计与时尚本身的观念相悖。她始终都做同样的款式，只是一年又一年的对它进行改变，就像是对一段音乐的主旋律进行变奏；她的作品表达了一个概念（她自己也承认）：女性的“永恒”之美，将通过艺术史向我们传递其独特形象；她愤怒地拒绝那些不持久的材料，比如美国曾经尝试用来做裙子的纸和塑料。与时尚相悖的概念，持久性，成为香奈儿宝贵的品质……”

她本人就是一件独一无二的不朽之作。丽兹饭店的大堂里一直都有给她保留一张桌子，就在餐厅的边上。她能看到来客，来客也能看到她。这并不会让她不高兴。百老汇筹备一部表现她的命运的音乐剧，由凯瑟琳・赫本[4]饰演可可（后来由达尼埃尔・达里厄接替她出演该角色）。当克洛德・蓬皮杜[5]穿着她的新款服装出现在重要官方活动中的时候，她享受着自己的成功。

---

❶ 弗朗索瓦・德・拉罗什富科（François de La Rochefoucauld），1613 年 9 月 15 日 ~ 1680 年 3 月 17 日。法国箴言作家。——译者注

❷ Mme de Sévigné，1626 年 2 月 5 日 ~ 1696 年 4 月 17 日。法国书信作家。其尺牍生动、风趣，反映了路易十四时代法国的社会风貌，被奉为法国文学的瑰宝。——译者注

❸ 安妮・玛丽・路易丝・德・奥尔良（Anne Marie Louise d'Orléans），1627 年 5 月 29 日 ~ 1693 年 4 月 5 日，蒙庞西耶女公爵，被称为“大郡主”，是法国国王亨利四世的第三子奥尔良公爵加斯东和他的妻子玛丽・德・波旁的大女儿。曾参与反对专制王权的“投石党运动”。——译者注

❹ Katharine Hepburn，1907 年 5 月 12 日 ~ 2003 年 6 月 29 日。美国女演员，在她 60 年的演艺生涯中，赫本共获得了 12 项奥斯卡奖提名，四获奥斯卡最佳女主角奖。1999 年被美国电影学会评为“百年来最伟大的女演员”第 1 名。——译者注

❺ Claude Pompidou，1912 年 11 月 13 日 ~ 2007 年 7 月 3 日。法国前总统乔治・蓬皮杜的夫人。——译者注

****

很快就要87岁了，顽固、专横、急躁的她还是释放出比大多数年轻人更多的力量和热情。香奈儿小姐是一个真正意义上的非凡人物。她是一个彻头彻尾的法国女人，有贵族精英的所有品质。不管是不是为了推广她的新系列，她都拒绝出现在电视上："我不会为世界上任何事而露脸……我是香奈儿小姐，我有我的私人生活，我无法忍受在我的个人身份以外展现自己……"但是她偶尔接受摄影师在新系列发布前的那些加班的夜晚给她拍照。模特们筋疲力尽，工人们累得脸色苍白，香奈儿小姐——帽子歪戴在头上，嘴里很多大头针，黑色的眼睛目光尖锐——她将患了风湿病的手弄得咯咯作响，就像农民扭转和矫正一个老旧但珍贵的工具。然后，她说："来，我们继续……"她从来都不知疲倦，从不气馁，从不缺少批判精神和清醒的头脑。随着夜越来越深，她的脚踝肿了，当超乎常人的意志力无法支撑身体的时候，她不说"我累了"，而是说"我觉得我累了"。她对自己远比对他人更加严格。在她的衣橱里，只有两身套装，其他的都在工作坊里：一套是米色粗花呢，饰有海军蓝和红色的绦子；另一套用于晚装，款式相同，只是面料换成了黑色天鹅绒。"总是有一些修改要做，"她工作室里的一位老员工说，"没有什么是足够完美的。她不喜欢折边过宽，也不喜欢厚重感。她有让自己显得高大的本事。"

曾经的她，沉默寡言，情绪内敛。现在的她，说话就像火山喷发，不放过任何人、任何事。面对雅克·沙佐[1]、利露·格伦巴赫[2]、克洛德·德莱的时候，或者某个晚上其他密友在餐桌上做她听众的时候，她很放松。她什么都知道，一边大声说，一边大口吃，风趣

---

[1] Jacques Chazot，1928年9月25日～1993年7月12日。法国舞蹈家、社会名流。香奈儿的晚年伴侣。——译者注

[2] Lilou Grumbach，香奈儿的新闻秘书。——译者注

辛辣地阐述自己的观点，这时她就像嚼着橄榄一样感到快乐。她什么都谈，从米色、假珠宝到菲力牛排配四季豆或者威尔第[1]，她强迫大家接受她的决定，就像落下的铡刀不容置疑。她说话就像断头台一样，杀伐果断。“我讨厌这个，那个让我无法忍受，这个是这样，那个是那样。”当她撕碧姬·芭铎[2]或者雷吉娜[3]的时候，让人觉得很有趣——但是当如此专断大胆的评论的受害人是毕加索或者科克托的时候，就没那么好玩了。只有萨尔瓦多·达利[4]、卢齐诺·维斯康蒂、谢尔盖·里法逃过了她的毒舌。她为什么有这么高的威望？是不是因为和那些缺少生命力的人相比，她旺盛的生命力充满了魅力？或者因为在这个搞不清是害怕无聊还是害怕死亡的社会中，她哪怕筋疲力尽也坚持不懈，努力生活的精神让她显得鹤立鸡群？或者她让那些上流社会游手好闲的人为之惊叹的工作能力？还是因为她在金钱强大支撑下不受束缚的思想，让她可以超越所有附庸风雅，让她可以无情地反驳那些对她阿谀奉承的人，让她有如此强大的好胜心和咄咄逼人的胆量？或者是源于她对近乎枯燥的简洁的喜爱和坚持，对装模作样的厌恶，就像她说的“没有什么比空白更美的了”？她的众多箴言中有一句是“诚信是商业的灵魂”；还有一句是“我们活在关于自己的传说里；就像大家描绘的那样：有时夸大，有时缩小”。这里要向大众证实的是，关于香奈儿的传奇，货真价实。

她似乎还在超越自己的极限。年老，意味着病痛、丑陋和死亡。

---

❶ 朱塞佩·福图尼诺·弗朗切斯科·威尔第（Giuseppe Fortunino Francesco Verdi），1813 年 10 月 10 日 ~ 1901 年 1 月 27 日。意大利作曲家。威尔第和理查德·瓦格纳一起被认为是 19 世纪最有影响力的歌剧创作者。——译者注

❷ Brigitte Bardot，1934 年 9 月 28 日出生于巴黎，法国演员、歌手、模特、动物权益保护者。——译者注

❸ Régine，1929 年 12 月 26 日出生于比利时。法国歌手和商人。——译者注

❹ Salvador Dali，1904 年 5 月 11 日 ~ 1989 年 1 月 23 日。著名的西班牙加泰罗尼亚画家，因为其超现实主义作品而闻名。与毕加索、马蒂斯一起被认为是 20 世纪最有代表性的三个画家。——译者注

这些都是可可害怕并且极力远离的。她从不谈论这些，她无视它们。并非她缺乏勇气：一根肋骨骨折了，她还是想起床，完成她的新系列。可能有太多童年的悲伤记忆：母亲的去世，父亲的消失，小孤女的学习生活。在可可身边，太常看到病痛带来的衰败。她不想再看到这些，她无情地让病人都离开康邦街，因为她很迷信，她担心他们的出现会招来巫术。

在可可周围，在她位于康邦街的公寓里或者在丽兹酒店的烤肉餐厅里，有那么一群人生活在香奈儿小姐突然的怒火中。有人煽风点火，有人息事宁人，她们小心谨慎，殷勤体贴，有时甚至卑躬屈膝，永远忠心耿耿，她们就是可可的侍女队伍，她的女官和女伴，而可可的管家弗朗索瓦则带着玩味的眼睛留意着一切。有时，管她叫"可可阿姨"的她的外甥孙女也是教女加布里埃尔·帕拉斯·拉布吕尼会在星期天的时候来陪她，填补她的孤独。

大家最后一次见到她是1970年的夏天，作品发布的时候，她在康邦街，坐在楼梯的最上层，控制着整个沙龙，模特儿们在满厅的买主和记者前走来走去。在镜子的反光中，她默默观察，能看见一切。她坐在台阶上，双手托着下巴。就像是在蜘蛛网中央窥伺着猎物的蜘蛛，等着受害者自投罗网。

****

她又住到了丽兹饭店的套房中，只为了工作而活，她讨厌节假日，因为这让她没有了工作的庇护，更加憎恨那些家庭团聚的重大节日。最后的几个月，她不停地在旺多姆广场和康邦街之间来来回回。她变形的双手摆弄着那著名的珍珠长项链。她那微弱有时沙哑的嗓音，在整个工坊恭敬的沉默中说出她的评注。在她的周围虽然有极其忠诚的战斗友谊，但还是一片荒漠。在这个荒漠里的石头，是那些散在各处的祖母绿宝石。

她只能在一个星期天的晚上离世。平日里，要工作。1971年1月10日，她在丽兹酒店的房间里孤独地离开了人世。康邦街上，在她的东方乌木漆面屏风和花束中，在喊叫声和一片混乱中，有人崩溃了，倒下了，帽子翻了过来，裙子卷了起来。这一切都非常粗俗。香奈儿的一生都在跟粗俗作斗争，不仅与服装的粗俗抗争，更重要的是与举止、思想、心灵的粗俗做不懈而认真的战斗。

她的人生是一个传奇故事，她的爱情纷纷扰扰，但是她的技巧在于：真诚。有多少女性能够像香奈儿小姐那样，对自己所在的时代和后世带来如此巨大的影响？时装、首饰、香水……在时尚风格演变之外，香奈儿的原则也从未让人失望。她获得了全球性的成功，同时也是影响了整个20世纪的传奇，她创造了自己的人生。独立，高傲。她继续与时间对抗。

诚然，她的离世给Chanel高定时装屋造成了巨大的阴影，就好像双C标志打开变成了一个永远的括号，让Chanel时代、Chanel精神、Chanel方式永远凝结。加斯东·贝特洛就是在这样的背景下被迅速任命为时装屋负责人，然后又以同样快的速度被解雇。然后是为克里斯特巴尔·巴伦夏加工作了24年的他的得力助手拉蒙·埃斯帕萨，然而这样的嫁接也并不成功。1983年，领导层终于决定打开窗户，让时代的新鲜空气为时装屋补充氧气。命运之绳被交到了德国人卡尔·拉格菲尔德手中。他是面料肌理的造物主，是穿衣打扮和扇子的魔术师，也是掌握可可原创配方的巫师。他们都以时尚作为表达方式，从他们的个人风格到才思敏捷，都有极致的巴黎腔调。这个扎着辫子的男人让Chanel风格适应一季又一季的变化，根据时代精神对它进行再设计，极力从品牌传统中挖掘元素，融入他的色彩，他的幽默，不断衍变但是绝不丢失本性。他获得了全球性的成功。

Chanel公司已经有1270名员工，营业额达到十亿欧元，而公司的持有人，可可的合伙人皮埃尔·维德摩尔幸福的孙子们，在法国富豪榜上排名第八。在凯瑟琳·德纳芙之后，卡罗尔·布盖、妮可·基德曼、凡妮莎·帕拉迪丝、奥黛丽·塔图、凯拉·奈特莉先后成为Chanel香水的缪斯女神，每一款都是最畅销款。在拉格菲尔德时期，伊内丝·德拉弗拉桑热是康邦街的明星模特，玛丽·弗朗丝·皮西尔、奥黛丽·塔图、安娜·莫格拉莉丝和雪莉·麦克雷恩都在电影中扮演过可可。可可的小曲儿仍然让全世界为之着迷，Chanel风格流芳百世，就好像伟大的香奈儿小姐还在透过镜子的反光激励着她的模特们。

艾尔莎·斯基亚帕雷利

（Elsa Schiaparelli）

香奈儿轻蔑地称其为“那个把女性乔装改扮的意大利人”。这么说有失公允，因为她不仅富有幽默感而且有着同样的认真严谨。艾尔莎·斯基亚帕雷利不太会用缝纫机，也不知道怎么裁剪或者使用大头针，但是什么都逃不过她的眼睛。一个真正的老板。她的强项在于能够始终敏锐地捕捉时代的气息，并且创造了戏剧化的服装。她是香奈儿真正的对手，也是唯一一个让她感到不安的人，虽然她不愿承认她的作品拥有极高的品质。相对于可可的优雅精确，艾尔莎以她实用的荒诞独树一帜。

“香奈儿品味单一，但很高雅。斯基亚普品味多样，但是低劣！”毫无疑问，巴伦夏加的这句玩笑话说明了一切，高度凝练。从两次世界大战之间到20世纪50年代末的高级定制时装界中，经典、低调、优雅就叫香奈儿；反常规、脑洞大开、大胆疯狂则名为艾尔莎·斯基亚帕雷利。

香奈儿对抗斯基亚帕雷利。可可VS艾尔莎。大写C和首字母S博弈。奥弗涅人面对罗马人。经典对抗巴洛克。务实固执的小个子农民抵抗天马行空的贵族。康邦街挑战旺多姆广场……美丽的20世纪20年代，纷乱的20世纪30年代。两个人都清楚地知道自己扮演的角色。这两位女子不仅设计裙子，引领生活方式，而且与其他艺术领域的动态都保持着非常紧密的联系。她们两人活跃在相同的领域。她们身份都很特别，因为她们身兼艺术家、活动组织者和艺术资助人三个角色。她们斥责时尚和花哨的玩意。更重要的是，香奈儿和斯基亚帕雷利代表了同一场战役的两个阶段：1925年，可可释放了女性，简化了服装；艾尔莎——从1928年前开始——运用同一种材料，针织面料，打造奢华的疯狂。可可为科克托的戏剧和由玛丽·洛朗森担任舞美的芭蕾舞剧设计服装，倾囊而出地支持狄亚基列夫的俄罗斯芭蕾。斯基亚帕雷利与达利、贾科梅蒂[1]、克里斯蒂安·贝拉尔合作，激励阿拉贡[2]。香奈儿把阿帕奇针织引入了丽兹酒店，让女服务员的衣领和袖口变得更加优雅，推出了军装的设计概念。斯基亚帕雷利把鞋子变成了帽子，将平庸的拉链和塑料用到了高级定制时装中。香奈儿将裙子变短，以行动自如为优先考虑，推广了针织面料，V领衬衣裙。斯基亚普向好品味发起挑战，使用各种装饰品，让奢华的刺绣手工艺焕然一新，实现了古典主义和巴洛克风格的完美结合。很快，在这场魔鬼的竞争中，香水表明了立场。香奈儿用她的幸运数字推出了瓶身干净利落的"5号"香水。斯基亚帕雷利推出了名为"惊讶（Shocking）"的香水，莱昂诺尔·菲妮[3]以梅·韦斯特[4]的身体曲线为灵感，为这款香水制作了香水瓶。

好战的香奈儿首先开炮："我的时尚可以穿上街头！"她嘲弄时尚的摇摆不定，她深信风格是持久永恒的。斯基亚帕雷利反击道："我的设计无法被模仿。"因为她与她的超现实主义朋友之间的合作

---

❶ 阿尔贝托·贾科梅蒂（Alberto Giacometti，1901年10月10日～1966年1月11日），瑞士超存在主义雕塑大师、画家。代表作品有《超现实表》《笼》《鼻子》等。——译者注

❷ 路易·阿拉贡（Louis Aragon），1897年10月3日～1982年12月24日。法国超现实主义诗人、小说家。——译者注

❸ Léonor Fini，1907年8月30日～1996年1月18日。阿根廷超现实主义画家、设计师、插画家和作家，以描绘强大女性而闻名。——译者注

❹ Mae West，1893年8月17日～1980年11月22日。演员、剧作家、编剧，也是美国众所周知的性感偶像。——译者注

挑战了那个时代。

古典主义运用黑白灰。她的对手用艳粉色、紫色和金色。香奈儿设计的大多数服装是为了“反抗”，斯基亚帕雷利则是出于“顺应”。当然，在这场实力较量中，香奈儿最终赢得了战争。战争的到来，提前宣告了疯狂的意大利人的消遣的终结，因为刺激、惊奇、炫目已经不符合动荡时代的主旋律，优雅不应再与荒诞相提并论。斯基亚帕雷利疯狂的种子逐渐消失。

****

艾尔莎·斯基亚帕雷利的故事从罗马台伯河右岸开始。1890年9月10日，她出生的这一天，科西尼宫[1]在秋日的阳光下显得格外美丽。她的父亲塞莱斯蒂诺是东方语言和文学专家。他是林琴图书馆馆长，并且有罗马大学校长的头衔。她的堂兄是发现了帝王谷的知名古埃及考古学家埃内斯托。所以艾尔莎的血液里就流淌着东方的因子。她母亲玛丽亚·路易莎的祖先来自苏格兰和萨莱诺。她是在亚洲长大的。但是最特别的是她的叔叔，布雷拉天文台台长、天文学家乔瓦尼，流星在他眼中已经不再神秘，他还发现了火星上存在峡谷。婴儿的她在圣皮埃尔教堂巴洛克风格的金碧辉煌中接受洗礼，她在城中色彩最丰富的特拉斯提弗列区长大。

从幼年开始，她就显得与众不同：想要在冰上行走（实际上是一大盆生石灰），想要飞行（打开一把伞从窗口跳下）。这个小女孩总是心不在焉的。在她的回忆录中，她还记得自己穿着从屋顶阁楼里找出来的带紧身褡的连衣裙的画面，也记得自己在父亲的图书馆里度过的漫长时光。她生活在《天方夜谭》《一千零一夜》《马可·波罗》这些书中，并且承认被她父亲文笔华丽的手稿所吸引。

[1] Le Palazzo Corsini 是一座位于意大利罗马的后期巴洛克风格的建筑，由科西尼家族于 1730 ~ 1740 年修建。其前身是一座 15 世纪的别墅。现在这里是意大利国家科学研究院的所在地。——译者注

她在这座漂亮的宫殿（后来成为博物馆）里消磨时光，她清晰地记得自己坐在一辆汽车里，车子停在了一片秋海棠中：那是她第一次和艳粉色正面接触，这个颜色后来也成为她标志性的色调。她被要求穿上黑色天鹅绒领的苏格兰格子花呢连衣裙，让她更加难受的是，当她要出去散步的时候，必须戴一顶棕色的大帽子，帽子上还有一个很大的黄色蝴蝶结。

她很早就是个超现实主义者。她将花的种子塞进自己的鼻子和耳朵，希望能从那里开出花儿。有一场晚宴，她没有资格参加，于是她把跳蚤扔在了餐桌下。她有一天消失了，去参加威尼斯广场上的共产主义游行活动，她参与了斗殴，并且跟着游行队伍一直到了奎利那雷山[1]。

她有一张尖尖的小脸，鼻子扁平，头发和眼睛乌黑。艾尔莎并非平庸之辈。她青少年时期所写的狂热的诗歌也是黑色的。她在最好的修道院寄宿学校里读书，她靠着为班上的女同学做缀满蕾丝的短上衣赚零花钱。十三岁的时候，她就有了初吻，在字典上发现了“私通”这个词，觉得这事儿特别有吸引力，并且承认自己犯了这个罪。于是她立刻被开除，当然不会就这一次。她的父母把她送到了瑞士的寄宿学校去。她还是很快被开除了。原因：绝食。十八岁的时候，有人给她介绍了一个未婚夫。那是一个俄罗斯亲王，但是有点丑，斜视的小眼睛，一圈络腮胡。她拒绝了。更何况她认识了皮诺，一个英俊的那不勒斯人，他很穷，所以他们被迫分开，而她永远也无法将他忘记。

二十一岁的时候，她在罗马的昆蒂耶里出版社出版了一卷诗集，字里行间透露出了肉欲、天真和神秘。书名是《阿瑞塞莎》，居住在锡拉丘兹清澈的泉水中的仙女的名字。她的父亲觉得这一切都糟透了，并且拒绝阅读女儿的作品。艾尔莎收集了很多英俊男子的调情，以此为乐。因为淡紫色是她最爱的颜色，所以被选中的那位总是会

---

[1] Quirinal，罗马七座山丘之一，位于市中心东北方。这是意大利国家元首官邸奎利纳雷宫的所在地。——译者注

戴上一块淡紫色的手绢或者淡紫色的领带，让人知道他在向她献殷勤。没多久，她的那位俄罗斯追求者又出现了。大家又再次对她施压，这让她非常郁闷。也许是时候离开意大利了？最后是一个旅行给了她摆脱俄罗斯人的机会：一位英国女性朋友找人帮忙一起照看她领养的孩子。虽然没有报酬，但是包吃包住，这很合她心意。

1914年，她抵达伦敦，在这里她被一半布列塔尼血统一半波兰血统的威廉·温特·德克罗尔深深吸引。他自称是诗人、哲学家、神智学者。总之，是这个与神明相关的晦涩不清的教义的信徒。完全出乎预料的是，这两个年轻人在认识了24小时之后就订婚并且登记结婚了。艾尔莎的父母终于放心了，并且给了一大笔嫁妆。小夫妻先住在伦敦，然后是尼斯，接着波尔多。他是瑞士国籍，不参与战争。夏日阳光，甜蜜爱情，丰厚嫁妆，得来全不费工夫。不久他们又去了纽约（在旅行中，艾尔莎与达达主义画家毕卡比亚的妻子，加布里埃尔·毕卡比亚相谈甚欢）。但是积蓄眼看着就要用完了。在一场又一场研讨会中，这位思想家丈夫在他自己毫无效益的夸夸其谈的神智学演说中头昏脑涨、脸色苍白。而艾尔莎活跃起来了。她做翻译，为华尔街的一位经纪人看管电传机上的纸带，因为摄影师爱德华·史泰钦[1]的关系，她还做了电影的群众演员。不久，她就怀了伊冯娜，小名“去去（Gogo）”，然后在酒店的房间里吃牡蛎喝香槟。她的丈夫在之后没多久就悄悄离开了，两人在1921年正式离婚。当她的女儿在摇篮里越来越大声地嘶吼着“去去”的时候，艾尔莎从中看到了出发的征兆：去欧洲！去巴黎！三十二岁，是时候重新开始了！她的一个美国朋友布兰奇·海丝提出可以和她分享在荣军院附近的公寓，加布里埃尔·毕卡比亚承诺会给她引荐一些有分量的艺术家。去吧！

[1] Edward Steichen，1879年3月27日～1973年3月25日。知名的美国摄影师。同时也是画家、美术画廊主人、博物馆主任。——译者注

****

1922年6月，艾尔莎到达法国。她观察、聆听、寻找自我。斯基亚普正在生命的转折点，她立即就明白她不会再结婚。她的婚姻给了她当头一棒，让她再也没有尝试第二次的欲望。现在起，她的生命里将会迎接各种友谊，有些是温柔的，有些是洒脱的，没有一个男人可以完全控制她。她自己就可以给予很多，所以她特别挑剔，她再也没有遇到一个她需要的男人。另外，她不暴露自己的感情，那时的她还没想到，她积累的令人惊讶的能量和意志力将很快找到表达的途径。完全是出于巧合，她后来走上了一条任何一个明智的人都不会给她指明的道路。

对于女性来说，这是一个受到诸神保佑的时期。这个时期，维克多·玛格丽特的小说《假小子》获得了巨大的成功，掀起了一定程度的女性解放。耳边经常会响起“我们离婚吧”或者“我的罪过”，那时附庸风雅的女人有了新的信条：运动、古铜色肌肤、查尔斯顿舞、调情、短发和长度到膝盖以上的裙子（金褐色的）。每个人都用紧身褡把身体压扁，形成几何形的线条。辫子没有了，紧身胸衣也没有了。她非常大胆。哪怕是柔软的松紧带紧身褡对她而言都太束缚了。她更喜欢吊袜腰带，紧紧扣住腰和长筒袜。她甚至走得更远。她用褶边缎带、小丑头像、玻璃珠和亮片做的瓢虫装饰松紧带，做成束袜带固定长筒袜。再见了，笨重的装束。艾尔莎请她的巴黎新朋友们欣赏她的短裤连体衣。在连衣裙里，她几乎什么都不穿。

当她第一次被邀请参加上流社会晚宴的时候，她惊恐地发现没有可穿的衣服。于是她只能临时创作自己的服装！她跑去老佛爷百货买了四米暗夜蓝的双绉绸，两米橙色丝绸，用大头针把它们固定在腰上，其中一部分穿过双腿，就像佐阿夫兵[1]的打扮。她还用橙色

[1] 法国陆军的轻步兵团一类，在 1830 ~ 1962 年服役，原由阿尔及利亚人组成，1841 年起全部由法国人组成。——译者注

的丝绸做了一个包头巾和一条宽腰带。可以想象这就像埃尔泰[1]笔下的印度宗教仪式上的女舞者……而且，固定她这身不牢固的装束的大头针都在她疯狂的探戈舞步中飞走了。

通过布兰奇·海斯，斯基亚帕雷利跨入了高级定制时装世界。普瓦雷的出现将会温暖她的身心。在她的回忆录中她讲述了这个场景：

“有一天，我和一个富有的美国朋友一起去了保罗·普瓦雷位于福布尔圣奥诺雷路上的色彩绚烂的小公馆。朋友选衣服的时候，我看着周围眼花缭乱的一切。我默默地试着衣服，完全忘了自己身在何处，我走到镜子前，对自己的样子非常满意。我穿的是一件裁剪宽松的大衣，就好像是为我量身定制的一样。它棒极了。黑色天鹅绒搭配鲜艳的宽镶边，里料是鲜艳的蓝色双绉绸。

——这位小姐，您为什么不买下它呢，它就像是为您量身定制的一样。

伟大的普瓦雷本人看着我，我能感觉到我们两人间碰撞出的火花。

——我无法回答……它一定非常贵，而且，我什么时候才能穿它呢？

——别担心钱的问题，普瓦雷接着说。而且您在任何时间、任何地方都可以穿这件衣服……”

这个完全被蛊惑的意大利女人将这份礼物带回了那时住的简朴的公寓里。很快她就可以炫耀这位设计师为她提供的一橱柜的衣服。他向她赠送了服饰，让她能衣着光鲜地参加他在1924年12月24日举办的圣诞年夜饭和他位于香榭丽舍大街的极其现代化的新店的开幕式。这就是普瓦雷的风格，他热爱生活、友谊和节日。他带

---

[1] Erté，本名：罗曼·德蒂尔托夫（Romain de Tirtoff），1892年11月23日～1990年4月21日。俄罗斯出生的法国艺术家、设计师，涉及时装、珠宝、平面设计、电影、戏剧、歌剧的服装和布景设计、室内装饰等各个领域。——译者注

着她和其他朋友一起去中央市场吃晚饭。她结识了知名室内设计师让·米歇尔·弗兰克。她很喜欢这群人，和艺术家的圈子很近。

受到慷慨的普瓦雷和加布里埃尔·毕卡比亚的鼓励，艾尔莎开始做独立设计师，为一些小的定制时装屋工作。她感受到自己身上涌起了从来没有过的巨大能量，发现自己满脑子都是裙子。

这个时期的女性时尚精彩纷呈。继直筒裙、低腰、假小子发型之后，人们见证了女性曲线重新得到了重视。现在起，将由修长、晒黑、强有力的身体来决定服装的形状，而不是反过来。大家都想要更加轻便。

在接待一位美国来的朋友的时候，艾尔莎看到了她身上穿的一件全新形式的五颜六色的毛线衫。这件衣服简单、耐穿，同时释放出了独特的优雅。亲爱的，这是从哪来的呢？哦！她是在一个住在阁楼的亚美尼亚女人那里找到这件衣服的。她就靠这个手艺谋生。别人给她画一个款，她就做出来。斯基亚帕雷利马上找到了阿鲁西亚格·米卡利安夫人（大家都叫她麦克）家里，这位善良的厨师在自己空闲的时候为街区的妇人们织毛衣。她在自己的画稿中选了一款下了第一个订单：成品失败了。第二次？也没好多少。这位巴洛克风格的艺术家并未因此而退缩。哇哦，第三件毛衣终于成功了。罗马人和亚美尼亚人结成了友谊。稳固的合作关系也建立起来了。斯基亚普让麦克先从一张稚嫩的画稿开始。那是一件黑色紧身毛衣，上面铺了一个白色的大蝴蝶结。这是运动服装的雏形！艾尔莎让她做了一系列非常别出心裁的毛线衫，用两种或者三种颜色对比强烈的羊毛线编织。1927年1月，她将自己位于大学路20号的公寓中的一个房间用于展示这个系列。但是要如何吸引媒体和买手的注意力呢？

一次，她作为小说家安妮塔·露丝[1]的贵宾受邀参加在丽兹酒店的烤肉午餐会。她出现的时候穿了一件黑色、白色、紫红色的毛线

---

[1] Anita Loos，1889年4月26日～1981年8月18日。美国编剧、剧作家兼作家，代表作《女人们》《绅士偏爱金发女郎》等。——译者注

衫，图案的灵感来自立体派绘画。“好华丽啊！”那位《绅士偏爱金发女郎》的作者说，“手工织的吗？所以只此一件咯？”艾尔莎微笑着点头，没有说明衣服不是她自己织的。安妮塔·露丝被她忽悠了，承诺向一位纽约大商场的买手推荐。这位买手是她在一次跨洋远航中在邮轮乘务长的餐桌上结识的。

施特劳斯商场的商务主管来见了这个意大利人，向她订购了四十二件衣服，包括毛线衫，半身裙，每件都不一样，并且要求十五天左右交货。四十二件？买手对她说，通常她买香奈儿是为了仿制，但是这些手工编织毛线衫看起来比平纹针织衣更漂亮。这是她人生的机遇！艾尔莎跑去找那个亚美尼亚人，让她纠集了所有的亲朋好友，从老奶奶到小女孩。她们织得很费羊毛线。她从蒙马特的处理商品店里买了很多便宜的零头布料来做裙子，并且决定把裙子加长到膝盖以下。这样的临阵磨枪，对于艾尔莎来说，是她闪耀的职业生涯的起点。她的毛线衣在背部用细针编织加厚，颜色与对比鲜明的图案相同。它们并不清晰，与均匀的底色形成对比，产生的效果很像印象派画家的作品。

****

1928年1月，斯基亚帕雷利的业务在和平街的三个阁楼里诞生了。门上，在她那个不太好发音的名字下面写了个有预见性的用语：“为了运动”。从此，这位将想象力和实用性结合在一起的女子开始爆发。在她展示的第一个系列中，除了毛衣、大衣和手工编织的半身裙之外，还有泳衣、穿在泳衣外的沙滩衣和贝雷帽。直到20世纪30年代初，毛线衫还是她的服装系列中最主要的部分，后来她著名的短上衣取而代之。

她团队里的一个艾美尼亚人证明了当时在狂热的艾尔莎的工作室里是怎样的气氛：“斯基亚帕雷利夫人？她很棒也很任性。对于当时为数不多的社会法则她并不放在心上。晚上工作，星期天工作，都不在话下。她不拘小节，笑容满面，为了让我们好好工作，给我们送糖送花。但是只要有一点点小瑕疵，那就是一场灾难，用意大利语咒骂，那简直就是在唱歌剧！我做毛线衫，负责织下摆的罗纹，这个很简单，但是颜色很多。然后我把我做好的交给我的妈妈或者姨妈们，她们来做图案。我们中最能干的专门做袖子，这很复杂，要不停地加针减针。还有人织蝴蝶结、水手式领带或者领结和小衣领，然后缝到衣服上。这时候，最年轻的姑娘准备不同颜色的毛线。斯基亚帕雷利夫人那时还没有汽车，她打车过来，拿着一条软尺，把每一件衣服放在纸样上，仔细检查。然后出租车司机帮她把大包大包的衣服搬下来。”前身点缀着大面积抽象乌龟、骨骼、水手文身视错觉图案的条纹和格纹毛衣为第一个系列增添了不少亮色。

这个意大利女人的理论很简单：她觉得连衣裙应该是建筑感的，人体本身绝不应该被忽略，应该把它看作是一个结构的骨架。别出心裁的线条和细节，不对称效果，一切都应该与这个骨架有着紧密的关系。越是尊重人体，服装越能显示出活力。

从她别致的阁楼上，艾尔莎能看到优雅的旺多姆广场，她决心一定要在将来的某一天和丽兹酒店为邻。她把卧室当作工作室，另一个房间用屏风隔开，当作试衣间。那些贵妇们疯狂地爬上四层楼，感觉就像是发现了一个新的天才。不得不说，艾尔莎很厉害。她很擅长以创造性的手法运用创新材料，比如在制作一件雨衣的时候，使用了一种羊毛和真丝混纺的涂层材料，漆皮被用来取代制作女飞行员夹克的生亚麻布。滑雪衣上有拉链，取代传统的纽扣、孔眼和钩爪。这些拉链在胸口、袖子和口袋上，非常醒目，也成为一种功能性的装饰。

斯基亚普还为高尔夫运动和网球运动设计了粗呢短裙裤。西班牙网球冠军莉莉·德阿尔瓦雷斯[1]在温布尔登网球赛上穿着这个意大利女人设计的短裙裤，搭配可拆分的紧身衣，在英国媒体上掀起了轩然大波。这位新晋时装设计师喜欢各种大胆尝试。她和总是穿着

---

[1] Lili de Alvarez，1905年5月9日～1998年7月8日。西班牙网球冠军、作家、女权主义者、记者。——译者注

随意的美国飞行员阿梅莉亚·埃尔哈特[1]成为朋友。艾尔莎为她设计了一套飞行服，并且强制她穿上。为了推广这款衣服，她乘坐邮轮穿越大西洋，在那里，她请人拍摄她在舷梯上，然后登上一架小型运动飞机的照片，虽然晕头晕脑，但还是保持微笑。她和香奈儿都是开创这种“人格化广告”的先锋。在之后的几年里，这种手段成为她所有新品发布的标配，甚至比香奈儿用得更加炉火纯青。

后来，在美国，她不停地说着巴黎对艺术家来说有多么重要，它如何以独特的方式去挖掘、热爱、款待艺术家。事实上，在这个20世纪20年代的巴黎，好口碑都以光速传播。那些来自世界各地见多识广的富有客人就是他们的广告代言人。

****

艾尔莎是直率而热情的，当然也任性，有她那样传奇的生活经历，怎么会不任性？斯基亚帕雷利对现代主义的喜爱体现在了她自己的衣橱里，一成不变的黑色白色。1930年，她设计了第一款晚装裙（一件简单的白色双绉绸紧身连衣裙，束腰上衣的长下摆在背后交叉，显得非常节制），这一成功的加持下，她很快把自己的阁楼房换成了和平街4号低两层楼的沙龙和工作坊。她把这个地方布置得像一条船，上面有很多缆绳，缆绳上挂着的围巾、腰带、针织面料营造出生动的无序感。1932年，她的空间进一步扩大，把建筑的二楼也拿下了。四百名员工分布在八个工坊，一年制作七百到八百件服装。这一时期，让·米歇尔·弗兰克为她在圣日耳曼大道上的新公寓做了室内设计。

1928 ~ 1930年，她名字的首字母，大写的S和被黑白色包围的

---

[1] Amelia Earhart，1897年7月24日 ~ 1937年7月2日失踪，1939年1月5日被宣布死亡。著名美国女性飞行员和女权运动者，第一位获得十字飞行荣誉勋章的女飞行员，第一位独自飞越大西洋的女飞行员。1937年，当她尝试全球首次环球飞行时，在飞越太平洋期间神秘失踪。——译者注

她的代表色淡紫红色，成为巴黎的标志，尽管荧光粉也是斯基亚普的代表。斯基亚帕雷利的作品中喜欢用到对比：黑与白，亚光和亮光的表面，薄面料和厚面料，各种意想不到的色彩组合。对她而言，优雅，意味着整体搭配得宜。她觉得，现代女性需要简单、方便、多用途的服装。她想要的是清晰、严谨的轮廓，用棱角代替女性化曲线。她本人的身高只有一米五多一点，她在进行创作的时候总是会考虑到自己的形象。宽肩会使腰臀显得纤细。最初，她在1931年8月的“木头士兵”廓型上，用加厚垫肩来达到这个效果。后来，她将皮草圆片固定在袖子的根部，再后来她巧妙地构建了肩托，这种肩托在1933年5月的服装系列中演变成了暹罗舞者风格的“天使的翅膀”。

1933年8月，这些充满幻想的肩消失了，取而代之的是让人觉得优雅的圆肩，同时保留了强有力的外观，紧接着下一季变成了方肩。整体轮廓还是苗条的，腰线稍稍提高，裙子加长，这样就可以让线条看起来更修长。对于斯基亚普来说，服装应该与身形有着紧密的联系。她的设计都很简单，很多褶皱的短上衣搭配拖地裙，在背部或侧面扣扣的裹身裙，这些都让她的服装非常易于穿着。

艾尔莎所主张的轮廓线条使得她必须寻找更加精美的面料质地。在她手中，合成面料变得优雅，她还带动了人造丝的流行。也是她首先使用厚天鹅绒、透明天鹅绒、玻璃纸薄片等材料，同时也使用苏格兰土制羊毛、卡莱尔的林顿彩色粗花呢。她推出了“尼斯湖”软帽、带绒球的苏格兰贝雷帽。英国人一下子就爱上了她的原创设计，在她的英国“侍从骑士”[1]皮特勋爵的建议下，她于1933年11月在伦敦的格罗夫纳上街6号开了一家精品店。玛丽娜·德

[1] 骑士原是中世纪时欧洲封建贵族中等级最低、人数最多的一个阶层。他们通过服骑兵兵役获得国王或大领主的采邑。18世纪意大利有些贵族青年效仿中世纪骑士的做法，甘愿为一些名门贵妇服役，人们嘲讽地称这些贵族青年为“侍从骑士”。由此，此语成了为贵妇人效劳并向她们献殷勤的青年男子的同义语。——译者注

肯特亲王夫人、未来的温莎公爵夫人华里丝·辛普森都是她最早的客户。

斯基亚普积极改革时装领域的规则，首次设立了精品柜台。在之后的多年里，所有设计师都采纳这个办法。她以自己的方式主宰了“成衣”的诞生。在她的精品店里有晚装毛线衫、罩衫、配饰。从20世纪30年代中期开始，每一个系列都有一个明确的设计主题。第一个系列叫作“停下，观察和倾听”，有晚间穿的粗毛呢和防雨大衣、刺绣纱丽、玻璃纤维裙，还有用路易金[1]做的纽扣，意在嘲讽货币贬值。各大日报都为此着迷：“斯基亚帕雷利的服装系列足以让人感到词穷”或者“斯基亚帕雷利眼中的巴黎时尚显示了共和国的高贵”。她的时装发布是真正的主题表演：“星相学系列”“乐器”“异教疯狂”等 。针对那些因为经济危机而不再拥有仆从的美国女人，这位设计师推出了巴洛克风的厨房围裙，可以与玛丽·安托瓦内特王后在她的特里亚农宫里的打扮相媲美。有些服装款式左右各不相同：不对称成为她的一个设计特色……经常被模仿。

她的灵感无处不在：一个年轻的女孩子别出心裁地把围巾系在腰间，斯基亚普推出了系在胯间的褶皱围巾。在哥本哈根的鱼市场上，看到渔妇们将报纸折成帽子抵挡阳光直射，充满创造力的艾尔莎找到一家里昂丝绸厂，请他们将知名日报的名字印在面料上。正是在这些奇特的细节中，她的疯狂想法得以找到更加有力的表达途径。

在她的泳衣上，布满了跳动的鱼的图案。在她的面料上，她让人画了大龙虾。真丝绢纱上有以假乱真的苍蝇图案。她的帽子展现了她温柔的疯狂。一顶帽子上面盘旋的部分表现了人脑，小丑尖顶帽、肋骨帽、高跟鞋帽、望远镜帽……还有嘉宝在电影《妮诺奇嘉》中戴的帽子！对她而言，时尚可以展现艺术自由、想象的力量和讽

---

[1] 法国金币名。铸于 1641 ~ 1795 年。币上铸有路易十三和路易十四等国王头像。——译者注

刺。这是非常出色的戏剧化时装。她勇气十足。她做塑料连衣裙的时间远早于帕高·拉巴纳，她使用红色和粉色假发的时间也远早于让·保罗·戈尔捷。蝉形线条，口袋像抽屉一样的西服套装，嘴唇、动物、羽毛、信件秤、锁、麦芽糖、玻璃眼等各种奇形怪状的纽扣。最早的有机玻璃手镯和耳环出自她的手。对于那些造型奇特的首饰，她赋予了一个美丽的名字“旅行首饰”，她解释说，如果要在邮轮上度过3个月——当时巴黎到纽约的行程——带上自己的家传首饰是件可笑的事。什么是Schiap女郎？傲慢、华丽、自由，个性强烈，允许自己做出各种荒诞行为。

****

此后，这个罗马女人经常出没在时尚场合，她出现在圣莫里茨，戴着前卫发型师安托瓦纳设计的白色、银色或者红色假发。1935年，她离开和平路4号的公寓，搬入房间众多的旺多姆广场21号。丽兹酒店、尚美（Chaumet）珠宝、宝狮龙（Boucheron）珠宝都是她的邻居。让·米歇尔·弗兰克负责沙龙和展示空间的设计。这位时装设计师在自传中写道：“时尚诞生于一些小事、流行趋势甚至政治事件，而不是在制作褶皱、荷叶边、小饰物，生产易于复制的服装，设计长一点或者短一点的连衣裙中产生的。”这一点在1935年得到了最强有力的证实。

斯特雷萨国际会议[1]的失败、意大利埃塞俄比亚战争[2]的威胁，

❶ 英国、法国、意大利三国就德国破坏《凡尔赛和约》问题而于1935年4月11～14日召开的国际会议。这次国际会议，由于没有通过有关对德国实施制裁的条款，所以它通过的决议并无约束力。——译者注

❷ 指埃塞俄比亚抗击意大利侵略的局部反法西斯斗争。1935年10月，意大利军队不宣而战，悍然入侵非洲东北部的埃塞俄比亚，1936年5月，意大利军队攻陷埃塞俄比亚首都亚的斯亚贝巴。1941年，在盟军的帮助下，埃塞俄比亚获得解放。——译者注

由墨索里尼[1]借给小皇宫展出的意大利名作展，这些事件都体现在了时装上。艾尔莎对此更加敏感，因为她为贝尼托·墨索里尼的情妇做衣服，也因为意大利女性在20世纪30年代经历的苦难既是她怜悯的对象，也是衡量她成功的基准，同时也证明了她当初的选择是如何明智。

巴利拉组织[2]一遍遍重复的口号“相信、服从、战斗”对她而言是以创意反攻的好机会。她1935年2月展示的印度式褶裥围巾很像弗拉·安吉利科画中的薄纱和威尼斯斗篷。8月，她推出的连衣裙兼有保皇主义和共和主义的特点。这个系列里有红公鸡大衣、工坊帽。面对君主体制回归的可能性，她推出了类似拿破仑帝国卫军戴的直筒无边高帽、金法郎纽扣、华丽的绸缎、天鹅绒、织锦缎做的国王蓝和帝国紫的晚礼服。最好的手工艺人都让自己的创造力服从于她的想象力：勒萨热刺绣工坊、佩鲁贾制靴工坊、首饰商让·克雷芒，还有为了帮她雕刻假首饰和搞笑纽扣而把钻石抛在脑后的珠宝商让·施伦贝格。

1935年11月，她受邀参加第一届莫斯科商业博览会。早在伊夫·圣洛朗之前，她就在共产主义的土地上展出过了。斯基亚普这个精致世界的完美代表和奢侈品贸易的形象代言人，被邀请为苏维埃的普通市民设计一套衣服。出乎所有人的意料，她选择了一件黑色连衣裙，非常素净，这件羊毛裙的娃娃领是可拆卸的，配上皮腰带，去办公室上班或者去剧院的时候都可以穿着。与之配套的是一件黑色里子的宽松红大衣，配上简单的大纽扣。针织帽上有一条拉链和一个口袋。大都会酒店、列宁、木乃伊、鱼子酱、伏特加……资本家艾尔莎甚至得到极高的优待，参观了克里姆林宫及其无尽的

---

[1] 贝尼托·阿米尔卡雷·安德烈亚·墨索里尼（Benito Amilcare Andrea Mussolini），1883年7月29日～1945年4月28日。意大利国家法西斯党党魁、法西斯独裁者，第二次世界大战的元凶之一，法西斯主义的创始人。——译者注

[2] 意大利的一个法西斯主义青年组织，成立于1926年，1937年被并入意大利青年刀斧手。该组织以巴利拉命名，这是1746年发起反抗哈布斯堡君主国起义的男孩乔瓦尼·巴蒂斯塔·佩拉萨（Giovan Battista Perasso）的昵称。——译者注

宝藏、皇冠、祭司服装、马具、餐具和沙皇的服装。

她的苏联之行带来了两个意想不到的结果。一个是在《名利场》（*Vanity Fair*）杂志上刊登的一幅由科瓦鲁比亚斯[1]创作的以她为主角的漫画。画面中，穿着红色背带裤吊在降落伞下的她正和同样背着降落伞的斯大林讲话，对话很像《妮诺奇嘉》中有趣的对白，表达了渴望时尚是女人的天性。另一个结果是降落伞廓型的兴起，上身窄小，裙子像降落伞一样大片膨起。穿着这种裙子的女子在走动的时候就像是在水上漂浮的花朵。然而这个想法并非是全新的，在她最初的几个系列中已经有以降落伞为主题的设计了，有斗篷、荷叶边领子和袖子。1936年春夏系列以19世纪初期和中期那些被征服的和消失的帝国为灵感，借鉴了很多元素：特别高的腰线、维多利亚风格的花束、拖地折边、圆顶礼帽。同年，斯基亚普不得不开展游说活动。因为美法两国就进口外国生产的拉链达成了协议（因为这是一个独家专利），她发往美国的冬季服装的运输被搁置了。艾尔莎从奥赛码头跑到了财政部，内阁最终同意忽略拉链。

****

说到关系，艾尔莎在哪儿都不缺！在英国她为门德尔夫人[2]和因为热情而被称为“火炉”的弗内斯夫人[3]制作服装。在美国，葛丽

---

❶ 米格尔·科瓦鲁比亚斯(Miguel Covarrubias)，1904年11月22日 ~ 1957年2月4日。墨西哥著名漫画家，他的艺术风格在20世纪20年代和30年代的美国极具影响力，是《纽约客》与《名利场》杂志的首席漫画家之一。——译者注

❷ 埃尔西·德沃尔夫（Elsie de Wolfe），1865年12月20日 ~ 1950年7月12日。也称为门德尔夫人（Lady Mendl），是美国女演员、室内装潢师、作家。——译者注

❸ 西尔玛·弗内斯（Thelma Furness），1904年8月23日 ~ 1970年1月29日。是爱德华八世还是威尔士亲王时期的情妇，与瓦利斯·辛普森是好友。——译者注

泰·嘉宝、琼·克劳馥[1]、克劳黛·考尔白[2]、安娜贝拉[3]等这些荧幕女王彼此认出身上的Schiap，因为她们的袖子、裙子、衣领显示出了不对称，一点点巴洛克的意味。不同的流派很容易区分：那些腼腆的、害怕出错的人选择Chanel；那些大胆的、惑人的人穿Schiap。伟大的凯瑟琳·赫本经常说：能够穿上由这个意大利人制作的服装，是她职业生涯的好运气。她被评价为骨骼粗大，笨手笨脚，而这位设计师的高贵优雅去掉了她身上的缺点。小丑帽很适合她！还有睡衣装、收腰长大衣、短裙裤和垫肩西装。

她为印度卡拉姆·德卡普萨拉公主[4]设计的服装借鉴了她的纱丽，充满了异国情调。在巴黎，玛丽·洛尔·德诺阿耶子爵夫人爱她所有的系列。她总能聪明地找到“活广告”。她把衣服借给那些有显赫关系的朋友。她们穿着她的衣服出现在一些国际大酒店，并且高声地说出她们的服装设计师的名字，而不说明是个女设计师，因为对于一些大人物来说，“女裁缝”都是上不了台面的。斯基亚帕雷利的设计获得了极大的成功，1935年7月的一场上流社会社交晚会上，几位客人都穿了她设计的宽大的威尼斯披风。以前，如果两个女子撞衫了，那势必会引起一场打斗，然后她们再也不穿这个牌子了。可这次，至少四位年轻的宾客穿了同一身Schiaparelli的衣服，

---

[1] Joan Crawford，1904 年 3 月 23 日 ~ 1977 年 5 月 10 日。美国女演员及百事可乐公司董事会主席之一，第 18 届的奥斯卡影后。1999 年，美国电影学会评选她为百年来最伟大的女演员第 10 名。——译者注

[2] Claudette Colbert，1903 年 9 月 13 日 ~ 1996 年 7 月 30 日。出生于法国的美国电影及舞台剧演员，好莱坞 20 世纪 30 ~ 40 年代的知名影星。曾获得第 7 届奥斯卡最佳女主角奖。——译者注

[3] Annabella，本名苏珊·乔杰特·夏庞蒂耶（Suzanne Georgette Charpentier），1907 年 7 月 14 日 ~ 1996 年 9 月 18 日。法国电影女演员，在 1927 ~ 1952 年出演了 46 部电影，其中包括 20 世纪 30 年代末至 20 世纪 40 年代的一些好莱坞电影。——译者注

[4] Karam de Kapurthala，1925 年 9 月 30 日 ~ 2002 年。被认为是印度有史以来最迷人的皇室成员之一。在 19 岁的时候，《VOGUE》杂志称她为“世俗女神”，她是世界上五位着装最好的女性之一。——译者注

她们自娱自乐地比较谁才是她们中最漂亮的一个。

女演员塞西尔·索莱尔为了出席优雅汽车竞赛，向她订了一件红色长斗篷。斯基亚普为她做了一件拖地斗篷，但是她还是觉得不够长。当斗篷终于达到她的要求的时候，这位女演员每次都要以非常夸张戏剧化的方式进入一个展厅，试他们的主打车型。俄罗斯、波兰、意大利的公主们有时也赶来找她，比如娜塔莉娅·帕雷、索尼娅·玛格洛夫、宝莱特·波尼亚托夫斯基、科拉·盖塔尼等。在旺多姆广场上，总是有出乎意料的事发生，永远无法预测气氛是热烈还是低迷，也无法预知在二楼的沙龙里会见到谁。

布景设计师贝蒂娜·琼斯（政治家加斯东·贝热里[1]的妻子）设计的橱窗永远都能吸引注意。一个木头自行车手骑在一辆真的自行车上，手上拿着每天早上更换的当天的日报。这个被叫作帕斯卡的木头人有着纯粹的希腊美感。随着法国人民阵线的诞生，双座自行车开始流行起来，橱窗里的自行车也变成双座的，帕斯卡利娜穿着和帕斯卡一样的服装，掀起了不分男女的运动装时尚。在香水部成立的时候，让·米歇尔·弗兰克设计了一个巨大的笼子，里面放着一个巨型的喷雾香水瓶。客人蜂拥而至，按下梨形喷嘴，接受喷出的香水。玛丽·露易丝·布斯凯的行为引起了公愤，她把自己的裙子掀起，在整个衬裙上洒满了香水。1934年，意大利人发行了3款香水："忧虑（Soucis）""你好（Salut）""斯基亚普（Schiap）"。大家说，"忧虑"是微妙而低调的，非常适合打桥牌或者喝鸡尾酒的气氛。"斯基亚普"可以在运动的时候喷。"你好"像白百合一样迷人，是一款持久度非常高的晚间香水。但是真正名扬世界的香水是1937年发布的"惊奇（Shocking）"。

艾尔莎与那些嗅觉异常灵敏，能为香水的调配给出专业意见的格拉斯杰出的"鼻子"们进行漫长的密谈和罗马式的争辩，最终确定了基础香精和配比。接下来和玻璃大师们的合作也是纷纷扰扰。

---

[1] Gaston Bergery，1892年11月22日～1974年10月10日，法国左翼政治家、外交官，第二次世界大战中与德国占领军合作。——译者注

最后，起名也不是件易事，因为每款香水的名字都必须以S开始，既代表她签名的首字母也代表成功（Succès）。颜色对她来说是显而易见的，要找一种引人注目、反常规、肆无忌惮的颜色，来自中国或者秘鲁，不能是西方的。“惊奇”的名字就决定了这一切。展出方式是“惊奇”的，配饰和便服也应如此。甚至达利都参与了，他把一只巨大的熊的标本刷上艳粉色，并在它的肚子上装了几个抽屉。巨大的成功来得非常迅猛。这款香水里倒挂金钟的基调成为一个经典。之后，达利亲自为下一款香水“太阳王（Roi-Soleil）”设计了巴卡拉[1]水晶香水瓶。

大胆放肆，还是大胆放肆！1937年世博会的时候，高级定制服装公会定下了所有的规矩，强制大家使用非常可怕的石膏模特。斯基亚普妥协了，让这些模特躺在草坪上，用鲜花装饰，至于她的衣服……她把它们悬挂在一根晾衣绳上。她还推出了沙漏廓型，通常要用到义乳来达到效果。有些还可以用气管充气。完全的达利风格！

****

20世纪30年代末，斯基亚帕雷利与艺术家萨尔瓦多·达利和让·科克托合作的几个著名设计改变了时尚的面貌。服装不再仅仅是一件衣服。斯基亚帕雷利的抽屉口袋西装是对达利一幅著名绘画的再现，一件晚宴外套上刺绣的女人脸让人想到科克托用不连贯线条表现形状的天赋。这些衣服马上成为艺术品，而斯基亚普被认为是杰出的时装艺术家，将艺术和时尚结合起来，并且加以某种程度的颠覆。带来冲击而让人陶醉，令人惊讶而使人赞叹。用一些寻常的、不起眼的小东西，她能做出一件有独特美感、充满矛盾的衣服。

---

[1] Baccarat，法国历史悠久的高级水晶器皿和艺术品制造商。其名贵的用料，灵动多变、紧贴时尚潮流的设计和精致超卓的制作工艺，已经成为显赫、尊贵的代名词。——译者注

想象力掌握着大权，出乎意料每天都在上演。她的原创首饰，她的常春藤珐琅项链，以及最早的有机玻璃手镯和耳环都以破纪录的速度卖出。她的服装和首饰通常都能如愿地引起议论纷纷。手套作为配饰，在她这里扮演了重要的角色。手是超现实主义艺术家偏爱的主题之一。比如她会在手套的手指上绣上戒指，会在上面装饰蝴蝶，用红色指甲或者金色爪子突出手套。

我们都记得达利的龙虾电话，杰出的超现实主义作品。斯基亚帕雷利把它变成一个图案，用在全棉的沙滩装和真丝欧根纱的晚礼服上。1937 ~ 1938秋冬系列中，她和达利一起设计了一款高跟鞋形状的帽子，有两个不同的版本，一款是艳粉色天鹅绒的，另一款是黑色的。加拉[1]是第一个戴它的人。加泰罗尼亚人还设计了一个电话形状的包，黑色天鹅绒上用金色绣上了圆形的拨号盘。1938年，达利请斯基亚帕雷利为一出新的芭蕾舞剧《疯狂的特里斯坦》设计服装。她做了这个项目，但是最后却是香奈儿的作品被采纳了。

这场没有实现的合作给了艾尔莎灵感，她设计了一条用亮片面料做的裙子，很像达利作品中的人物。至于与科克托的合作，这个罗马人用了这位诗人的一幅画，画面上两张侧脸组成了一张正脸。接着就有了一系列晚礼服，上面用点绣的手法表现富有诗意的符号。但是最有名的一款毫无疑问是那套灰色麻质晚宴装。外套的前面是一个女子头像的轮廓，金色的波浪卷发延伸到右边的袖子，腰间一只手拿着一块手绢。斯基亚普和科克托一起为舞台剧《神圣的怪物》中的女演员简妮·霍尔特[2]和由罗伯特·布列松[3]执导、科克托写台词的电影《布洛涅森林的贵妇》里的玛丽亚·卡萨雷斯设计

❶ 加拉·达利（Gala Dalí），1894年9月7日 ~ 1982年6月10日。生于俄罗斯帝国时期的喀山，是多位艺术家的缪斯女神，同时也是萨尔瓦多·达利的妻子。——译者注

❷ Jany Holt，1909年5月13日 ~ 2005年10月26日。罗马尼亚裔法国演员，代表作品有《小鬼上路吧》《阳台》等。——译者注

❸ Robert Bresson，1901年9月25日 ~ 1999年12月18日。法国电影导演、编剧、剪辑。——译者注

服装。

一天，她接待供应商的时候，来了一位蓝眼睛的优雅男子，他是玛丽·洛尔·德诺瓦耶介绍来的，他还提到了他们共同的朋友科克托，事实上科克托还给了一张引荐贴，上面将他介绍为“阿尔贡，超现实主义王国的副王”。他修长漂亮的双手打开一个小箱子，箱底的天鹅绒上陈列着带编号的项链。这些项链的制作者是另一个艾尔莎[1]，俄罗斯人，保留了她前夫的法国姓氏：特里奥莱。斯基亚普记得已经拒绝过这个身材娇小、目光坚定的金发女郎的设计了，但是她最终还是选了和她最搭的一款：阿司匹林药片形状的项链。

斯基亚帕雷利很幸运，在她从事时尚创作的时代，有那么多的艺术家——比如曼·雷[2]、达利、科克托、马塞尔·韦尔特[3]、格吕奥[4]、基斯·梵·邓肯[5]、克里斯蒂安·贝拉尔、安德烈·波拉佩尔[6]、帕维尔·切利乔夫[7]等——都和时尚杂志有常态合作，并且在上面

---

[1] 艾尔莎·特里奥莱（Elsa Triolet），1896 年 9 月 12 日 ~ 1970 年 6 月 16 日。俄罗斯裔法国作家，第一位获得龚古尔文学奖的女作家。1928 年认识法国作家路易·阿拉贡，后同居 42 年。——译者注

[2] Man Ray，1890 年 8 月 27 日 ~ 1976 年 11 月 18 日。美国现代主义艺术家，在法国巴黎度过了自己大部分职业生涯。他为达达主义运动和超现实主义运动做出了巨大的贡献，虽然他并没有正式地参与这两次运动。——译者注

[3] Marcel Vertès，1895 年 8 月 10 日 ~ 1961 年 10 月 31 日。匈牙利裔法国服装设计师和插画家。在 1952 年的电影《红磨坊》让他获得了“最佳艺术总监”和“最佳服装设计”两项奥斯卡奖。——译者注

[4] 雷内·格吕奥（René Gruau），1909 年 1 月 4 日 ~ 2004 年 3 月 31 日。意大利时装插画家。20 世纪最具影响力之一的插画大师。——译者注

[5] Kees Van Dongen，1877 年 1 月 26 日 ~ 1968 年 5 月 28 日。荷兰的野兽派画家。——译者注

[6] André Beaurepaire，1924 年 8 月 4 日 ~ 2012 年 8 月 21 日。法国画家、舞台布景师。——译者注

[7] Pavel Tchelitchev，1898 年 10 月 3 日 ~ 1957 年 7 月 31 日。出生于俄罗斯的超现实主义画家、布景设计师和服装设计师。——译者注

发表斯基亚帕雷利的作品插画。特里斯唐·查拉[1]和阿内丝·尼恩[2]都对这位女裁缝大加褒扬。她有一张非常著名的照片。画面上是一个逆光而立的女子，穿着晚礼服，披着狐皮披肩，在旺多姆广场和劳斯莱斯引擎盖的衬托下，超凡脱俗。这几年政治动荡，得到各种特许使用费的艾尔莎显然不会是一个左派。但是她很希望不受人民阵线的干扰。她热爱名望和名人，喜欢款待和被款待，也喜欢跳舞。她不会错过任何一场假面舞会。1935年，她打扮成中世纪佛罗伦萨年轻侍从（这装扮显出了她的腿型）引起了轰动。她还装扮成一千零一夜里的人物，或者1920年的交际花。一天晚上，她去看剧的时候穿了一双浅口皮鞋，其中一只是黑色缎面的，另一只是豹纹的。一次去美国的时候，她戴了一个靠垫形状的帽子，就像一只膨胀的贝雷帽，这让媒体津津乐道。她穿了一身蓝色羊毛西装套装，上衣的纽扣特别大，就像是装饰着红色小精灵的镇纸。衬衫是她最爱的强烈的红色调，上面饰有圣诞装饰。

对于超现实主义者来说，蝴蝶本身就是巨变的象征，在丑陋中诞生美丽。艾尔莎把这个想法运用到了1937年的夏季服装系列中，在多条晚装裙上都用了蝴蝶的图案，搭配重磅针织网眼大衣穿着。昆虫被捕获了，自由的女性是囚徒。其实，这个罗马女人在很多季作品中都在玩转网和笼子的形象：面纱和针织帽檐；笼子形状的包。她把这一服装概念当作蜕化的对象。她家的连衣裙很容易可以变成一个斗篷。幻想和天真让她可以自由发挥，并且完全漠视别人怎么说，也不讲究实际。她追求的是绝对自由的表达，并且希望她的恶意挑衅能够获得成功。奇怪的是，媒体上没有一个人指责她的大胆放肆，也没有一个人问："这能让谁穿？"

---

[1] Tristan Tzara，1896年4月16日~1963年12月25日。罗马尼亚裔法国前卫诗人、散文作家、行为艺术家、记者、剧作家、作曲人、电影导演。——译者注

[2] Anaïs Nin，1903年2月21日~1977年1月14日。出生于法国的知名美国作家。——译者注

****

但是谁了解这个怪诞的挑衅者的真实个性呢？斯基亚普是永远让人无法预料的，同时又有着让人无法生气的率真。她有一些意大利人特有的懒惰，也能以极大的热情投入工作。在她的公司里，有欢笑也有泪水，看着一项任务从令人绝望到充满喜悦，让她觉得很有趣。她是慷慨的，也是吝啬的，因为有些情况下，她宁愿送出自己一半的资产也不愿意送出自己手提包里的手绢。她热爱众生也藐视众生，这很符合人性。那些她不喜欢的人，她就揭穿他们，就好像他们是透明的一样。她懂得如何接受生命中的痛苦和悲伤，但是却不知道如何将就着幸福。因为她非常相信友谊，所以对朋友的要求也特别高，一旦让她失望了，通常就会引起她强烈的敌意。阿谀奉承和肤浅的对话都让她觉得很无聊。她可以是迷人可爱的，也可以成为最让人讨厌的那一个。这些她都知道，但是不想改变。

大家普遍认为她是一个好的生意人，但是从1937年开始，她的管理变得冒失。她是个有些冷酷的女子，因为对自己的外形缺乏自信，她不得不严阵以待。她一直都避免照相。她不喜欢自己偏长的脸型，生硬的线条，硬直的黑发，下垂的脸颊和脸上的痣。必须有完全的信心以及像霍斯特、曼·雷或者塞西尔·比顿[1]这样的天才摄影师掌镜，她才会答应杂志的拍摄要求，并且配合长时间摆姿势。尽管她不是特别漂亮，但是她始终都保持着某种优雅。而且她有一双美腿和秀足，都是她引以为傲的。她很有态度和个性。她身材苗条，脸色暗淡，额头光洁。她的头发通常是中分往后梳；有时候为了呼应她的羽毛斗篷，也会把它们往前梳。那个年代的很多美女都会模仿这个造型，但是没有一个人能得到其中的精髓：黑色眼线勾

---

[1] Cecil Beaton，1904 年 1 月 14 日 ~ 1980 年 1 月 18 日。英国时尚、肖像和战争摄影师，画家、室内设计师，曾获得过奥斯卡奖的电影及舞台服装设计师。——译者注

勒出的深邃眼神，让人不由自主的肃然起敬，王者的眼神，“斯基亚普”眼神！她在人际交往中有点不自信，所以就用冷漠的外表武装自己。她的朋友们都很欣赏她的勇气、努力和戏剧感。

关于她的爱情故事，除了她对皮特勋爵的一见钟情，其他我们知之甚少。她常常强调这种孤独是她自己的选择。在她的回忆录中有一个特别简短的章节，影射了她生命中一段非常重要的关系：“早餐的时候，我收到一封来自大洋彼岸的电报。‘我只是想告诉西联电报我爱你。我爱你。你愿意嫁给我吗？’我没有理会。”和拒绝了一位公爵求婚的香奈儿一样，艾尔莎也选择了独立。

她达到了人生的顶峰，买下了贝里路22号的一栋府邸。房子非常豪华，里面各种珍贵的古董、古籍、纪念品占满了所有空间。她在巴黎边走边买，什么都买，无论在古董店，还是在旧货铺。据她说，为了抵制步行时路边店对她的诱惑，她不得不买了一辆汽车。房子里当然喷了“惊奇”香水，她很喜欢房子里大量的浴室，既可以当作会客厅，也可以当作闺房。她很喜欢懒洋洋地躺在浴缸里。一幅毕加索的作品在她卧室中间，但是她最爱的家具是她自己设计的钢琴形状的沙发床。除了她，谁都不能坐上去。22号的女主人有时候会做意大利菜，但是从来不在餐厅享用她的作品：在哪里都能吃，可以在书房吃，或者最好是在挂满美丽年代海报的酒吧间里，在一个老式吧台上吃。多优雅！

她的天赋在电影界也很受追捧。阿尔莱蒂在生活中和荧幕上都穿她的衣服。埃莱娜·佩德里埃、加比·西尔维亚、米歇尔·阿尔法、莎莎·嘉宝或者歌剧演员格蕾丝·摩尔都穿着她的服装拍照。玛琳·黛德丽在她的1936 ~ 1937年冬季系列中买了六套服装。诺玛·希拉、西蒙娜·西蒙、米歇尔·摩根、梅·韦斯特都是她的忠粉。但是品牌最好的广告是新晋温莎公爵夫人。在和英国前国王结婚前，华里丝·辛普森在斯基亚帕雷利1937年夏季系列中选了十八款服装，大部分都是低胸、长袖，裁剪简洁的款式。其中有一套黑色的长礼服，在外套上有白色的洛可可风格皮革贴花，塞西尔·比顿在康德城堡拍下了她身穿这套衣服的照片。这张照片让全世界的人都看到了，也让这套衣服成为永恒的经典。这也是艾尔莎·斯基亚帕雷利的创作中被抄袭最多的一款之一。这位棕发的美国人意识到这个罗马女人能为她带来她所缺乏的优雅和高贵。

****

1938年2月推出的夏季系列“马戏团”和之后五季的服装系列，是这个意大利女人创造力爆棚的巅峰之作。服装发布会在旺多姆广场举办了四次，如她所愿，非常戏剧化。不同于简单的走秀，而是一场真正的演出。在高朋满座的展厅里，王室成员、电影明星、工业巨头、古怪的有钱人、上流社会贵妇都拥挤在那些最尊贵的客人周围。模特们要挤出一条道路才能穿过展厅，同时留下“惊奇”香水的芬芳。艾尔莎总是很好奇大家对她的创作的接受程度，每次都会在楼梯边观察观众的反应。

1938年2月4日发布的“马戏团”系列是创造力最丰富、最杰出的设计之一。贝利❶、克罗克❷和弗拉特利尼家族❸在楼梯上放松地跳疯狂的萨拉班德舞。气球取代了手袋，护腿套取代了手套，冰淇淋圆筒取代了帽子。小丑、大象、训练有素的狗、聪明的猴子都成了印花的元素。技艺精湛的马儿做成了纽扣。一件晚装开襟短背心上，奢华的刺绣表现了表演节目的大象，以及在小镜子拼接成的钢丝绳

---

❶ 詹姆斯·安东尼·贝利（James Anthony Bailey），1847年7月4日～1906年4月11日。美国马戏团的表演指导和经纪人。——译者注

❷ Grock，本名查尔斯·阿德里安·韦塔奇（Charles Adrien Wettach），1880年1月10日～1959年7月14日。瑞士的小丑，作曲家和音乐家。被称为“小丑之王”和“欧洲最伟大的小丑”的克罗克曾经是世界上收入最高的艺人。——译者注

❸ Fratellini家族，20世纪初到20世纪20年代欧洲著名的马戏世家，以保尔、弗朗索瓦和阿尔贝特三兄弟扮演的丑角而闻名。继三兄弟之后，保尔之子维克多及维克多之女阿尼在法国成功继承了家族在丑角方面的表演传统，延续了这个丑角家族的艺术生命力。——译者注

上旋转的杂技演员。

下一个系列有七十款服装，灵感来自波提切利[1]。窄身的晚礼服上装饰着刺绣或者拼贴的叶子或者野花图案。外套和大衣上的纽扣是塑料的猫头鹰和毛毛虫。这个系列中最有创造力的一件作品是一条透明的塑料项链，里面镶嵌着金色或者色彩鲜艳的昆虫。

再下一季，幸运星是主角。材料和颜色都围绕着太阳，再以此引申到路易十四和路易十五。所以，一件天鹅绒斗篷的前面装饰着代表凡尔赛花园里的海王星喷泉的图案。其他的刺绣（由勒萨热工坊制作）更加明确地用星象符号、恒星和行星图案表现了太阳系。

艾尔莎·斯基亚帕雷利的创造力在1938年10月的春季发布会上再次爆发，这次的主题是意大利即兴喜剧[2]。在黑色的大衣上，小丑服的杂色拼贴取代了刺绣。到处都是意大利喜剧的面具。和黑色晚宴连衣裙搭配的是颜色鲜艳的绸缎外套。主要的颜色是塔巴兰[3]的红色、梅兹坦[4]的粉色、波利什内尔[5]的绿色和上校的黄色。让人叹为观止的帽子和整体服装的戏剧化特征很和谐。

终于到了1939年夏季的高级定制系列，这个系列的撑架裙把上流社会的女子变成了第二帝国时期的美丽贵妇。上衣上层叠的绉泡、横跨裙子的弧形褶皱、以天堂为灵感的绉纱、小天使的印花图案。项链上是一串串的酸性色调的星星，或者金色的彗星，裙子上布满

---

❶ 桑德罗·波提切利（Sandro Botticelli），1445年3月1日～1510年5月17日。欧洲文艺复兴早期佛罗伦萨画派的最后一位画家，意大利肖像画的先驱者。代表作《春》《维纳斯的诞生》《圣母子像》等。——译者注

❷ 意大利语：Commedia dell'arte。又称假面喜剧，是16、17世纪从意大利发展起来的一种喜剧形式，由女演员伊莎贝拉·安德烈尼（Isabella Andreini）发明。建立在剧情框架基础上而即兴创作的剧本是其最大的特点。意大利即兴喜剧中的一个特色是插科打诨，另一特色是其中丑角会以哑剧的方式表演。——译者注

❸ Tabarin，意大利假面喜剧中的杂技艺人角色。——译者注

❹ Mezzetin，意大利假面喜剧中一个有着擅搞两面派的奸诈性格、经常惹是生非、参与犯罪和欺诈活动的音乐家角色。——译者注

❺ Polichinelle，意大利假面喜剧中的驼背丑角。——译者注

了珍珠做的圣彼得钥匙[1]。她的时尚很注重细节，她在瑞典展出了一副翠绿色的长手套，每个手指上都饰有一个小山羊皮的蜂巢，让人联想到意大利的角状护身符。是要远离邪眼[2]吗?

1939年4月28日展示的最后一个系列主题是音乐，音乐盒隐藏在帽子里，透明外套的纽扣是小小的铃鼓，西装的纽扣是钢琴键。这是最后一场口味纯正的演出了？战争迫在眉睫，提前宣告了娱乐活动的结束。

1939年9月3日，法英向德国宣战。在最初的恐慌过后，艾尔莎·斯基亚帕雷利请她的员工以较低的工资重新开始工作。生意变得很差，伦敦的沙龙已经关门大吉了。同时管理沙龙和分公司变得任务太繁重。然而，多家伦敦报纸都将这种情况出现的原因归咎于数量众多的赝品。在巴黎，公司员工从六百人降到了一百五十人。

她用三个月的时间打造了一个新系列，希望能引起反响。这个名为“一手交钱一手交货”的系列，衣服上到处都是巨大的口袋。不得不匆忙出发或者去执行任务的女子即便没有包也可以带上所有必需品。有一件晚礼服伪装成了一件午后礼服，当穿着者走出地铁去参加一场优雅的晚宴的时候，只要拉一下缎带，午后礼服就变长成为晚礼服；一件棕铜色的羊毛背带裤，可以折好了放在床边的椅子上，一旦遇到空袭要躲入地窖的时候，可以快速穿上；还有一件白色的衣服，号称可以阻挡有毒气体。莫里斯·谢瓦利埃[3]新歌的副歌被印在了一条丝巾上，另一款丝巾上印着巴黎人面临的各种紧缩政策。没有纽扣和安全别针，只能用狗链来合拢西装，固定连衣裙。

---

[1] 圣彼得(Saint Pierre)是梵蒂冈圣彼得大教堂首任教主，为耶稣十二门徒之首，是神的使者，掌管天国的钥匙。——译者注

[2] 也称“邪视”，是一些民间文化中存在的一种迷信力量：由他人的妒忌或厌恶而生，可带来噩运或者伤病。因为它的力量强大，所以在地中海和中东各地有着不同的祛除和保护方法。像最为著名的即是土耳其的邪眼护身符。——译者注

[3] Maurice Chevalier，1888 年 9 月 12 日 ~ 1972 年 1 月 1 日。法国演员、歌手。——译者注

随着德军的进攻，斯基亚帕雷利一度想把自己的时装屋撤到比亚里茨。她不想离开法国，但是她的朋友们提醒她，她毕竟是意大利人，很有可能会被打发回墨索里尼那里。她决定离开，取道西班牙和葡萄牙。在经过几个礼拜的等待之后，她终于登上了一艘驶往纽约的游艇。她在美国待了四年，远离高级定制的世界。虽然有很多邀约，但是她拒绝了所有的工作机会。带着她旺盛的精力和从不出错的想象力，她投入了集体工作。在战争年代，当设计师之间有诉讼的时候，她担任仲裁人；每周在纽约医院里工作两天，在红十字会的血库工作一天。她在法国海军食堂里做服务员，在法国救济协调委员会的支持下组织音乐会和展览。她还被派往纽约贝尔维尤医院担任护士助理，见证了苦难和死亡，进出冷冻已经无法掩盖尸臭的太平间。一个经常与社会名流和亿万富翁交往的国际时尚女王穿上了白色尼龙罩衫，因为她不愿再满足于肤浅的荣耀和触手可及的快乐生活。

与此同时，在旺多姆广场上，精品店经理贝蒂塔·琼斯放缓了生意的速度。战争年代的时尚有着肆意的想象力，有超大的头巾帽，还有由短裙和特别方的肩组成的夸张服饰。

1944年6月6日，失眠的艾尔莎打开了广播。凌晨2点，法国时间上午8点。她听着关于诺曼底登陆的报道。六个月后，在拜见罗斯福总统后，她从瑟堡登陆了。斯基亚帕雷利回到巴黎的时候，时尚已经恢复了理智。她在贝里街上的时装屋虽然曾被德国公务部门征用和占领，但是并没有被破坏。在一个抽屉里，她发现了一些甘愿屈尊来这里和占领者共进晚餐的巴黎显贵的邀请函。旺多姆广场上，美国大兵们排着队给自己的未婚妻买"惊奇"香水。

要在解放后非常贫乏的环境下重新开始，没有羊毛，没有皮草，一切都是问题。她反击鹳巢帽和大宽肩的第一个动作是抛弃所有刻意而为的宽肩和所有填充。要忘了这些，用一种新的线条重新开始，削肩、长裙、胸部高耸。总之，和被占领时期完全相反。麻烦的是她缺少面料，它们已经不再是垄断商品，但是价格上涨了70%。其他东西，比如大头针或者衬里布都只有少量供应。为了回归时尚圈，斯基亚普并没有从她在美国的经历中汲取太多灵感，而是更多地从她自己的过去找元素。她的新系列非常具有“督政府”风格，里面有很多垂坠线条的平坦连衣裙。这个系列得到了媒体的盛赞，然而市场反应却很平淡。

她没有忘记她的祖国意大利和希特勒是同一战队的，她前往参议院参加巴黎会议，并且列席了意大利政府新首脑德加斯贝里的演讲。一个新的意大利从此诞生了。

1946年的春季系列，她选择不冒太大的风险，推出了将战前的刺绣外套加以变化的款式，搭配朴素的连衣裙。出乎所有人预料的是，1946 ~ 1947年冬季系列回归到了19世纪80年代的撑架裙。很不幸的是，因为价格昂贵，美国买家只是买了一款回去做灵感源。下一个系列的主题是颂扬伟大世纪，非常奢华。1948年春季系列，她为了突出面料、色彩和线条之美，放弃了精美的刺绣。

但是她的魅力已经大不如前了。她的巴洛克风格不适合新的时代。随着经济的复苏，奢侈品工业在慢慢重建。她发布了新香水“太阳王”，瓶子是由达利设计的。在好莱坞展示她的服装系列的时候，她举办了一场舞会，并放了一只热气球。回程的时候，她和几个朋友乘着游艇在希腊旅游。在罗马和那不勒斯之间的意大利海岸，她又见到了童年度假时看到的装饰。在突尼斯，一个罗马朋友带她去了哈马马特海滩，然后她就在那里买了一栋迷人的小房子。

她又回到了在巴黎的工作室，窗外就是旺多姆广场。她的店就像巴黎的名胜古迹一样有名，游客们都到她店门口拍照留念。在旺多姆广场上，形形色色的戏剧每天都在上演：比如可以看到芭芭拉·赫顿[1]在丽兹酒店门口被拦下，因为她穿着网球短裤。或者伊

[1] Barbara Hutton，1912年11月14日 ~ 1979年5月11日。美国社交名媛，女继承人和慈善家。在20岁时靠着遗产继承成为当时世界女首富。——译者注

娃·贝隆[1]在她的豪华套房里接见珠宝商和时装大师。艾尔莎不喜欢阿根廷总统夫人，她更愿意为路易·茹韦[2]执导的萨特[3]的话剧《魔鬼与上帝》设计八十套舞台服装，用到丝绸、天鹅绒、皮草或者帆布等各种材料。

1947年2月，克里斯蒂安·迪奥在棉花大王马塞尔·布萨克的支持下推出了“花冠”线条，腰身纤细，臀线圆润，裙摆开阔。新风貌的革命开始了，并且将所向披靡。斯基亚帕雷利试图跟上时代的潮流。在1949年推出的成衣系列基础上，她在1951年加上了“Schiaparelli时尚内衣”线，推出内衣、睡衣、浴衣和袜子等产品，都是美国制造。她还推出了一个连衣裙、运动衬衣和泳装品牌。甚至还有一个领带系列。她创作新造型的努力是徒劳的，她的礼服只能赢得老化的客户群体的欢心。

很不幸的是，高级定制时装屋的财务状况非常危险，只能靠香水和特许商品的销售来支撑公司的运作。艾尔莎显得很豁达：“优雅女子的生活改变了。今天，只有极少部分人能支付得起我们开出的必不可少的价格。”在一次重大的外科手术之后，她意识到，是时候翻篇了。这就像是所有时尚的定律，热情过后一切归于平淡。她再也没有什么需要证明的了。社交、时尚、荣耀、金钱，该得到的她都得到了。1954年12月13日，她宣布退出，关闭了她的时装屋。她

---

[1] Eva Perón，前阿根廷总统胡安·贝隆的第二位夫人，又称“贝隆夫人”，与丈夫一起推行“贝隆主义”，创办并建立了阿根廷“第一夫人”基金会与穷人救助中心，为阿根廷妇女赢得投票权等一系列权利，维护穷人利益，受到民众爱戴。被誉为“阿根廷永不凋谢的玫瑰”。——译者注

[2] Louis Jouvet，1887年12月24日～1951年8月16日。法国演员、电影和戏剧导演。——译者注

[3] 让·保罗·萨特（Jean-Paul Sartre），1905年6月21日～1980年4月15日。法国20世纪最重要的哲学家之一，法国无神论存在主义的主要代表人物，西方社会主义最积极的倡导者之一，一生中拒绝接受任何奖项，包括1964年的诺贝尔文学奖。在战后的历次斗争中都站在正义的一边，对各种被剥夺权利者表示同情，反对冷战。他也是优秀的文学家、戏剧家、评论家和社会活动家。——译者注

在2月3日展示的系列成为最后的作品。具有讽刺意味的是，两天后，她曾经的对手，可可·香奈儿，在离开十五年后，重返高级定制时装界。

****

从此，艾尔莎隐居在她位于贝里街的公馆和哈马马特的别墅里。她的女儿伊冯娜嫁给了著名艺术史学家伯纳德·贝伦森[1]的儿子贝里·贝伦森（Berri Berenson）。他们婚后生了两个孩子：一个叫玛丽萨，后来做了模特，之后又成为演员；另一个叫贝林西亚，嫁给了安东尼·博金斯[2]，在2001年9月11日的恐怖袭击中，她乘坐的泛美班机被劫持，她在事件中遇难身亡。

艾尔莎于1973年11月13日在巴黎安然离世。时尚与纺织博物馆以及费城艺术博古馆共同分享了她的遗产。她的一个朋友吉多·萨索里·德比安奇（Guido Sassoli di Bianchi）伯爵买了她的名字和档案资料。除了几个特许合同，直到2004年1月他去世都没有做什么其他事情。2006年，成功复活了罗杰·维维耶（Roger Vivier）[3]品牌的蒂亚戈·戴拉·维尔[4]收购了这个睡美人。这个神秘的品牌从一片灰烬中重生。2012年，他邀请戈尔捷和阿拉亚曾经的缪斯女神法里达·凯尔法[5]担任品牌大使。他重新开启了位于旺多姆广场21

---

❶ Bernard Berenson，1865年6月26日～1959年10月6日。美国艺术史学家，主要研究文艺复兴时期的艺术。他的著作《佛罗伦萨画家的画作》在国际上获得了成功。——译者注

❷ Anthony Perkins，1932年4月4日～1992年9月12日。美国演员。——译者注

❸ 法国著名鞋履品牌。——译者注

❹ Diego Della Valle，出生于1953年12月30日，意大利人，意大利皮具公司Tod's的主席。——译者注

❺ Farida Khelfa，出生于1960年5月23日。法国模特、演员、纪录片制片人。——译者注

号的店铺，并且任命一个艺术总监同时负责高级定制系列和奢侈品成衣系列的设计。“一切都要重新创造。我们要弥补过去六十年的沉默。我们不是要复制过去，而是要以当代眼光重新诠释那个年代的现代性和原创性。”品牌总经理卡米拉·斯奇亚沃尼肯定地说。大家都急切地等待着她色彩高调充满幻想的服装和配饰系列。

斯基亚帕雷利是时尚界很多可怕顽童的启发者。戈尔捷、约翰·加利亚诺[1]、克里斯蒂安·拉克鲁瓦都从她的创新力和艺术感中汲取灵感。伊夫·圣洛朗为她送上了最美的颂词："斯基亚帕雷利夫人碾压所有的人。她踢开平庸，撞击传统，碾压无聊，她无法遏制住令人震惊的冲动。她总是能得到最后的胜利。她通过非常敏锐的触角，使出最巧妙的计谋并且将它们落实到底。”

斯基亚帕雷利本身就是不断创新的服装的典型代表。她独具的天赋通过高级时装具象地表现出来。它们不仅有非常独特的原创性，也同时兼顾功能因素。当代的设计师们都从中学会了独创和严谨的重要性。

[1] John Galliano，1960年11月28日出生。1984年毕业于中央圣马丁艺术与设计学院。曾担任法国著名服装品牌“克里斯蒂安·迪奥”首席设计师。多次被评选英国年度最佳设计师。2011年3月1日因酒后反犹太言论被LVMH集团开除。现担任马丁·马吉拉（Martin Margiela）创意总监。——译者注

妮娜·里奇
(Nina Ricci)

1932年丽娜蕙姿(Nina Ricci)[1]时装屋的创立,是高级定制时装史上的一个特例。一般来说,时装屋都是以设计师自我或者某种独特的风格为基础建立的,而这一家却是一对母子组成,母亲妮娜,儿子罗伯特。这个充满创意的双人组合,在充满温情和尊重的气氛中推出一个品牌,之后又缔造了一个香水帝国。情感与理性互补、创造力与条理性相辅相成。这是一个带有皮埃蒙特[2]特色的美丽的成功故事。

玛丽亚·尼利(Maria Nielli)(童年时被唤作“妮娜Nina”)于1883年1月14日出生于都灵,这座城市很好地保留了意大利的古灵精怪。这是一个世代相传的鞋匠之家。她七岁的时候,举家搬到了蒙特卡洛。遗憾的是,尼利先生永远也成不了安德烈·佩鲁贾[3]或者萨尔瓦多·菲拉格慕[4],为里维耶拉的上流社会服务。他英年早逝,

---

[1] Nina Ricci 作为姓名译为“妮娜·里奇”,作为品牌名时按照品牌中文官网译为丽娜蕙姿。——译者注

[2] 意大利北部地区名,其首府为都林市。——译者注

[3] André Perugia,1893 年 ~ 1977 年 11 月。法国著名鞋履设计师,与保罗·普瓦雷、纪梵希等时尚大师都有紧密合作。——译者注

[4] Salvatore Ferragamo,1898 年 6 月 5 日 ~ 1960 年 8 月 7 日。知名意大利鞋履设计师,1927 年创立同名品牌。索菲亚·罗兰、奥黛丽·赫本、伊娃·贝隆和玛莉莲·梦露等明星都对他的设计趋之若鹜。——译者注

他的女儿在十二岁的时候就到一间时装工坊做学徒，给别人做帮手（阿达琪萨、菲丽丝和瑟莱丝缇娜）。任何材料到她手中，她都可以拿来做微型的饰品，用来装饰她自己做的微型帽子。她的天赋让人惊讶不已。

十四岁的时候，她前往巴黎，投奔她在蒙马特高地做服饰用品商的姐姐。没过多久，“妮娜”就开始在布洛赫与巴克利（Bloch et Bakry）时装屋做小工。她特别聪明能干，很快就学会了这个行业的所有秘诀。她是这个等级分明的世界里一个稀有的奇才，十八岁就成为工坊首席，二十二岁成为首席工艺师。不久，她就离开了布洛赫与巴克利，转投位于马德莱娜广场的“女信徒”旗下。就像那些蹩脚小说上写的那样，她和一个途经巴黎的佛罗伦萨珠宝商的儿子路易吉·里奇（Luigi Ricci）坠入了爱河。他为了她放弃了意大利，来到美丽城[1]的阁楼生活。然而，他们的婚姻并不太幸福，1905年他们的儿子罗伯特的诞生让这种不和睦缓和了些。在1909年路易吉英年早逝后，妮娜就开始撸起袖子干事业了。这是一个繁荣昌盛的年代，美国人来巴黎找想法，即使没有一个品牌能让想法变得更加值钱。年轻的里奇夫人可不只有一个想法，她有上百个主意。她已经创作了一些服装并在大商场销售了。

进入拉芬（Raffin）时装屋的时候，她二十五岁。她遇到了一个能让她的天赋大放异彩的合伙人，于是在这个公司工作了二十五年。“拉芬与里奇”主要卖样衣，并且有一个外省裁缝店网络，这些裁缝店都向他们买纸样。

她有一双美丽的杏眼，侧颜线条完美。她开着一辆白色的凯迪拉克，当她穿着一条自己设计的绉绸紧身连衣裙的时候，肩上的装饰和绣着金色月桂叶的腰带都让她光彩夺目。三十三岁的时候，她再婚嫁给了一个经历了命运逆转的布列塔尼人加斯东·莫雷尔

[1] Belleville，又译贝尔维尔，是法国首都巴黎的一个片区，处于巴黎十、十一、十九和二十区的交界处。美丽城内包括法国归正会教堂、贝尔维尔公园和巴黎的两个唐人街之一。——译者注

（Gaston Morel）。她受员工尊重，被客人喜爱，是所有公司老板的楷模。本来一切都很顺利，但是华尔街股票暴跌，让美国的买手们都感到麻木了，而且她的合伙人也在1929年离世了。直到1931年，里奇都独自面对全球经济危机，但是她很清楚，是时候转向新的客户群体了。

****

除了儿子罗伯特，还有谁能给她提出更好的建议呢？他已经成为一个出色的广告人，并且与人共同创建了阿尔库尔（Harcourt）工作室。在他的推动下，他母亲在卡普西纳街的一个公寓里开了时装屋，二十六岁的他成为公司的商务总监。这时是1932年春天。妮娜・里奇很快就迎来了事业的高潮。她的技术无与伦比，像雕塑师一样，用面料直接裹在真人模特身上，根据自己的灵感进行创作，大量客人因为完美的试衣体验和适中的价格而成为她的忠诚客户。

诚然，如果想要得到荣誉的光环，为一个玛琳・黛德丽做衣服比给住在帕西[1]的一百个富裕的资本家做衣服都要有效得多。妮娜・里奇选择一百名资本家，而不是玛琳。她并不因此而感到遗憾。过于喧哗的宣传策略或者太耀眼的模特可能会引起她的匿名客人的反感。所以罗伯特・里奇不希望她母亲将时装屋发展成只为公爵夫人或者明星们服务的地位显赫的贵族时装公司。既然是建立一家新公司，就不要把自己关在别人的条条框框里。1932 ~ 1939年，妮娜・里奇放开手脚干得有声有色，她把与她在卡普西纳街上的时装屋毗邻的一些房子打造成了新的沙龙和工作坊。

她把自己的品牌确定为创意商标，非常善于制作午后小礼服，简洁的线条显示出她所掌握的完美技术。外省人很快就爱上了她最初的风格，这种风格基于三个基本原则：功能性、可见的精美工艺、不怪诞的安全设计。没有任何技术上的革新，也没有掀起任何时尚

[1] Passy，位于巴黎右岸十六区的一个区域，很多富人都住在这里。——译者注

的新浪潮。但这是多么精彩的成功之道！大家都喜欢她适宜的款式和理性高雅的设计方案。因为她不仅知道如何添加一个美丽的蝴蝶结，如何折一个漂亮的袒胸低领，她更懂得如何为女性设计没有束缚感的服装。她的创作充满了新颖的想法，但是并未改变艺术规则。

高级定制时装经历了多少变革啊！随着20世纪20年代香奈儿的出现，以及下一个十年里幽默的斯基亚帕雷利的绽放，很多变化猝不及防地发生了。无论是社会中还是女性衣橱里，一切都在不断简化。第二次世界大战前的十年里，不乏各种矛盾现象。1929年爆发的经济危机，通货膨胀率和失业率的同时提高，法西斯的抬头，这些加剧了悲观的气氛；而此时欧洲的艺术创造力却达到了它最高的水平。奢侈品行业尽其所能，为沉浸在舒适安逸假象中的大多数统治阶级服务。也许不如装饰艺术年代有创造力，但是前所未有的优雅。

为了在这座火山上跳舞，漂亮姑娘们的品味虽然不断摇摆，但是基本轮廓线条还是很接近我们当今的优雅标准。在假小子风格的直筒裙、短发、低腰线之后，我们在1928年见证了女性自然线条的再现。在户外新鲜空气的吹拂下和运动中，身体变得修长苗条，结实有力，肌肤通常晒成古铜色。现在起，连衣裙的形状由身体来决定，而不是像上一代那样反过来。文胸轻盈的罩杯，让双乳自然舒展，狭窄的上半身在肩部稍稍加强，腰线回到了原来的位置。一件几乎感觉不到的人造丝或者真丝制作的连体裤在连衣裙和皮肤之间形成了屏障。裙子的长度在很长一段时间里像是时装的气温曲线一样变化，而这时，它们到膝盖以下，腿肚的位置。这种对自然的回归充满了古典主义气息，但是又随着积累变得更加丰富，让裁剪艺术、细节魅力和配饰的多样化得到了充分的发展。妮娜·里奇以其可靠精美的工艺技术，在这些领域出类拔萃。

在20世纪30年代的女性衣橱里，除了皮草大衣、真丝方巾（马具制造商爱马仕在1933年推出了他的第一批方巾），新奇首饰、浴衣或沙滩衣，以及适合滑雪、网球、高尔夫或者骑马穿的各种运动服装外，幽默诙谐、形态繁多的大大小小的帽子也成为必需品。虽然阿利克斯·格雷（Alix Grès）的时装屋、卡地亚和其他几个品牌还是坚守在和平路上，高级优雅之路已经不一定要从这条知名大道开启，而是更多的从旺多姆柱出发，途径福布尔圣奥诺雷路，通向巴黎西部的时尚新街区。虽然吕西安·勒隆还在玛德莱娜广场，帕图在圣弗洛伦丁街落户，玛德莱娜·维奥内在里沃利路，美国设计师曼博谢❶在乔治五世大道。

当优雅女子不再围着这个轴转的时候，她们夏天去多维尔或者瑞士，冬天去霞慕尼或者蔚蓝海岸，春天去伦敦参加社交季和阿斯科特赛马会，秋天则去威尼斯这座在当时只有富人才能享受的富丽堂皇的城市。但是战前最典型的度假胜地还属比亚里茨，在这个海滨浴场，下雨的时候，可以在大别墅里打桥牌，或者跳查尔斯顿舞；阳光明媚的时候，可以去参加最高雅的运动，毕竟大家已经不再惧怕日晒。高级时装业并不沙文主义，西班牙的巴伦夏加、爱尔兰的莫利纽克斯以及意大利的妮娜·里奇和艾尔莎·斯基亚帕雷利都被捧上了天。

妮娜·里奇和她的罗马竞争对手相比，最大的优势是她的价格低了30%，而且保持中型企业的规模（150名工人，12个工坊，而其他设计师，比如朗万，雇用了2500名员工）。她窝在一条并不起眼的街上，与那些过时的街区一步之遥，但是距离与时代对抗的旺多姆广场很近。作为一个非常聪明的管理者，罗伯特·里奇在人民阵线成立的时候显示出了出色的能力，迅速重新控制了局势。1941年，他的母亲将公司资产的一半转让给了他。她住在位于玛索路75号乙的一套由简森❷设计的奢华公寓里。她很快在业内获得了“白夫人”的别名，因为她穿着象牙色的绉绸或者真丝的阔腿裤，裹着

❶ Mainbocher，本名曼·卢梭·博谢（Main Rousseau Bocher），1890年10月24日～1976年12月27日。于1929年在巴黎创立女装品牌，1940～1971年在纽约运营。——译者注

❷ 由荷兰出生的设计师让·亨利·简森（Jean-Henri Jansen，1854～1928年）于1880年创建的室内设计事务所。——译者注

头巾，披着斗篷，头发染成金色，很像黛德丽风格的明星。她还为很多名人制作服装，比如不讲排场的苏希·德莱尔[1]，戏剧感很强的加比·莫尔莱，一对势均力敌的朋友：米谢琳·普雷斯勒和达尼埃尔·达里厄，以及永恒美丽的玛德莱娜·索洛涅[2]。

****

妮娜·里奇的高明之处在于她坚守一个绝对信条：让简洁发扬光大。时尚史学家玛丽·弗朗斯·波奇纳[3]认为："妮娜·里奇可能是第一位伟大的风格设计师。"确实，随着一个又一个系列的推出，在推陈出新的外表下，那些用柔软的面料和和谐的色调制作的衬衣、外套、半身裙组成的三件套和由此衍生而来的连衣裙、外套组合总是不断地重复出现。当然也不能忽略她舞会裙的优雅之美，一层层荷叶边和蝴蝶结的平衡之美，新古典主义的褶裥之美，紧身连衣裙的丰腴或脆弱之美。1936年，亮片平纹布连衣裙和系带大衣之间形成了对比强烈的光学关系。她用刺绣精美的绸缎制作开襟背心，用精巧的技艺处理绉绸。正是因为掌握了完美的面料知识、裁剪技艺和细节工艺，才使一切看起来雅致而简单。埃莉亚娜·博纳贝尔[4]在1936年画的"美惠三女神"[5]既是品牌的标志，也是品牌的象征。

竞争是激烈而残酷的，但是在20世纪30年代的巴黎时装界，每

---

[1] Suzy Delair，1917年12月31日出生于法国巴黎。法国女演员和歌手。——译者注

[2] Madeleine Sologne，1912年10月27日～1995年3月31日。法国戏剧和电影女演员。——译者注

[3] Marie-France Pochna，1941年出生于法国，奢侈品产业观察家，撰写过多部时装设计师传记。——译者注

[4] Éliane Bonabel，1920年～2000年12月6日。法国插画家、橱窗设计师。——译者注

[5] 希腊神话中分别代表着魅力、美貌、创造力三种品质的美丽女神。——译者注

一间时装公司都有区别于同僚的各自特定的风格、客户群和定位。美国的曼博谢、爱尔兰的爱德华・莫利纽克斯、杰妮、马夏尔与阿尔芒、奥古斯塔・贝尔纳、普雷梅等都带来了新鲜活力。任何一个领域，任何一个品牌都是其他领域和品牌无法取代的。每个品牌都有各自或大或小的壁垒，也有与各自客人风格相匹配的明确的设计特色。

这种各不相同的制衣方法和秘诀的混杂共存，正是这个时代巴黎时尚的主旋律。如果没有帽子，那么两次世界大战之间的女性轮廓就是不完整的。一天中的每个时刻、每套衣服、每个女子都有与她匹配的帽子。上午主要是偏男性风格的毡帽；去赛马场的时候戴轻盈的遮阳帽；参加晚会的时候要戴羽毛帽，有时候还有宝石装饰。妮娜・里奇设计的精巧面纱和头巾，连卡罗利娜・勒布[1]都无可指摘。

1936年的风云变幻，促使罗伯特和妮娜・里奇与高级时装公会关系更加紧密，而罗伯特・里奇成为公会副主席，这也说明了在被占领时期他的重要地位。

1939 ~ 1940年秋冬季，从马德莱娜到香榭丽舍，每个时装屋门前的守门人，在几个月内都变老了。在很短的时间里，老兵们取代了被动员入伍的年轻人。除了对那些消极应战的人而言，“奇怪的战争”[2]一点也不好笑。在后方，生活还在继续。直到这一年，时尚对于国际局势似乎还置身事外。现在，形势开始变得严峻了。甘末林将军[3]的夫人穿着一身黑参加妮娜・里奇的发布会，边看秀边起劲地

---

❶ Caroline Reboux，1837 ~ 1927 年。法国著名女帽设计师，让帽子成为女性时尚不可或缺的配饰，并把它提高到艺术品的地位。——译者注

❷ 对法国和英国在第二次世界大战初期（1939 年 9 月 3 日 ~ 1940 年 5 月 10 日）与德国作战中不作为的称谓。1939 年 9 月 1 日德国进攻波兰后，英、法两国虽然于 10 月 3 日对德宣战，但却按兵不动和不出击，坐视波兰灭亡。德国称为“静坐战争”（Sitzkrieg），美国称为“假战争”（Phony war）。——译者注

❸ 莫里斯・居斯塔夫・甘末林（Maurice Gustave Gamelin），1872 年 9 月 20 日 ~ 1958 年 4 月 18 日。法国上将，其最为著名的是 1940 年德军进攻法国后的失败领导，该人对于法国最终战败的结果有决定性影响。——译者注

织着一条卡其色的羊毛长围巾。棒针加羊毛线团对抗坦克！这一季，连衣裙的名字叫“警报”“军假”或者“无家可归”。蓝色是“马奇诺”，红色是“法国外籍兵团”，气氛非常拘谨。这一年大多数连衣裙在侧边开衩，方便女性骑自行车，同时显出里面色彩柔和的迷人的骑行短裤。在这个整体平衡即将被打破的西方世界里，巴黎女郎仍然是优雅和生活艺术的绝对象征。

当同盟国瘫痪似的看着历史重演的时候，德国人入侵了波兰。然后一举突破“不可逾越”的马其顿防线。法国北部的居民开始大批向卢瓦河方向逃难。曼博谢、马德莱娜·维奥内关了自己的时装屋。斯基亚帕雷利飞去了美国，她的女儿在那里成婚了。香奈儿雇佣的司机拒绝驾驶她的劳斯莱斯，最后只能让她坐着他自己的车驶向南方。妮娜·里奇作为意大利人，并不慌张。

对于巴黎高级定制时装业来说，这是一段困难时期。纳粹占领者们看到德国在时尚领域受到的排挤，感到非常恼火。他们佯装顺从德国妇女协会反对巴黎时装业霸权的抗议活动。1940年7月对高级时装公会的搜查行动使得德意志的官员们获得了所有的档案和全部外国买手的信息。于是做出了一个决定：“巴黎高级定制时装将并入一个总部在柏林和维也纳的德国机构。”法国的工坊将提供它们无与伦比的技艺，而设计师们被热情邀请在这两个首都之一落户，以打破德意志帝国遭遇的严重不公的垄断现象。

但是吕西安·勒隆和罗伯特·里奇表现出了极其坚定的立场：“你们可以用武力强迫我们做任何事，但是巴黎高级定制时装既不会整体转移，也不会将它的要素转让。它就在巴黎，或者它不再是巴黎高级定制时装。”1940年11月3日，他们俩飞去了柏林，发现德国人正在建设官方的时装工业。1940年秋天，德国人终于被说服。巴黎高级定制时装保持自主，它最好的防御是它在最少的原材料上使用了最多的劳动力。柏林官员预测，由于缺少供应来源和销售渠道，时尚很快就会自取灭亡。

和其他设计师一样，妮娜·里奇每场发布会的服装控制在七十五款以内。晚礼服变短，出口被禁止。格雷和巴伦夏加在1944

年不得不临时关门，因为他们超出了面料配给额。当然，在这个惨淡的年代，高级定制的连衣裙或者套装只是极少数人的特权。但是，法国时装设计师在继续创作的同时向全世界保证，他们的品味、魅力和优秀的职员都还在。

这是自行车、地铁大行其道和资源严重匮乏的年代。马德莱娜·德劳克围绕这个主题设计了一个系列：在马比荣站选一条粉色连衣裙，在奥斯德利兹站穿着黄色收腰大衣上车，在当费尔·罗什罗站换上一身优雅的黑色套装转乘，在马德莱娜站穿着晚礼服下车……妮娜·里奇发明了一种紧紧包住腿的毛毡护腿套，一条可以利用揿纽瞬间变长的短裙。“女士早上出门购物的时候可以将延长用的云纹布放入手袋里，在适当的时候把它拿出来，将午后服饰变成晚装。”名为“地铁”的手套上有一个小口袋，可以装地铁票。那么多事例表明了勇气是毫无意义的，但是新女性形象已经在慢慢扎根。一旦和平到来，她们就能让自己的服装适应新的活跃自由的生活。

和过去一样，演艺界名人（科里娜·吕歇尔[1]、吕西安娜·布瓦耶[2]、阿尔莱蒂、爱丽丝·柯西亚[3]、雅克利娜·德吕巴克等）还是经常光顾高级定制时装。对于有些人来说并不缺机会：赛马场上的约会，义演（面向俘虏）、首演……家里那么冷，不如出去活动。在上流社会，维持自己的排场是一种形式的尊严。在吕西安·勒隆和罗伯特·里奇的支持下，即便奢侈品业尤其是皮草贸易已经受到雅利安人计划的影响，整个行业还是很关注如何保护行业赖以生存的珍贵工艺。当德国来的观察员要求看巴黎时装系列的时候，没有一个人能看破法国手工艺者的制作秘诀。

[1] Corinne Luchaire，1921 年 2 月 11 日 ~ 1950 年 1 月 22 日。法国电影明星。——译者注

[2] Lucienne Boyer，1901 年 8 月 18 日 ~ 1983 年 12 月 6 日。法国朗诵艺术家、歌手。——译者注

[3] Alice Cocéa，1899 年 7 月 28 日 ~ 1970 年 7 月 2 日。罗马尼亚出生的法国演员和歌手。——译者注

****

终于解放了。法国国库空了，急需重新开展出口业务。数千工人可以重新满足全世界优雅女子太久没有得到满足的欲望。1944年秋天，负责协调对战争受害者给予救助的法国互助会主席拉乌尔·多特里[1]向他的朋友罗伯特·里奇求助。里奇母子建议组织一场大型活动来显示法国时尚产业的活力。门票收入和身穿设计师作品的人偶的销售收入都将用于法国国民团结建设。这就是“时装剧场”：巴黎高级定制时装的微型博物馆。

罗伯特·里奇意识到必须全力避免这些创作被当成玩具，于是他请才华横溢的年轻插画家埃莉亚娜·博纳贝尔设计一个全新的人偶。毕加索的一个朋友为每一个人偶雕刻了一个表现力非常强的白色石膏头像。里奇坚持把这个动荡年代最醒目的艺术家都邀请到这个项目中来。克里斯蒂安·贝拉尔担任艺术总监，设计展示场景，鲍里斯·科奇诺调整后的灯光照明更加增强了展览的魔力。让·科克托也加入其中，为这些极具特色的人偶注入诗人的血统。而画家迪尼蒙[2]、杜金[3]、格罗·萨拉[4]，剧场布景师乔治·瓦赫维奇[5]、让·德

❶ Raoul Dautry，1880年9月16日～1951年8月21日。法国工程师、企业家、政治家。——译者注

❷ 安德烈·迪尼蒙（André Dignimont），1891年8月22日～1965年2月4日。法国插画家、画家和版画家。——译者注

❸ 乔治·杜金（Georges Douking），1902年8月6日～1987年10月20日。法国演员、导演、布景和服装设计师。——译者注

❹ Grau-Sala，1911年6月22日～1975年6月21日。西班牙画家、戏剧布景师、插画家。——译者注

❺ Georges Wakhevitch，1907年8月18日～1984年2月11日。法国—俄罗斯装饰设计师、戏剧服装设计师。曾为几百部电影、戏剧、歌剧、芭蕾舞剧设计布景。——译者注

尼·马尔克莱[1]、安德烈·波拉佩尔亲手为那些代表每个巴黎时装大品牌的人偶（70cm高）绘制背景。从运动服装到舞会礼服，每一件衣服的制作工艺和细节都完全按照为最尊贵的客人制作衣服的标准执行：手缝的小纽扣孔，小纽扣真的可以扣上，真的口袋，精致的内衣，皮鞋，像硬币大小的帽子，皮草，羽毛装饰，晚装发饰搭配是由著名发型师安托瓦纳或者纪尧姆做的优雅发型。妮娜·里奇设计了一套黑色羊毛套装、一条红色晚礼服、一套米色粗呢套装。

时装剧场揭幕的那天晚上，在共和国卫队的簇拥下，一群盛装打扮的优雅女子进入了马桑馆[2]。亨利·索盖[3]的音乐，燕尾服、晚礼服，玛丽·洛尔·德诺瓦耶、玛丽·布朗什·德波利尼亚克、路易丝·德维尔莫兰……所有大人物、名人雅士、明星都涌向了开幕式。参观者们徜徉在铺了红色天鹅绒的巨大的展厅里。仅有的光源来自剧场模型，里面的小人偶看起来充满了生命力。它们身上的每一套服饰都完美再现了1945年夏季巴黎高级定制时尚的一个作品。超过十万人来巴黎观看这场充满了希望的梦幻剧。重新获得自由的美好气息弥漫在马桑馆。巴黎，浴火重生之后，还是美丽而美好的巴黎。随后这个项目在全球巡展，伦敦、利兹、巴塞罗那、哥本哈根、斯德哥尔摩，直至1946年5月在纽约的最后一站，每一站都是大获成功。今天的我们很难想象这场由Ricci公司设计的活动在当时造成了怎样的影响。随后，Nina Ricci出现在了所有热门化装舞会上，其中就有威尼斯的贝斯特吉[4]舞会。

---

[1] Jean-Denis Malclès，1912年1月15日～2002年5月30日。电影或戏剧海报设计师、舞台剧布景和服装设计师。——译者注

[2] le pavillon de Marsan，卢浮宫的一部分，即今天的装饰艺术博物馆所在地。——译者注

[3] Henri Sauguet，1901年5月18日～1989年6月22日。法国作曲家。——译者注

[4] 1951年9月3日由查尔斯·贝斯特吉（Charles Beistegui）主办的舞会，又称为“世纪舞会”，是战后最奢华的舞会之一，约1500名贵宾受邀出席。——译者注

这一时期，为Nina Ricci从一个著名的时装品牌发展成为一个伟大的香水品牌提供了天时地利人和的契机。第一款针对被爱情俘虏的女子的香水发行了。这款名叫“愉悦的心（Coeur joie）”由鲁尔（Roure）公司的女调香师热尔梅纳·瑟利耶[1]研发。它的香气以龙涎香打底，茉莉花、紫罗兰、鸢尾花中提取的天然香精在乙醛的作用下变得更加浓郁。克里斯蒂安·贝拉尔为这款香水设计了标签，并画了30张水粉画广告招贴。这款香水给人的感觉年轻而新颖，因而在女性中大受欢迎。这还不够，罗伯特·里奇知道，一个好的时装设计师不会一下子就变成一个著名香水商。罗马不是一天建成的。没关系！他会让他母亲成为一个国际知名的设计师。

他很快就说服妮娜，要引进能为公司注入新活力的工艺师。从此以后，里奇女士就和年轻的合作者雅克·科斯特以及塞尔日·盖兰一起创作服装系列了。发布会都很棒，妮娜·里奇让她喜欢的模特戴上珠宝首饰。公司要扩大。罗伯特·里奇委托著名的装修设计师杰弗里将在十一层楼中东拼西凑的空间凿墙打通，统一规划设计，并赋予它们魅力。这里被打造成了几个空间开阔、风格优雅的沙龙，配备了空调和像剧场一样灿烂的灯光。他还在美国增加布点，准备在Nina Ricci公司的基础上彻底打造Nina Ricci品牌形象。在经年的不懈努力中，灵感、品质、结构，一切都在改变。

在这种活力的推动下，公司在1948年发行了一款传奇香水："时代气息（L’ Air du temps）"。这款香水充分诠释了在经历了第二次世界大战的缺吃少穿后，女性对无忧无虑、轻盈精致的女人味的向往。这个充满诗意的名字是法语特有的表达方式，也表现了Nina Ricci这个品牌的高雅和精致。罗伯特和妮娜与香水师弗朗西斯·法布隆一起构思了这款与当时流行的浓郁香味背道而驰的香气轻盈的香水："柔和、年轻、浪漫、性感"，这是这款香水的创作者们给它的定义。"时代气息"是一款充满活力的香水，从它的前调到迷人的

[1] Germaine Cellier，1909年3月26日 ~ 1976年。是第一个从事调香师工作的女性。——译者注

基调都很平衡而和谐。它由天然鲜花芬芳组成，再加入合成物水杨酸苄酯使香味更加持久和丰满。前调：康乃馨、香柠檬、栀子花。中调：玫瑰与茉莉。基调：鸢尾和檀香。

这款香水的第一版香水瓶是由雕塑家琼·雷布尔[1]设计的，瓶身像一个光芒四射的太阳，瓶塞上装饰着一只白鸽。著名的饰有两只白鸽的香水瓶是在1951年由马克·拉利克[2]制作的。两只白鸽在轻盈的水晶瓶顶部温柔相拥。这款浪漫的香水瓶象征着爱情、温柔、和平和永恒的青春。这款宜人的香水很快赢得了全球的赞美，被认为是20世纪最有标志性的香水之一，也启发了很多设计师。它在全球平均每五秒就卖出一瓶。妮娜和罗伯特后来邀请迪米特里·布谢纳[3]、安迪·沃霍尔[4]、大卫·汉密尔顿[5]为他们设计香水瓶、橱窗和广告。西班牙的索菲亚王后用这款香水，甚至戴安娜王妃后来也成为这款香水的忠实粉丝之一。

在之后的几年里，品牌相继推出了“夏娃之女（Fille d’ Ève）”（1952年）、“率性（Capricci）”（1961年）、“蕙姿小姐（Mademoiselle Ricci）”（1967年）、“桀骜（Farouche）”（1974年）、第一款男性香水“里奇先生（Signoricci）”（1975年）、“花之精粹（Fleurs de fleurs）”（1980）等香水。1986年，罗伯特·里奇创作了香水“妮娜（Nina）”致敬他的母亲。公司在他和他的女婿吉尔·弗西斯（Gilles Fuchs）共同执掌下，又推出了“这儿那儿（De-ci de-là）”（1995年）、“蕙

---

❶ Joan Rebull，1899年1月27日～1981年2月27日。西班牙雕塑家、画家、政治家。被认为是20世纪最重要的加泰罗尼亚雕塑家之一。——译者注

❷ Marc Lalique，莱俪水晶品牌创始人勒内·拉利克的儿子。——译者注

❸ Dimitri Bouchène，1893年4月26日～1993年2月6日。法籍俄罗斯裔画家。——译者注

❹ Andy Warhol，1928年8月6日～1987年2月22日。捷克裔美国艺术家，波普艺术的倡导者和领袖，也是对波普艺术影响最大的艺术家。被誉为20世纪艺术界最有名的人物之一。——译者注

❺ David Hamilton，1933年4月15日～2016年11月25日。英国摄影家、导演，著名人体摄影艺术家。——译者注

姿美人（Les belles de Ricci）”（1997年）、“午夜精灵（Les belles de minuit）”（1998年）、“曙光（Premier jour）”（2001年）、“爱在巴黎（Love in Paris）”等香水。1998年，普伊格集团❶收购了Nina Ricci香水。菲利普·斯塔克❷为“时代气息”标志性的香水瓶进行了年轻化的设计。在品牌形象方面，他们请来让·巴蒂斯特·蒙迪诺❸拍摄广告，凸显品牌浪漫、诗意、女性的特质。

****

现在让我们回到1954年。Nina Ricci正处在一个转折点。它有两个业务领域。一方面是一个运行良好的高级时装屋，有望实现收益最大化，满足全国客户需求；另一方面是蒸蒸日上的香水业务，试图征服全世界的客户。公司的首脑也有两个。里奇夫人是品牌的灵魂，她清楚地知道是为哪一类女性设计服装，但是她现在到了一定的年龄了。

她的儿子则代表了品牌的精神。作为管理者，他是一个头脑清晰的工作狂，他要建立自己品牌的国际知名度。虽然罗伯特·里奇是个有品味的男人，但是他不是一个时尚设计师。正是在这样的情况下，妮娜·里奇开始书信联系一个时装界的小天才：列日的朱尔·弗朗索瓦·克拉埃❹。罗伯特·里奇请他为品牌设计独家款式。这个有些冷漠的年轻人第一季设计了二十款。这些衣服独具创新的设计，震撼人心的优雅感，细致精良的制作一下子就能看出，这个

❶ Puig，成立于1914年的西班牙香水、化妆品和时装跨国集团。——译者注

❷ Philippe Starck，出生于1949年1月18日的法国产品设计师、室内设计师、工业和建筑设计师。当今世界上最负盛名的设计师之一。——译者注

❸ Jean-Baptiste Mondino，出生于1949年7月21日的法国摄影师、MTV导演。曾为麦当娜、斯汀、比约克等国际知名艺人拍摄音乐视频。——译者注

❹ Jules François Crahay，1917年5月21日～1988年1月5日。出生于比利时的时装设计师，曾先后担任丽娜蕙姿（1952～1963年）和朗万（1963～1983年）品牌首席设计师。——译者注

列日小伙子比里奇夫人身边的工艺师们水平高出很多。罗伯特·里奇很有技巧地逐渐淘汰了这些工艺师，并且说服他的母亲给予这个新人越来越多的自由。

1959年，克拉埃展示了第一个由他独立负责完成的服装系列。美国媒体大肆报道，不吝赞美之词。他通过反抗直筒裙的潮流一举击中红心。他的成功在于果断回归更加自由、更加自然的女性美设计。而这种回归是期待已久、众望所归的。这个系列中最受欢迎的一款是一件名为“番红花”的套装，上衣略微收腰、拱形的小领子、落肩袖。克劳蒂亚·卡迪纳尔[1]穿着这件衣服出现在媒体上。Nina Ricci公司迎来了令人振奋的时刻。罗丝·肯尼迪[2]订购了这个系列中的一部分服装，里布子爵夫人[3]在试衣间和贝德福德公爵夫人[4]擦肩而过。莱斯莉·卡隆[5]、玛丽·拉福莱[6]、妮可·库塞尔[7]、玛丽·约瑟·纳特[8]、克洛迪娜·奥热[9]、苏菲·多米耶[10]都要来Nina Ricci转一

---

❶ Claudia Cardinale，1938 年 4 月 15 日出生于突尼斯的意大利女演员。——译者注

❷ Rose Kennedy，1890 年 7 月 22 日 ~ 1995 年 1 月 22 日。美国前总统约翰·肯尼迪之母。美国慈善家、社会名流。她是商人、政治家。——译者注

❸ La vicomtesse de Ribes，1929 年 7 月 14 日出生的法国贵族、设计师、时尚偶像、制片人、慈善家。——译者注

❹ La duchesse de Bedford，1920 年 6 月 29 日 ~ 2012 年 9 月 6 日。法国第一位女性电视制片人。——译者注

❺ Leslie Caron，1931 年 7 月 1 日出生的法美混血演员和舞者。——译者注

❻ Marie Laforêt，1939 年 10 月 5 日 ~ 2019 年 11 月 2 日。美国籍法国歌手、演员。——译者注

❼ Nicole Courcel，1931 年 10 月 21 日 ~ 2016 年 6 月 25 日。法国演员。——译者注

❽ Marie-José Nat，1940 年 4 月 22 日 ~ 2019 年 10 月 10 日。法国演员。——译者注

❾ Claudine Auger，1941 年 4 月 26 日出生于巴黎。法国演员，曾获得 1958 年世界小姐亚军。——译者注

❿ Sophie Daumier，1934 年 11 月 24 日 ~ 2004 年 1 月 1 日。法国喜剧演员。——译者注

圈，并且选一套自己喜欢的套装。

Nina Ricci开设了配饰部，杰奎琳·肯尼迪很快就戴上了有Nina Ricci首字母标志的方形眼镜。她后来在白宫现身的时候穿过多套由克拉埃设计的服装。比如1961年9月19日，第一夫人穿着黑色丝绒和黄色绸缎晚礼服，在白宫款待秘鲁总统。品牌在北美大受欢迎，并且因为Nina Ricci的浪漫主义风格，它被当作是一个婚纱品牌。克拉埃的接棒非常成功，一位记者敏锐地观察到："这个儿子打造的公司是他母亲的纪念碑，体现了她非常女性化的特质，甚至可能比她自己的作品表达得更加成功。"

但是被成功冲昏头脑的克拉埃被朗万公司蛊惑，在1963年离开了Nina Ricci。这对卡普西纳街来说是一个沉重的打击。而且在过去的十年里，时装部和香水部是同等重要的。1963年开始，最初的角色彻底颠倒了：以香水来维持时装运营。热拉尔·皮帕尔（Gérard Pipart）被任命为设计工作室的新总监，他从里奇母子那里得到的指令是："我们希望您能在时装中表达出我们在香水中表达出来的特质：魅力。"他在这个位子上工作了三十年，打造了一个非常女性化、精致优雅的风格，为很多公主王妃提供了服装。1987年，他获得了"高级定制时装金顶针奖"。

****

妮娜·里奇于1970年11月30日离世，消息没有公开，她被安葬在库朗斯，与枫丹白露的树林为邻。她人生的最后几年不是在巴黎的公寓里，就是在位于布列塔尼的多桑河右岸的装饰艺术风格的别墅中。

1979年，Nina Ricci公司搬到了蒙田大道和弗朗索瓦一世路的交叉路口，营业额达到了3亿法郎。一家精品店在蒙田大道39号开张了。1987年7月在巴黎歌剧院举行的一场大型晚会上，罗伯特·里奇发布了向他母亲致敬的香水"妮娜"。公司的会议厅里挂着一张绘于1930年的妮娜·里奇的巨大肖像。每一年开全体大会的时候，里奇家族都会虔诚地聚在这张肖像下。1988年8月8日，罗伯特·里奇也去世了。2000年伊始，公司被西班牙的普伊格集团收购。之后有多个设计师先后担任品牌的艺术总监，比如瑞典的拉尔斯·尼尔森[1]，之后是奥利维耶·泰斯金斯[2]。

2009年，英国设计师彼得·柯平（Peter Copping）被任命为艺术总监。针对“真实、自然、自发”的、兼有脆弱和坚强特质的Nina Ricci女郎，他设计了一些特别精致细腻的服装。他寻求的是品牌从建立之初就开始宣扬的路线：“Nina Ricci一直都是一个特别女性化的品牌。我很幸运，它的传统更多的是一种精神而不是一些强加的教条。正是顺着这样的思路，我试图捕获现代时装的极致女性之美。”Nina Ricci为我们营造的梦幻还在继续……

❶ Lars Nilsson，1966 年 8 月 11 日出生于斯德哥尔摩的瑞典时装设计师，美国时尚设计师协会（CFDA）成员，2006 年获得瑞典时尚最高奖项金纽扣奖。2009 年开设自己的男装品牌尼尔斯先生（Mr. Nils）。——译者注

❷ Olivier Theyskens，1977 年 1 月 4 日出生于布鲁塞尔的比利时时装设计师。2006 年被美国时尚设计师协会（CFDA）授予国际大奖。——译者注

格雷夫人
（Madame Grès）

从王室成员到巴黎上流社会名媛，再到好莱坞明星，格雷夫人是上流社会大人物的服装设计师，她以自己超越时间的独特风格，经历了五十年的时尚风云。她不仅善于创作古典风格的褶裥，也许还是唯一一个率先成功设计了如此极简又性感的服装的设计师，她永远是时尚界最神秘的人物。大家都叫她“格雷阁下”，她很神秘，脖子总是包裹在白色的棉围巾或者米色开司米的翻领中，头上戴着苏丹风格的头巾式女帽。格雷夫人是一个工作狂，一生都在寻求完美。一把剪刀像耶稣受难十字架一样挂在长长的缎带上，她换名字和别人换礼服一样频繁：热尔梅娜·克雷布斯（Germaine Krebs）、马塞尔·阿莉克丝（Marcelle Alix）、阿莉克丝（Alix）、阿莉克丝·巴顿（Alix Barton）、阿莉克丝·格雷（Alix Grès）、格雷小姐（Mademoiselle Grès）、格雷夫人（Madame Grès）。

她传奇性的褶皱裙灵感来自古希腊雕像，裙子上那些不对称褶裥是用为她特别研发制作的真丝针织面料做的。1935年，在她为吉罗杜的剧目《特洛伊战争将不会发生》制作服装之后，她的连衣裙让大家认识了这个原来叫“阿莉克丝”，后来叫格雷（这个名字源自她丈夫俄罗斯画家切列夫科夫[1]的名字的法语化）的设计师。在戏剧

---

[1] 塞尔日·切列夫科夫（Serge Czerefkow），1899 ~ 1970年。“Grès”是把“Serge”的前四个字母倒过来。——译者注

演出之后，这种时装征服了整座城市，也使得她在和平街1号新开的时装屋大获成功。这个风格也源自她年轻时的梦想：成为一名舞蹈演员。格雷也曾想做一个雕塑家，但是可能画服装款式图和将原始材料塑形成裙子，让她得到了和艺术家用黏土或者石头创作雕塑同样的乐趣。

她说："做一条连衣裙，首先要考虑的是面料及其垂坠感、质地和柔软度，然后要关注的是穿这条裙子的女子真实的身体线条。"把粗剪的面料穿在模特身上，让面料和身体都能各自保持自然动态，并且不破坏它们之间的和谐，这是她的成功秘诀；她能塑造出鲜活而独特的雕塑感服装的秘诀在于，她直接在真人模特或者她喜爱的客人身上进行创作，用大头针简单固定，然后她把这些半成品带回家（她很怕被抄袭），在位于米埃特广场上的公寓中，亲自在木质模特上进一步修饰。

****

让我们追根溯源，看看这位才华横溢的女裁缝是如何获得如此强大的工艺能力和设计能力的。格雷夫人于1903年11月30日出生于巴黎。她在苏西昂布里并不富裕的小资产阶级环境中长大。虽然没有任何资料可以准确证明她的教育背景，但可以肯定的是，她受到了良好的教育，而且这个小女孩学习过舞蹈、音乐、美术，特别是雕塑方面的基本知识。她用自己的本名热尔梅娜·克雷布斯，在第一个工坊里，花三个月的时间学习了缝纫基础，1924年前后成为工艺师助理，然后成为二级工艺师，接着成为位于旺多姆广场的普雷梅公司的首席工艺师。她负责裁剪，用大头针定位，假缝。1930年前后，她开始把自己设计的款式图、样衣和大衣卖给为欧洲和美国市场采购的大型代理商。

1933年，在业界被称为"阿莉克丝小姐"的热尔梅娜·克雷布斯和朱莉·巴顿合伙，在米罗梅斯尼尔路上开设了"阿莉克丝·巴顿"时装屋。这个双人组得到了《巴黎高级定制与时尚公报》的注意，并且突出强调了“阿莉克丝小姐，聪明的艺术家，她的创作天赋一举将阿莉克丝·巴顿时装屋推向了一线”。从1933年夏季系列开始，未来的格雷夫人的风格语言就显现了，特别是她制作扁平细褶面料，以最少的缝纫塑造服装廓型的特别工艺。她设计的泳衣或者沙滩衣也同样得到热烈追捧，设计简单又大胆：和她晚礼服一样的扁平细褶。她还以极大的好奇心试验性地探索各种新面料的应用，比如平纹针织布、马海毛、缎纹油布、尼龙线等。

诚然，她是因为精湛的褶皱技术而为人所知，她用细腻的织物做成波浪和螺旋肌理，与条状图案和涡卷线图案结合，使视觉效果更加丰富。米歇尔·德布吕诺夫[1]可以说是《VOGUE》杂志的巴黎风尚发言人，他在一生中慧眼独具地发掘了很多天才服装设计师。他经常说起当他第一次跨进这家小时装屋的时候感受到了多么大的震撼。在这个维奥内和香奈儿在时尚界崭露头角的年代，这种对雕塑美的再现令人惊艳。他留了整整两个版面介绍她的设计。美国客人是最主要的群体。很快，她现有的场地对贵妇们而言就显得局促了。

1934年，一些金融家建议阿莉克丝小姐组建自己的高级时装公司，并且独立担任艺术总监。于是她的“Alix”时装屋开业了，位于福布尔圣奥诺雷路83号，马蒂尼翁大道的拐角，就在特别受欢迎的伯恩海姆·热纳画廊的北边。白色的沙龙、高高的镜子、浅色的木椅，没有任何形式的装饰，地毯和椅座都是浅色的。这里没有商品，橱窗里没有展示任何手袋或者丝巾。这种极简素净是有意为之。设计师白色的办公室里一切都井井有条，除了一沓面料小样或者椅子上的一两块面料。她个子瘦小，袖子在纤细的手臂上微微卷起，看起来像是主日学校[2]的辅导员，一条素雅的头巾裹在她脸色晦暗、额

❶ Michel de Brunhoff，1892年2月6日～1958年5月14日。法国媒体人和时尚人，在1929～1954年担任《VOGUE》杂志法国版总编。——译者注

❷ 又名星期日学校。英、美诸国在星期日为在工厂做工的青少年进行宗教教育和识字教育的免费学校。兴起于18世纪末，盛行于19世纪上半期。1780年由英国出版业者、慈善家雷克斯在英格兰的格老色斯特首创。——译者注

头高高的窄脸上。嘴巴生动灵巧，即便在兴奋的时候也带着一抹忧郁的温柔；鼻子挺直，黑色的眼睛深邃，漂亮的茶色眼帘稍稍沉重。尽管脸色暗淡，身体脆弱，但强烈的热情使她充满了生机，给人一种精力充沛又平衡的印象。但是她一直都保留着一丝腼腆。

一开始，她开发了一款裸背紧身连衣裙，袒胸的低领呈三角形裹在胸上。这个创新的设计在她整个职业生涯中经常被使用。不久，她又开始设计宽大的袖子，完全靠面料的特性形成雕塑感的褶皱。

1935年，她为路易·茹韦导演的舞台剧设计了剧服，很快，舞台剧和电影明星纷纷涌进她的店。她们中有演员，诸如爱丽丝·柯西亚、马德莱娜·雷诺[1]、阿尔莱蒂、马德莱娜·奥兹莱[2]、朵乐丝·德里奥[3]、玛琳·黛德丽；还有贵族，诸如门德尔夫人、希腊的马蒂尔达公主、塔列朗公爵夫人、波旁·帕尔马家族的亲王夫人们。她的独特魅力让人为之倾倒。她让《费德里戈》中的玛丽亚·卡萨雷斯完美地化身为死神，她为阿努伊[4]的作品《野姑娘》中的演员瓦伦丁·泰西耶和莫奈尔·瓦朗坦[5]设计服装，她将拉宾德拉纳特·泰戈尔[6]的《阿马尔》中的印度小男孩的样子完全改变了，这位服装设计师总能最大程度地迎合作品需要呈现的氛围。

1937年巴黎世博会上，她为优雅馆的一尊雕塑穿上了褶皱服装。

---

[1] Madeleine Renaud，1900年2月21日～1994年9月23日。法国著名舞台剧和电影演员。——译者注

[2] Madeleine Ozeray，1908年9月13日～1989年3月28日。法国舞台剧和电影演员。——译者注

[3] Dolores del Rio，1905年8月3日～1983年4月11日。墨西哥电影演员，1925年到好莱坞发展。——译者注

[4] 让·阿努伊（Jean Anouilh），1910年6月23日～1987年10月3日。法国剧作家，代表作《安提戈涅》。——译者注

[5] Monelle Valentin，1905年5月3日～1979年4月7日。法国喜剧演员。让·阿努伊的第一位伴侣。——译者注

[6] Rabindranath Tagore，1861年5月7日～1941年8月7日。印度诗人、文学家、社会活动家、哲学家和印度民族主义者。1913年，他以《吉檀迦利》成为第一位获得诺贝尔文学奖的亚洲人。——译者注

在1939年的纽约世博会上，她在法国馆中展示了一个披着褶皱裙的人体浮雕。很少有一个时装设计师对雕塑如此满怀热情，将从中汲取的灵感全都运用到人体上，并且完全倾注到自己的裁缝生涯中。也是在同样的理念下，她在20世纪30年代和一些珠宝首饰大师，尤其是罗伯特·古森斯，建立起了固定的合作。1937年的首饰主题是“野蛮人”，奴隶的首饰。异域风情无处不在，就像是一场欢快旅行的邀约。作为法国新古典主义风格的象征，她在各处寻找了无尽的灵感。1934年的印度公主长裙、和服袖、阿拉伯斗篷大衣；1936年，山东绸夏裤变成了阿拉伯灯笼裤，一款名为“天堂的寺庙”连衣裙就像修长的希腊柱；1937年，埃及风格的紧身衣……就像某位见证人所说：“真丝平纹针织布就像是大理石，女性的酮体就像是活动的柱子，交到了她神奇的双手中……”

她对无需缝纫的服装的探索，很接近一些以平面整片裁剪为特色的传统服装：杰拉巴长袍、卡夫坦长袍、达尔玛缇卡袍都为她的套装、连衣裙、大衣和斗篷带来了灵感。《Harper’s Bazaar》对她赞赏有加：“阿莉克丝小姐，一个聪明的艺术家，她的创造力很快就将Alix时装屋推到了一线。”1939年，同一本杂志宣布了她第一个也是唯一一个孩子安娜的诞生。

1940年6月，热尔梅娜·克雷布斯带着她的女儿离开巴黎去上加龙省的圣贝阿村避难，在那里有几个Alix公司旗下的工坊。她的先生去了大溪地，故而没有同行。1942年，一些变故让她不得不从退隐生活中走出来。因为她被别有用心的人举报为犹太人。她不得不亲自向占领时期的当局还原真相，然后与恶意举报者当面对峙，并狠狠地赏了对方两个耳光。

回到巴黎后，在时装大师吕西安·勒隆（时任巴黎高级时装公会主席）的支持下，她决定用她卖掉Alix公司的股份所得到的大量资金独自创立一个属于自己的品牌。她的新时装屋坐落于和平路1号，取名为“格雷（Grès）”，这是她丈夫给自己的绘画作品签名的时候用的笔名（她的画家丈夫对于名字被借用这件事感到很不舒服，他觉得这位设计师的爱情占有欲太过强烈，让他无法呼吸，所以他再也不回来了）。时装屋在1942年8月1日开业。从Alix到Grès，并没有明显的变化。热尔梅娜·克雷布斯很珍爱自己的艺术，她用四个字母替换另外四个，但是对于从第一批人造丝针织褶皱衣开始，就为她带来荣耀的设计风格，她没有做出任何改变。她还是坚持毫无装饰的素淡设计——尽管极简主义的概念那时还不存在。

她第一个系列推出的时候，还在德国占领期间，这给她带来了不小的麻烦。因为她设计了一系列蓝色、白色、红色的连衣裙，而发布会的压轴款同时有这三个颜色。德国人关了她的时装屋。她躲到了比利牛斯山中。战争结束后，她又拿回了应有的地位，在设计师中名列前茅。

****

一季又一季，服装秀都在她白色沙龙的修道院氛围中相继推出，她习惯在服装秀开始时将她的时装屋关门落锁。这对她自己和不太习惯安静和沉思的观众们来说都是一种仪式。她觉得注意力应该集中在裙子上，任何事物、任何装饰都不应该让人分散注意力。所有的重点都在裁剪中，在款式的建筑结构中。她的模特妆都很淡，不戴帽子、首饰和手套。她们不是像稀有装饰品一样被点缀和展示的漂亮娃娃。她们是穿着为她们量身定制的服装的人体，她们表达了躯体的重要性，表现了一个人身上所有的真实和动人之处。

“完美是我追求的目标之一，”她说，“要让一件礼服在时代变迁中生存下来，它必须极致纯粹。这是一个创作得以生存的秘诀。”埃德蒙德·夏尔·鲁[1]将她定义为“伪装成少妇的独裁者”，并且补充说：“她太能保守秘密了，要让她承认自己是怎样的人比从黑手党领导那

[1] Edmonde Charles-Roux，1920年4月17日～2016年1月20日。法国时尚记者、小说家。1966年凭借《忘掉帕莱姆》获得龚古尔文学奖，著有《香奈儿传》等作品。——译者注

里获取信任更费脑筋。”劳伦斯·博纳伊姆[1]认为，“她进入时尚界就和别人进入宗教一样”。塞利亚·贝尔坦[2]觉得她是一个将强硬的性格隐藏在温柔的嗓音下，外表看起来脆弱的女子：“她身上蕴含的张力和爆发力都让我惊讶。”吕西安·弗朗索瓦[3]也评价：“她掌控一切。虽然外表脆弱，但是体内聚集着强烈的能量。她的脸很窄，宽阔的额头上总是裹着头巾，眼睛里总是闪着狡黠，这就是格雷夫人。”

****

让我们在面向媒体开放的服装秀当天进入她的沙龙。这里笼罩着一种礼拜堂的气氛，尽管稍微有些拥挤。旺德弗尔男爵夫人是公共关系主管，负责把客人们安排到稍显狭小的空间。这里有以埃德蒙德·夏尔·鲁为首的《VOGUE》杂志的智囊团。这里有刘海儿盖到了眼睛的埃莱娜·戈尔东·拉扎雷夫[4]和她的《ELLE》杂志团队。玛丽·路易丝·布斯盖[5]和美国人集体臣服的卡梅尔·斯诺一起带着《Harper's Bazaar》的全能记者团队。这里还有《费加罗报》的记者奥古斯丁·达巴迪，萨阿德夫人带着《艺术与时尚》团队，卡斯塔尼耶夫人带着《巴黎高级定制与时尚公报》团队……她们在当时的权力和埃莱娜·德图尔克海姆、珍妮·萨梅特、苏西·门克斯[6]在后

[1] Laurence Benaïm，1961 年出生。法国时尚领域的记者、作家。因撰写伊夫·圣洛朗的传记而为人熟知。——译者注

[2] Célia Bertin，1920 年 10 月 22 日 ~ 2014 年 11 月 27 日。法国文学家、小说家，曾获得 1953 年的勒诺多文学奖。——译者注

[3] Lucien François，1934 年 3 月 26 日出生的比利时法学家。——译者注

[4] Hélène Gordon-Lazareff，1909 年 9 月 21 日 ~ 1988 年 2 月 16 日。来自俄罗斯犹太裔的法国记者，于 1945 年创立了《ELLE》杂志。——译者注

[5] Marie-Louise Bousquet，1885 年 9 月 29 日 ~ 1975 年 10 月 13 日。法国时尚记者。被认为是最早发现克里斯蒂安·迪奥潜力的人之一。——译者注

[6] Suzy Menkes，1943 年 12 月 24 日出生于英国。英国著名记者兼时尚评论家，现为 VOGUE 网站独家撰写全球流行时尚动态的评论文章。——译者注

来的几十年中所拥有的权威一样。嘘，演出开始了。

从第一件初显其技术的大衣到最后一件引起全场欢呼的晚礼服，整个系列都是由一些最不精致、最不像模特的女孩来展示的。没有任何伪装。可能款式不够多，秀很快就结束了。在时尚的灌木林里，再一次生长出了一棵高大的象牙树。格雷夫人出现在了走廊的尽头，这里通向更衣室，她刚才就在里面仔细检查每一件衣服的穿着。她没有画一点妆，轮廓很像霍尔拜因[1]笔下的人物。大家对她的称赞让她感到惊讶。她只是交出了她的作品。这有什么非同寻常的吗？狡黠活泼的她在疲劳的工作中崭露头角。

和其他所有设计师一样，格雷夫人设计的服装系列受欢迎程度会有高低起伏。但是在她这里，几乎没有垃圾作品。她设计的作品没有一件是无足轻重的，也从来不会让人感到束缚。无论是挖得很深的背、褶裥编织的上身、衣服裹身的方式，或者只是用特别柔软的面料裁剪的里子。她让身体和这些被称为“喷涌”“藤蔓”“滑音”的线条之间产生了亲密的联系，这些线条充满了流动感和活力。

如何定义这位设计师标志性的“格雷褶”呢？2011年春天在布代尔博物馆举办的“格雷夫人展”的组织者们是这么说的：“顺着一根经线方向每3cm收一个平褶，每个褶1.5cm深，这一连串的褶从背面缝合，正面有2mm的高度。这个创作过程促使拉辛纺织厂在20世纪60年代末生产出了一种超常宽的真丝平纹针织面料。通过这位设计师无法模仿的工艺，280cm宽的面料被缩到7cm宽。褶裥被无数大头针仔细地固定在包了牛皮纸的人台上。针织面料直接从卷筒上边抽出边操作，全部结束后才从卷筒上剪下。然后由被叫作‘褶皱缝纫工’的工人将完成的褶皱结构缝到有鱼骨支撑的胸衣上。制作上衣部分的褶皱衣片延长，自然下垂，就构成了裙子。一般来说，她的褶皱礼服的裙子部分用料达到13 ~ 21m。”她优先考虑简单造型，将寻求解决方案作为审美的基本原则。她的现代性主要体现在三个

[1] 小汉斯·霍尔拜因（Hans Holbein），1497 ~ 1543年。德国文艺复兴时代的画家，擅长油画和版画，以肖像画最为出名。——译者注

方面：材料、技术、色调。

材料是首要的。“他们为我开发了特别棒的面料”，她很喜欢这么谦虚地说。她是第一个使用真丝平纹针织布的设计师，这种面料也是专门为她而织的：比如Djersafyn、Derjsyl、Dersatimmix等型号的面料。“真丝平纹针织布让人一下子就想到了T恤，”巴黎时尚博物馆加列拉宫（Galliera）馆长奥利维耶·萨亚尔说，“要知道，在20世纪50年代，迪奥、法特或者巴尔曼推出的都是有相当厚重感的服装，需要用烫衬和衬垫才能做成。而格雷不用烫衬。”即便是特别严肃的日间套装裙——比如温莎伯爵夫人经常穿的那些，也因为创新使用了柔软轻盈的双面羊毛呢，穿起来像是第二层肌肤。在一件鸡尾酒裙上，她成功地将罗缎和羊毛呢结合在了一起，光泽感和哑光感创造出了质感、光线和体量的对比。

然后是技术。格雷夫人是一个裁剪偏执狂，毫不夸张地说，她完成每个系列都要磨损至少三把剪刀。对她而言，裁剪能实现对身体的解放。“当我用真丝面料在模特身上做出褶皱的时候，面料会在我手中做出反应，我试着理解并且判断这些反应。”这位裁剪大师说，“我就这样根据面料本身的意愿，创作出裙子的线条和造型。”她那令人赞叹的技术可以让针织面料缠绕在身体上，并且展现身体的轮廓，用精巧的褶子收起余量，突出腰部的曲线。永远不会出现腰部太厚、臀围笨重、领口不雅的现象。

最后是色调，格雷风格的三大支柱之一。她很喜欢那些难以捉摸的灰蓝色。各种色调的白，克里特岛和岛上光线的颜色。帕尔马堇菜紫、橙色、柠檬色、淡绿色。她是一个无与伦比的配色大师，能找到准确的色调和色彩过渡。

****

尽管她的晚礼服所获得的成功在很长一段时间里都遮掩了她日间装的光芒，她的服装系列超越时间的特性至今仍让人惊叹。这位裁剪大师驯服塔夫绸和羊毛呢的技艺天下无双。她对结构清晰的套装裁剪技术的掌握完全不亚于对线条流动的礼服裁剪技术的掌握。她的鸡尾酒短裙褶裥很宽并且固定成型，线条清晰而轻盈。她用法兰绒或者男式西装面料做的套装裙极其精致。格雷夫人指责同时代的设计师炫目而肤浅的想法，在她看来这是高级定制时装衰退的根源。在她这里，技术是某种形式的绝对存在，必须要将其推向极致。当克里斯蒂安·迪奥的新风貌风靡巴黎的时候，她也从不使用紧身褡：对人体及其动态的尊重优先于外形的精致美丽。不同于自1948年开始发展许可证策略的迪奥，她拒绝将自己的名字贴在高级定制时装之外的地方。

她也是一个唯美主义者。“花若盛开，蝴蝶自来”，有一天她说，“重要的是，要有能欣赏美的眼睛。”这是一个古怪的女人，这个喜欢中世纪的家具、维米尔[1]的画、拜占庭的十字架、豪华小轿车、精美的花束的女人，可以穿着破洞的雨衣去跳蚤市场，但是坐的是由西班牙司机驾驶的海蓝色捷豹车，车子里端坐着一只难看的京巴狗，名叫米西格。她让人将她车子的座椅都铺上水貂。她不抽烟、不喝酒、不出门。没人知道她的社交生活。我们对于她的私人生活可以说是一无所知，所知道的只有这么几件事：她的丈夫彻底远走波利尼西亚给她带来了很大的伤害；她对后来成为她助理的女儿安娜的爱有些专横；她很宠爱她的外孙女，每次发布会都让她做头排观众，并且会非常认真地听取她的意见。她永远戴着头巾，从不解开，这和她纯素颜的苍白的嬷嬷脸相得益彰。她个人风格鲜明，总是穿着大斗篷或者阿拉伯风格的无袖长衣，刻意的毫无装饰，甚至连口袋都没有。一点香水（1959年发行的香水“倔强Cabochard”[2]获得了成功）让产品线更加完整。“我没有真正的私人生活，”有一天她很

[1] 约翰内斯·维米尔（Johannes Vermeer），1632年10月31日～1675年12月15日。荷兰优秀的风俗画家，“荷兰小画派”的代表画家。代表作品有《戴珍珠耳环的少女》《花边女工》等。——译者注

[2] 这款香水由檀香、淡雅的西普调、令人陶醉的晚香玉、麝香等香味，以少许香根草味维系在一起形成的绝妙混合。

有自知之明地说，“我把自己全部献身给了公司以及公司的员工了。我的家庭肯定比我牺牲了更多。我不得不牺牲了一些和我共事的人的私人生活。”好像没有任何事情能让这个最认真干活的女设计师分心。

就像她刚刚进入这个行业的时候一样，她自己裁剪样衣，在准备新系列的时候，她几乎都不在公司出现了。她就驻扎在家里，窝在公寓最里面的卧室里，与世隔绝，只在要把款式分给各个工坊加工的时候才走出卧室前往和平街。她送去的样衣是完全做好的，只是用大头针固定。和她一起工作了很久的工坊首席工艺师都非常习惯她的裁剪。但是这些未来的礼服挂在衣架的铜质横杆上或者一片片铺开的时候，对于那些不熟悉她工作的人来说是完全摸不着头脑的。一个系列做好了，她就开始准备下一个。做礼服对她而言不是一件随便对付的事，否则艺术就不能称之为艺术而变成了一场游戏。这是她的天职，其他一切都毫无意义。

她是高级时装界的铁娘子，在自己的时装屋有着绝对的权力，对于那些劝说她像很多设计师那样迎合一些贵客的建议，她统统都拒绝。有人说她太幸运了，有机会接触到那个时代最美丽的女子和伟大的灵魂，比如科克托、吉罗杜、保罗·瓦雷里[1]等。对此，她回答：“也许吧，不过我没跟他们说过话。”她都是靠作品说话。从1933 ~ 1987年的五十多年里，她就像是时装史的铅垂线，一边是传统和经典，另一边是即将来临的服装革命。

20世纪60年代初她的公司显出了某种颓势，即便她为阿迦汗王妃[2]、摩纳哥王妃格蕾丝或者戴安娜·弗里兰[3]设计了服装也无济

❶ Paul Valéry，1871年10月30日 ~ 1945年7月20日。法国作家、象征主义诗人，法兰西学院院士。——译者注

❷ la Bégum Aga Khan，1906年2月15日 ~ 2000年7月1日。阿迦汗三世的妻子。曾获得1930年法国小姐称号。——译者注

❸ Diana Vreeland，1903年7月29日 ~ 1989年8月22日。法国著名时尚专栏作家与编辑，曾任《VOGUE》与《Harper's Bazaar》杂志时尚编辑及纽约大都会博物馆服饰研究院顾问。——译者注

于事。她经历了一阵茫然的时期。想象力好像匮乏了，难道是因为内心的痛苦吗？直到1967年的某一天，《VOGUE》杂志新主编弗朗辛·克雷桑建议她忘掉她的古典主义，为年轻而性感的女性设计服装。一语惊醒梦中人，于是诞生了为终于走出丧夫之痛的杰奎琳·肯尼迪制作的第一条美妙的礼服，这是一件白色真丝礼服，前面有一件黑色天鹅绒的围裙，这件衣服的照片传遍全球。一种性感精致的新风格诞生了，从大胆开缝中透出的肌肤光泽和裁剪的线条碰撞出了意想不到的效果。这种情色游戏是这位设计师在创作后期，1966 ~ 1988年褶皱技术的特色。针织面料的褶皱被做成绞成绳索状或者编成辫子状，构成礼服的衣褶变成了纯粹的装饰。格雷夫人将这些各自独立绞扭的面料在上身穿插缠绕，下半部自然散开，形成裙子。这让那些尊贵的客人，比如钢琴家热尔桑德·德奥尔良公爵夫人，纽约最时髦的女子南·坎普那，崔姬[1]、罗斯柴尔德男爵夫人、芭芭拉·史翠珊等，都对之大为赞叹。

知名度和声望的回归让她很陶醉，低调的格雷夫人从此开始喜欢社交，变得更加快乐、更爱说话。她主宰着高级定制时装整体命运走向，收获各种奖项，到处旅行，骄傲地看到自己的作品在各个博物馆中展出。但是她仍然保持清醒的头脑，也没有放弃嘲讽的态度，哪怕是对于别人给她的奉承。她仍然保持着神秘感。卡地亚的总裁娜塔莉·霍克能见到她也是因为这家珠宝公司要和Grès公司合作，推出一条新的首饰线。她也同意了在1980 ~ 1981年秋冬季推出第一个成衣系列。她说得很漂亮："我不是走下街头，我是登上了马路。"

虽然这个系列是由格雷夫人设计的，但是款式的最终实现要归功于服装设计师佩吉·休恩·金（Peggy Huyn Kinh）。她对这个巴黎的"修道院"留下了深刻印象，这个"修道院"被一个腰间系着一根腰带，上面挂着公司所有钥匙的女人守护着："她有些方面几乎就

[1] Twiggy，1949年9月19日。英国模特、歌手、演员。时尚界的第一个真正的超模，第一个按小时收取高额费用的模特。——译者注

是一个女版的蓝胡子[1]，让人印象非常深刻。怕冷的她穿着狐狸毛皮大衣。对于她喜欢的人，她温柔又处处保护，对于其他人，她态度生硬。她很害怕失去友谊。有一天，我没能按时赴约，她像个孩子一样地生气。”成衣业务只做了两季，1982年年底，她把香水和配饰业务出让给了英国的必成（Beecham）集团，然后将获得的资金重新投入到高级定制时装屋。公司的衰落开始了。

****

可能是荣耀让这位艺术家忘了一些实际的危机以及心中对那些总是试图骗她的商人的不信任。1984年，最坏的事终于发生了，贝尔纳·塔皮（Bernard Tapie）集团得到了格雷公司66%的股份，打算对时装屋进行重组。一开始，话说得很好听：“我们将会让世人知道，格雷夫人会做的不仅是褶皱。我们将推出成衣线。”戒指刚套上手指，他就开始巧妙地吹捧他的夫人多米尼克是“新格雷夫人”，并且抨击格雷夫人没有天赋！对于这位将马克·奥迪贝放到关键岗位上的商人，她拒绝交出一点权力，她用尽全力反对他打算用她的名字开发办公家具的计划。这是角力的时刻。她看着自己的资料散落一地，贷款被终止，一天早上，她带着她的剪刀、大头针和像圣物盒一样挂在脖子上的裁缝盒一起消失了。

她已经不再有斗志，从而放弃了战斗。塔皮在1986年9月把时装屋卖给了雅克·埃斯特雷尔（Jacques Esterel）公司。1987年春天，在拖欠两年租金后，面临的是破产申请。时装屋的资产被清算。什么都无法阻止司法程序的运行，哪怕是于贝尔·德·纪梵希再一次显示绅士品质出手相助，最后也无济于事。但是经济的现实、被遗忘的票据、咄咄逼人的挑衅把格雷夫人击败了。她原本美妙的冒险在悲伤中落幕。“那一天是1987年5月8日，”她工坊的首席工人马

---

[1] 法国诗人夏尔·佩罗（Charles Perrault）创作的童话故事的同名主角。——译者注

蒂娜·勒努瓦告诉《巴黎竞赛报》记者，“小姐——我们都是这么叫她的——被彻底击垮了。我在院子里看到她，穿着一身海军蓝套装，一件黑色大衣——她很怕冷，头上裹着一条米色的头巾。她坐在一张小椅子上，周围都是纸箱，她脸上挂满了泪水。”

三层楼一天之内都被搬空：“他们砸了家具和木头的人台。面料和礼服都被装进了垃圾袋。”安娜·格雷对劳伦斯·博纳伊姆说。她的话也得到了多个女工的证实。“那时谁都没有动，”格雷夫人的女儿进一步说，“我不让司机朱利奥把我母亲带来，她还是来了。我看到她穿着她的黑色小裙子，看起来就像是一个幽灵。这一天她才意识到，她的人生被偷了。”第二年，格雷时装屋被日本的八木通商有限公司（Yagi Tsusho Limited）以一千万法郎的低价收购，并且至今还在这家公司名下。香水被以一千五百万法郎卖给了拉莫特—托雷尔（Lamotte-Taurelle）控股公司，后来成为里昂信贷的子公司阿尔图斯金融的产业。

“当日本人成为买主的时候，我亲自找到贝雷戈瓦[1]试图干预，”高级定制时装公会的老板，雅克·穆克利埃（Jacques Mouclier）说，“这是一个法律上的漏洞，我们无法阻止出售。她不是一个生意人。我给她写信，但是从来没有收到回信。她好像打定主意要离群索居。”可能还有一个原因是，在那个年代，相较于她的艺术作品的品质，大家更喜欢她的某些同行的媒体艺术。另外，被她温柔的嗓音掩盖的固执的性格，她的心直口快和不合时宜的独裁专制有时也会带来不利的影响。格雷夫人最后一次公开亮相是参加在巴黎歌剧院举办的时尚奥斯卡颁奖，奥黛丽·赫本在这次活动中获得了奖项。格雷夫人的最后一个作品是受赫本的御用设计师于贝尔·德·纪梵希所托制作的。她用剩下的一块面料做了一条印花连衣裙。还做了一件以和服为灵感的后背宽大的宽松上衣，显示了她对传统服装一

---

❶ 皮埃尔·欧仁·贝雷戈瓦（Pierre Eugène Bérégovoy，1925 年 12 月 23 日 ~ 1993 年 5 月 1 日）法国社会党政治家，乌克兰血统。1984 ~ 1991 年担任财政和经济部长，弗朗索瓦·密特朗时期的法国总理（1992 ~ 1993 年）。——译者注

如既往的兴趣。“很抱歉，我没有箱子可以装您的礼服了。”赫本叹息着说。于贝尔·德·纪梵希让她穿他的设计。于是这条被包装起来运走的礼服成为最后一件由格雷夫人亲自设计亲手制作的礼服。

这些事情都让她筋疲力尽，1990年，她和女儿一起住到了旺斯。一年后，她住进了位于瓦莱特—杜瓦尔的一家老年精神病理学老人院。业内人士以为她在法国南部过着安宁的生活，但是她独自一人，没有头巾，没有司机，甚至几乎没有收入，公司遭到野蛮清算时的场面给她造成了毁灭性的打击，她只是自己的阴影。这位经历了荣耀和苦难的女裁缝，终于在1993年11月24日悄无声息地离开了人世。

“妈妈走得很安详，”她的女儿说，“我想要保护她。所有曾经利用过她的人都还会靠她来吸引注意。”安娜·格雷将她母亲的死讯隐瞒了一年多，她将这个做法解释为：“爱的秘密”。为了混淆视听，她还在1994年秋天，纽约大都会博物馆举办格雷夫人特展的时候，以她母亲的名义给被称为美国时尚圣经的《女装日报》寄了一封信：“谢谢你们让我表达，谢谢你们没有将我遗忘。格雷夫人。”安娜·格雷继续她的谎言：“妈妈没来，”她对一位采访记者解释说：“她不认识我了。她需要休息。她爱听音乐。就好像有人把她的脑子挖了一块出来，扔进了垃圾桶。我不希望大家见到这样的她。这是对她的背叛……她现在不戴头巾了！”《世界报》记者劳伦斯·博纳伊姆发现了秘密。经过认真调查，她得到了由格雷夫人出生的巴黎十七区政府提供的死亡证明。1994年12月14日，她所在的日报揭露了新闻《格雷夫人被隐藏的死讯》。劳伦斯·博纳伊姆认为：“这是时尚史唯一的案例：我们从没见过一个人死了两回！”可是也许说死了三回更加确切：20世纪80年代中期她时装屋的倒闭，她的生命在无人问津中走向“秘密”死亡，以及一年后她被“官宣”死亡。

各种言论都出来了。工坊的老工人提出了另一种说法：格雷夫人的女儿为了拿到最后的钱把她母亲“非法拘禁”起来了！老太太们揭发说安娜·格雷在她母亲周围建了一个真正的屏障，拒绝把她的联络地址和方式给她最后的朋友，比如弗朗索瓦·密特朗[1]的大姨子古兹·雷纳尔想让一个医生朋友给她治疗痛苦的眼部带状疱症，结果无功而返；娘家姓斯伦贝谢的格吕内夫人想把她接到自己家住也没有成功。安娜·格雷对此辟谣道："我是因为爱才隐瞒我母亲的死讯的。妈妈还有一个姐姐，我不知道如果她得知了这个消息会怎样；而且，那时候我没有钱给她买下一块配得上她的墓地。"于是，时尚界最伟大的女子之一就在贫困和无人问津中陨落了。"业内人士在我眼中就是狗屎！格雷夫人就是高级定制时装的波斯尼亚！"她的女儿愤怒地抨击。

格雷夫人凭借她的褶皱和吉罗杜式的无袖长衣在时尚界掀起了巨浪。她正直，探寻美，在追寻目标的道路上目光坚定。这是一个高尚的目标：打扮女性躯体，更好地显示她的神秘和光彩，坚定地尊重身体的自然特性，绝不去约束她或者重塑她，相反的，是以她为核心来塑造服装。精灵在她的礼服中穿过，吹一口气就能让它们鲜活起来，就像是献给永生的祭品，将永恒经典品味的精髓具象地表现了出来。

❶ François Mitterrand，1916年10月26日 ~ 1996年1月8日。法国前总统（1981 ~ 1995年在任）。——译者注

卡尔旺
（Carven）

“正是因为我觉得自己太矮了，我才决定为自己设计衣服。”卡尔旺夫人总是这么开玩笑地说。身高1米55的她在1945年5月24日建立了自己的高级定制时装屋。之后，她为小个子姑娘（以及高个子姑娘）设计了两万五千款连衣裙，也就是平均每年六百款。

卡尔旺夫人充满活力，善于观察，求知欲强，脾气暴躁，慷慨大方，爱乱花钱，因为“钱就是用来花的”，头脑清晰，倔得像头驴，她就像是战后的艾尔莎·特里奥莱。她有一种异国风情，脸部线条精致，脸型呈较宽的三角形，美丽的眼睛异常明亮，让人以为她是俄罗斯人。她的父亲来自多洛米蒂山脉[1]，她礼服的手工美感就是由此而来，她的母亲是地道的法国人。她的名字是利比里亚风格的“卡门”。她很快就嫌弃这个名字了：“我的父亲是个资深乐迷，他叫我卡门因为他喜欢比才[2]的歌剧……另外，在我长大的宗教寄宿学校里，总有人不停跟我说：顶着这么个命运悲惨的女人的名字是怎么想的！”

[1] 位于意大利东北部威尼托区和特伦蒂诺—上阿迪杰区交界的边缘地带。——译者注

[2] 乔治·比才（Georges Bizet），1838年10月25日～1875年6月3日。法国作曲家，世界上演率最高的歌剧《卡门》的作者。——译者注

****

阿道夫·德托马索（Adolphe de Tommaso）伯爵肯定没有想到，他对音乐的热爱会给他1909年8月31日出生的女儿带来这么大的困扰。她后来有个妹妹，名叫罗拉，这个名字来自歌剧《乡村骑士》。另外正是因为音乐，让他在图尔的一座城堡里认识了一位蓝眼睛的女高音，并且很快与她结婚。他很自然地收购了《剧院》杂志，这个投资是个无底洞，但是他却非常高兴，因为“所有的女歌唱家都为了能登上封面而讨好他”。所以她的父母都很有钱，父亲是出版人，母亲属于顶级上流社会。他们的生活很铺张，卡门和罗拉都在蒙特卡洛度假。每年夏天都会在海滨看到她们。

两个孩子穿着羊绒斗篷，被安置在敞篷车的后座，被要求乖一点，半路在著名的普安夫人餐厅停下，吃饱之后重新启程，前往摩纳哥公国。他们住在巴黎酒店。父母在赌场玩或者在体育场让人拍照。两个小姑娘在蒙特卡洛海滨俱乐部游泳。卡尔旺夫人对地中海和蓝色海洋的阳光一直都情有独钟。少年时的她显示出了绘画的天赋。她的自画像可以证明这一点，画中的她脸都露出来了，短短的马尾用一根丝绒带子系着。她那时可能就画过一些裙子的速写了，因为她的阿姨若西·德布瓦里旺经常带她去参加高级时装发布会。

卡门·德托马索在美院学习建筑，因为她想成为建筑师和装饰设计师。可是她后来辍学了，因为要去出版社给她父亲做帮手。在关上她的画夹之前，她有机会结识了建筑师罗伯特·马莱·斯蒂文（Robert Mallet-Stevens），他最著名的作品是位于耶尔的德诺阿耶别墅。他有一个迷人的弟弟菲利普·马莱（Philippe Mallet）。两人一见钟情，并且很快就在巴黎一区市政厅登记结婚了。卡门很快被允许去听她大伯哥的课，这对她影响深远。她承认：“他的艺术让我深深折服。他所教我的给了我极大的帮助，因为我觉得自己更像建筑师而不是画师。一个服装系列是对比例的研究。一张画，好看就行，但这不是现实！只有在真实的模特身上比例才是真实的。”

在她位于库塞尔路94号的小公寓的客厅里，卡门做了第一场模特秀。她的事业就是从这里起步的。她曾对塞利亚·贝尔坦说："当我开始经常出入高级定制时装屋的时候，我发现所有模特都是高个子，所有的服装款式都是为高挑的女性设计的。没有适合我穿的裙子。我想要证明，用简单的服装，娇小可爱的小女孩也能达到这样的效果。"卡尔旺很快就明白了她的体型所蕴含的信息。把看起来是缺点的因素变成优势。市场空隙很有潜力。就差一个名字了。卡门保留了她名字的第一个音节，把它和她阿姨若西·德布瓦里旺（Josy de Boyriven）姓氏的最后一个音节合在一起，于是就有了这个响亮的名字：卡尔旺（Car-Ven）！

她的地址很快就换到了香榭丽舍圆形广场6号，她的沙龙用绿色和白色来装扮，那是她的幸运色。她说"就像那些大马厩的配色"。她设计了空间装饰：整体白色的空间只用一些金色的木头和几抹嫩草绿来烘托。一切都是从最简单的手工作坊开始："一开始，什么都是我自己做，"她跟《费加罗杂志》解释，"我开着我的小米老鼠[1]去送我做的连衣裙。我到了客人那里，他们让我从工作人员楼梯上去；早上我打开时装屋的门，晚上我把它锁上。那时我身边只有一个工坊首席工人，叫苏珊，她没有时间工作，和她在一起的还有两个工人。"到了1960年，她的员工多达三百人！她事业初期最成功的是一条名为"我的爪印"的连衣裙，这条裙子用白绿相间的条纹混纺棉布做成。之后每个系列中的主打款都叫这个名字。

****

她想要在灰暗的战争年代结束后再现美和雅致。很快，她推出了符合她形象的时尚，年轻，主动，平易近人……而且适合小个子穿着。通过裁剪技巧，她让小个子缺少的几厘米长出来了，并且取

[1] Topolino 是意大利语米老鼠的意思，是菲亚特在 1936 ~ 1955 年生产的车型，是世界上最小的车型之一。——译者注

消了多余的填充。腰间用一连串褶裥收紧。瘦小的女性终于也有为她们量身定制的时尚服装了！她也很注意面料的品质：真正好品质的棉布、羊毛和真丝。她的成功还在于微妙的色彩组合。卡尔旺设计了很多腰收得很细的连衣裙，突出模特们的蜂腰。在她最初的客人中就有娇小迷人的女演员薇拉·克鲁佐[1]。因为导演乔治·克鲁佐非常满意她为他夫人制作的衣服，就请她为他的下一部电影《马侬》中的女演员设计服装，其中饰演女主角的是塞西尔·欧布里[2]。

卡尔旺为了她年轻的客人，改变了战后几年时尚界最重要的元素之一：紧身褡。她和玛丽·罗丝·乐比戈合作，发明了第一款为少女设计的文胸“希尔薇讷”。她还特别为抹胸连衣裙设计了著名的浅口胸罩，取名为“小阳台”。1948年，她从古埃及汲取灵感设计了一系列款式，到了夏天，她将粉白相间的方格布引入了时尚，并且在她此后的每一个系列中都会有一款是用这种面料做的。1949年，她第一次使用来自非洲和大溪地的纺织品。

她是率先将少数民族面料，比如非洲土布或者巴提克印花布，融入西方造型的服装中的先锋设计师。名叫“多哥”的夏季连衣裙获得了巨大的成功！婚纱很快就成了她的特色。甚至于在她的秀场上，“新娘”不是作为压轴出场的，而是在众人的欢呼声中作为开场出现，而且不止一个。六个，八个，十个，像烟花般绽放。她的款式灵感都来自她儿童时期的童话故事、宫廷礼服、卢浮宫里欣赏的大师绘画中的礼服。白色在她这里的主导地位不足为奇。这个白色，被她分解到最重要的细节中去：不同寻常的螺旋形领子、精妙的泡泡袖、成人礼舞会礼服上的蕾丝。套装利落完美，晚礼服青春洋溢。

卡尔旺工作的时候，面料获得了活力，褶皱出现在恰到好处的地方，造型和色彩互相呼应，在翻边或者齿形花边的映衬下更加突

---

[1] Véra Clouzot，1913年12月30日～1960年12月15日。巴西裔法国演员。——译者注

[2] Cécile Aubry，1928年8月3日～2010年7月19日。法国演员、导演、剧作家。——译者注

出，这些细节都展现了一种风格、一种调性。她在她的明星模特“法比安娜”或者独特的“叙夏”身上灵巧地将薄纱、绉绸或者奢华的天鹅绒塑型，突出完美的裁剪和结构严密的褶裥。我们理解为什么那些舞蹈演员、歌手和演员都来找她借礼服了。艾莉娜·拉布代特[1]、雅克利娜·弗朗索瓦[2]、帕塔舒[3]、妲妮·罗宾[4]、安娜·韦尔农[5]、丽娜·雷诺[6]、吕德米拉·切里纳[7]、弗朗索瓦斯·克里斯托弗[8]、让娜·夏拉、玛丽·约瑟·纳特、妮可·库塞尔、布里吉特·佛塞[9]、达妮埃尔·德洛姆[10]、奥黛特·茹瓦约[11]、西蒙娜·西蒙、玛蒂娜·卡罗尔[12]等都成为她的常客。米歇尔·摩根也很快就成为接纳这个时装

---

❶ Elina Labourdette，1919年5月21日～2014年9月30日。法国电影女演员。——译者注

❷ Jacqueline François，1922年1月30日～2009年3月7日。法国歌手。——译者注

❸ Patachou，1918年6月10日～2015年4月30日。法国歌手、演员。——译者注

❹ Dany Robin，1927年4月14日～1995年5月25日。法国女演员。——译者注

❺ Anne Vernon，1924年1月9日出生的法国女演员。拍摄了很多意大利、英国、好莱坞电影。——译者注

❻ Line Renaud，1928年7月2日出生的法国女歌手、演员、杂耍歌舞领衔主演。——译者注

❼ Ludmilla Tchérina，1924年10月10日～2004年3月21日。法国舞蹈演员、演员、作家、画家、雕塑家。——译者注

❽ Françoise Christophe，1923年2月3日～2012年1月8日。法国女演员。——译者注

❾ Brigitte Fossey，1946年6月15日出生的法国演员。——译者注

❿ Dani è le Delorme，1926年10月9日～2015年10月17日。法国电影女演员、制片人。——译者注

⓫ Odette Joyeux，1914年12月5日～2000年8月26日。法国女演员、小说家。——译者注

⓬ Martine Carol，1920年5月16日～1967年2月6日。法国女演员。——译者注

屋理念的名人之一。

卡尔旺也给公主王妃们设计服装，其中包括埃及的法伊扎公主、玛丽亚·皮亚·德萨瓦和加布里埃尔·德萨瓦、法国的公主们（其中戴安娜成为符腾堡公爵夫人），还有泰国的诗丽吉王后。渐渐地，妈妈们、姐妹们都穿上了她的服装。因为贵族们都爱炫耀自己穿的Carven。她为即将在1952年嫁给瓦莱里·吉斯卡尔·德斯坦[1]的腼腆的安娜·艾莫讷·德布朗特设计了一件巨大的礼服，最上面用褶皱拉夫领严密包裹，很具有“克莱芙王妃”[2]的风格。卡尔旺夫人还为未来的希拉克夫人贝尔纳黛特·乔德隆·德库塞尔设计了婚纱礼服。

让人感触颇深的是，她从来没有像迪奥那样，给自己打造时尚统治者的形象。她总是面带微笑，和爱发火的香奈儿形成了鲜明的对比。卡尔旺从来不觉得自己能和马德莱娜·维奥内相提并论，但是有一点她还是可以骄傲一下的，那就是在成衣出现之前，她就把某种轻松的气氛带入了20世纪50年代经常太过于充满幻想的高级定制时装。她取消了垫料、衬布、鱼骨等，努力让她的服装穿着更为舒适。

卡尔旺最好的作品主要集中在1945 ~ 1955年，它们优雅地表达了战后无忧无虑的生活。俏丽的小礼服和午后装表现出失而复得的生活乐趣；那些俏皮的轮廓让人想起贝内娃娃[3]。埃德蒙·德罗斯柴

---

[1] Valéry Giscard d’Estaing，1926年2月2日生于德国的科布伦茨市。1974 ~ 1981年间担任法国总统。2003年获选为法兰西学院院士。因主持起草《欧盟宪法条约》，又被誉为“欧盟宪法之父”。——译者注

[2] 法国小说家拉法耶特夫人（Madame de La Fayette，1634 ~ 1693）所著的小说《克莱芙王妃》（*La Princesse de Clèves*）的主角，小说以亨利二世（1547 ~ 1549）时的宫廷为背景，影射了17世纪后期的皇室生活。——译者注

[3] 雷蒙·贝内（Raymond Peynet），1908年11月16日 ~ 1999年1月14日。法国著名漫画家。他设计的乳胶娃娃创造了超过600万件的销售奇迹。——译者注

尔德[1]在一次晚宴上认识了迷人的年轻演员娜迪讷·泰利耶[2]并为之倾倒，当时她穿的正是一件卡尔旺的黑色蕾丝礼服。20世纪50年代，新奇之风在社会上引起了震动，卡尔旺立即紧跟时代。

艾尔莎·斯基亚帕雷利、梅吉·罗夫、吕西尔·芒干[3]塑造的是专注于创作的有点专制的女裁缝的形象，她们制定礼规，与大众保持一定的距离以显示自己在好品味方面绝对的话语权。卡尔旺的形象要温和得多，她不把自己对时尚的理解强加于人。她也以某种形式展现了这个职业更加亲民的形象。她走在了即将出现的成衣设计师之前，通过无数次的世界巡演，在各国首都展示她的服装系列，揭开了高级定制时装的神秘面纱。她与和她相像的客人维系着良好的关系，也不怕亲自参与宣传工作。她在市场营销方面很有天赋。她意识到电影是一个极佳的传播媒介。当长篇电影《乱世佳人》终于于1950年在法国上映的时候，卡尔旺设计了一个以斯嘉丽为原型的礼服系列。随着电影到各地预播映，她的模特就在换胶卷的空档时间里出来展示她的服装。1951年她为雅克·贝克[4]的电影《爱德华与卡罗琳》设计了剧服。

1953年，她为亨利·乔治·克鲁佐[5]的电影《恐惧的代价》制作了剧服，之后这位导演又请她继续为电影《恶魔》设计服装。1959

---

[1] Edmond de Rothschild，1926年9月30日～1997年11月2日。法国银行家、律师、艺术品收藏家。——译者注

[2] Nadine Tellier，1932年4月18日出生的法国女演员，1963年与埃德蒙·德罗斯柴尔德结婚。——译者注

[3] Lucile Manguin，1899年出生的法国高级时装设计师，于1928～1960年活跃在时尚界。——译者注

[4] Jacques Becker，1906年9月15日～1960年2月21日。法国电影导演、编剧。——译者注

[5] Henri-Georges Clouzot，1907年11月20日～1977年1月12日。法国电影导演、编剧、制片人。曾先后获得威尼斯金狮奖、戛纳金棕榈奖、柏林金熊奖。——译者注

年，西蒙娜·西尼奥莱[1]在好莱坞领取奥斯卡最佳女主角奖的时候，穿的就是一件华美的卡尔旺礼服。在马塞尔·阿夏尔[2]取得巨大成功的话剧《傻瓜》中，她为苏菲·多米耶设计了服装。她说："这部剧演出了7年，所以要经常更换服装。这部剧让我形成了天真中带着点邪恶的风格。"此外，她还以帕斯卡尔·奥德雷[3]为灵感创作了一个服装系列。

她没有格雷夫人的专注，也不似伊夫·圣洛朗那样腼腆或者雅克·法特般滔滔不绝，但是她和他们一样有巴黎的优雅，注重礼服的美感以及裁剪和制作的精良。她不会慷慨激昂地聊时装，但是她知道她有好的品味和想法。"我总是有很多的想法。"她毫不含糊地说。让我们一起来关注一下这个充满创造力和活力的设计师。

****

1951年，她在纽约开了第一家Carven精品店。1954年，在庆祝巴黎解放十周年之际，她将她的香水"我的爪印（Ma Griffe）"的小样挂在用品牌标志色做的降落伞下，在首都全城投放。后来所有人都窃取了用试用小样做新品推广的主意。1955年，她创作了第一批丝巾，以及"Carven青少年"产品线。此后，她发放了多个授权许可证。1956年，她推出了两个档次的奢华毛衣，1957年她说服路易丝·德维尔莫兰和她联手展示一款专门为晚装设计的长筒袜。她还设计了自己的第一个领带系列。1961年开设了皮草部。因为经常坐

---

❶ Simone Signoret，1921 年 3 月 25 日 ~ 1985 年 9 月 30 日。法国最伟大的女演员之一，曾获得第 32 届奥斯卡金像奖最佳女主角奖、第 12 届戛纳国际电影节最佳女演员奖、第 21 届柏林国际电影节最佳女演员奖、第 3 届法国电影凯撒奖最佳女演员奖。——译者注

❷ Marcel Achard，1899 年 7 月 5 日 ~ 1974 年 9 月 4 日。法国著名编剧，于 1959 年当选为法兰西院士。——译者注

❸ Pascale Audret，1935 年 10 月 12 日 ~ 2000 年 7 月 17 日。法国女演员。——译者注

飞机，1965年，她很自然地投入了空乘服装的设计。她改变了航空公司机组人员的形象，之后交警也有了标志性的蓝色——雪青色，她还设计了奥运会运动员的服装。1968年，推出了第一条饰品线。她与格扎维埃·热兰[1]合作，开发了一个完整的男装成衣系列。卡尔旺很知道如何与时俱进。1970年开始，她进军远东，她那些为小个子女性设计的服装非常适合日本女子。1974年她赢得了巴黎机场竞标，为戴高乐机场设计工作人员制服。1988年，她发行了针对媒体和零售商的《卡尔旺新闻报》。她带着她的模特满世界跑，每次走秀都会带出她香水的香气。

她根据自己的诸多旅行和写生素描，创作了很多异国风情的款式："鹈鹕""瓮""象牙海岸""海藻"。早在伊夫·圣洛朗之前，她就创作了一个"鸦片"系列，并且在"我的爪印"之后又陆续推出了其他香水："活水""晚礼服"、男性香水"香根草""改变""卡尔旺夫人""花冠""阴谋"等。1969年，她为精品店开发了一系列夹克、新奇首饰、挂件，还为五到十二岁的小女孩设计了一些和她们母亲同款的连衣裙。

她经常说："我拒绝设计那些无法穿着的款式。我喜欢让人变美，而不是给她们乔装。不需要那些奇形怪状也可以很独特。优雅，并不来自冲击。"但是，她需要文化的冲击来刺激她的创造力。"我总是求知若渴。"她对《我们的时代》杂志记者说，"我很幸运能拥有一支同样喜欢旅行的团队。在国外，我观察当地的服装、居民和风景。我一直都热爱学习，我是世界上最有求知欲的女孩。我对所有的一切都感兴趣。我喜欢亚洲和非洲，因为这两个大洲保持了它们的特点。"卡尔旺还说："每个系列开始前一个月，我都会出去旅行，洗涤我的灵魂。这时候，就好像我已经没有我的高级定制时装屋了。我把我的脑子彻底清洗一遍。当我回来的时候，我感觉自己是全新的。晚上和周末的时候，我回到我的乡村别墅，那是一处毗

[1] Xavier Gélin，1946年6月21日～1999年7月2日。法国演员、电影制片人。——译者注

邻尚蒂伊城堡的小城堡，原先属于奥马尔公爵，我在里面思考接下来要创作的款式。在我位于香榭丽舍圆形广场的白色和金色的沙龙里，仅有的装饰是十一支从一座城堡的教堂里找来的摄政时期的壁灯，成堆的面料在那里等着我，开工吧！”

对于工作，卡尔旺是一个完美主义者，不接受模棱两可的结果。同时她也是个享乐主义者。每次的夏季系列她都是在位于阿盖的别墅里筹备的，可以在地中海潜水或者滑水。她让人建了一座摩洛哥式的住所，色调还是她标志性的白色和绿色：意大利石松色调釉彩瓦片来自中国。她邀请了全世界的朋友来这里做客。大家在这里游泳，在树荫下午餐。上流社会的社交晚宴是她在蓝色海岸生活的重点。她的餐桌上总是有很多客人，因为她喜欢众星捧月的感觉。很少听到她讲话，她让别人自我表现。她的招待宴总是能体现出她的创造力和审美。她的好朋友弗洛蕾特和雅克·亨利·拉蒂格[1]夫妇总是和她走得很近。弗洛蕾特·拉蒂格还记得：“她总是很善于把自己的烦恼都关在工坊里，然后在她周围营造出一种充满了快乐和友谊的家庭气氛，并且知道如何热情地赞美一切。”

她在阿盖设计了无数泳衣和与之搭配的沙滩衣。还有“Carven高尔夫”那是让人愉悦的一个运动服装系列。每年她都会推出一个滑雪衣和泳装系列，充分运用视错觉效果和色彩的和谐搭配。每一次的创新都那么恰如其分。当她待在诺曼底的乡村别墅的时候，她会花大量的时间来照料那个给她很多设计灵感的花园。当她缺乏灵感的时候，她就去世界各地有着异域风情的小岛上采风，回来的时候，她的旅行手帐里满满的都是手稿。最后，她甚至在安的列斯群岛上买了一栋房子，她可以在那里潜水、打高尔夫，还能给自己留几个小时画画。

关于她享乐主义的生活乐趣、她职业的压力，她是这么说的：“高级定制时装是一个迷人的职业，因为它每六个月就要改变。你没

---

[1] Jacques-Henri Lartigue，1894 年 6 月 13 日 ~ 1986 年 9 月 12 日。法国画家、作家、知名摄影师。——译者注

有时间厌倦，或者去习惯一个系列……你还很高兴地想多看看自己刚刚创作出来的作品的时候，你就得将它们忘了，开始想下一季的设计。”她一直都更喜欢朴实而不喜欢夸张，喜欢轻松愉悦多过严肃拘谨，她总能给她的作品带来一些清新自然的调调。她的一生都在追求美，她也通过发放许可证和推出配饰，让她的世界更加亲民。

****

一切看起来都像是田园诗一般美好，但是1966年她的服装秀亚洲巡演结束的时候，她遭遇了一个沉重的打击！她的先生去世了。她的模特们陪在她周围安慰她，她则加倍地投入到工作中去。需要回复的吊唁信堆成了山。其中有一封信吸引了她的注意，这封文笔非常优美的信来自勒内·格罗格（René Grog）。资料显示，这个瑞士商人住在福什大道，他公寓里的18世纪家具可以与最著名的国际博物馆中的藏品相媲美，更不要说他收藏的那些名画。他用极大的耐心殷勤地追求卡尔旺，终于和她牵手，并在六年后结婚。“格罗格已经不是一个因为和名人生活就会飘飘然的小伙子了，”米歇尔·德福尔热说，“他和她是一代人。而对卡尔旺而言，除了他收藏的那些罕见精美的藏品外，也没有别的可以震撼到她的东西了。”1973年，卡尔旺和勒内·格罗格做出了一个非常重要的决定，将遗产捐赠给卢浮宫，这也被卢浮宫博物馆称为“世纪捐赠”。她又重新找到了生活的快乐。当她不住在福什大道的时候，她就在她的督政府风格的隐修院“诺奈特”里，在那里孔雀、粉红色的火烈鸟、袋鼠在巨大的草地上尽情享受。

在卡尔旺五十年的工作和每年六百款作品中，最打动人的是，她能时刻保持清醒，捕捉时代的脉搏，从中汲取灵感，甚至走到时代之前。流行趋势的概念非常清晰。她总是以年轻女孩的眼光看待美，就像是一种永恒的青春。这种清新就是她的青春永驻的灵药，让她已经超过了103岁（直到写下这行文字的时候她还健在）[1]。娇小的个子、棕色玳瑁头箍、平底鞋、厚重的金手镯，这就是卡尔旺夫人的典型形象。她总是来去匆匆，总是忙忙碌碌，在物质方面获得了极大的成功，脆弱的外表下是全副武装的心，随时准备投入战斗。

她是一个行动派和决策者。她还记得："我的新品发布会，冬天在马里尼剧院进行，夏天在加列拉博物馆进行。"她看事情的角度非常简单，就是一个女商人的观点，不会拖泥带水。当然在她做选择的时候，她的判断非常准确。她不说空话大话。因为她的韧性，她连续五十年完成了每年两季服装的重任。她知道要坚持到自己最初设定的极限，这也许就是她成功的秘诀：真正的精益求精！1990年5月，她总结了自己的理念："进入一个沙龙，就想着要吸引所有人的目光，这不是一个真正优雅的女子应该有的野心。真正优雅的女子不会试图带来冲击。她应该是通过细节和精致来表现优雅。一个想要惊世骇俗的女孩子，在我看来很俗气，简直太俗气了！真正的优雅，应该是带着点克制的考究。只有那些女演员们适合夸张。这是她们的角色使然。"

但是也不要认为卡尔旺过于谨慎或者墨守成规。她一直都在寻求新鲜元素。首先，她运用民俗元素，她很喜欢这些色调艳丽和谐的面料，去其糟粕、取其精华。1946年，她名为"桑巴"的礼服灵感来自巴西的裙子。冬季的晚装则是将鳞光闪闪的刺绣和黑色面料结合在了一起。1948年，她宣布："我的连衣裙将永远保持它们清新年轻的风格，圆肩、细腰、裙子蓬起，方便行动。"埃及给她灵感设计了一系列纸莎草色的以"瓮"为线条的礼服。1950年，她推广了非洲棉布和丝巾时尚。1951年，罩衫像画一样美，阿兹特克[2]刺绣定下了基调。1952年，她推出了两个相反的线条："棕榈树"系列的廓型又长又直，"太阳"系列的裙子蓬得很大。1954年，晚礼服的裙撑往横向发展，而上半身就像穿在紧身胸衣中。1955年的灵感来自

[1] 卡尔旺夫人于2015年6月8日去世，享年105岁。——译者注

[2] 墨西哥的印第安文化。——译者注

京剧。1956年，粉色调和印花面料回归了。1957年的沙漏线条再现了卡尔旺的主题词：轻盈、欢乐、年轻。下一年是执政府风格：腰线特别高，系在胸围下的腰带在髋部飘荡。1959年春天，卡尔旺将细麻布和刺绣蝉翼纱、绗缝棉布和马德拉刺绣结合使用。服装的基本款是柔软的套装。1960年，她拉长了上半身，套装的上衣改成了长外套，并且从埃及汲取灵感，设计了髋部有宽腰带的长裙。裹身裙和开襟短背心都很让人惊喜。有一年，整个系列都是用巴提克蜡染做的。1963年夏季系列，我们看到了粉色格子布连衣裙，领口有蕾丝装饰。1964年，受亚洲文化影响，卡尔旺展示了以巨大的鲜花、叶子、五颜六色的鸟儿为主题的薄纱服装。

在之后的几年里，卡尔旺的礼服线条流畅，强调了较高的胸部线条。大衣短而干练，只稍稍收腰，她还很喜欢小礼服上简单的领子或者娃娃领……一年又一年，卡尔旺建立了一种流行的时尚，去除了所有夸张做作的东西！“卡尔旺的一个服装系列，就像是一抱鲜花，”意大利作家马拉帕尔特[1]说，“所有的年轻姑娘都想把鼻子凑上去闻一下。”

****

随着一季又一季雷打不动的新系列发布，时光匆匆而过，模特们换了一代又一代，许可证也发了很多：卡尔旺始终被她的同行喜爱和尊重。她的设计主题也许有些重复，少了点惊喜，太过周正的古典主义少了点魔力。当她把公司的股份出让一部分给埃德蒙·德洛希尔的时候，大家都知道这是为了更好地保证品牌的持续发展。1993年，在她84岁生日的时候，她结束了自己的设计生涯。她没有孩子，她的教女妲妮·德布瓦里旺没敢继承阿姨的衣钵。

[1] 库尔齐奥·马拉帕尔特（Curzio Malaparte），1898年6月9日～1957年7月19日。意大利记者、剧作家、小说家。早期作品有法西斯主义倾向。但20世纪40年代的作品转向谴责法西斯主义。——译者注

不久，各种荣誉都落在了这个将典型的巴黎时尚完美再现的设计师身上。1978年，她被授予艺术和文化骑士勋章。1995年她在加列拉宫庆祝从业五十周年。第二年，她被晋升为荣誉军团军官勋位。2002年，卡尔旺夫人的捐赠作品在加列拉宫巴黎时装博物馆展出，她的晚礼服精彩绝伦。2009年，这位自学成才的设计师优雅地庆祝了自己的百岁生日。这位高级时装界的女长老似乎得到了永生！

Carven公司在2008年被SCM集团（由亨利·塞宝恩和马克·斯提克曼创建）收购之后，于2010年重新开始做时装秀，并且只做成衣。由纪梵希的前设计师纪尧姆·亨利（Guillaume Henry）担任艺术总监。他只保留了卡尔旺的精神，就像有人离开房间后，留下的一缕香水味。这是带着清新、率真、优雅调性的香水。高级定制时代的设计，他都当成珍贵的遗产，尤其是对服装的完美设计和对材料的准确使用。他将朦胧的轮廓和干练的线条混搭，粗花呢和薄纱混搭，平纹针织布或者小羊皮塑造的乖巧而纯朴的样子，不加太多配饰。但是一些怀旧的人非常怀念往昔那些礼服标志性的造型和壮观的刺绣：卡尔旺的记忆和她著名的“印记”。

与卡尔旺这个名字紧密相连的无忧无虑和轻盈成为一种风格。她有一种与众不同的超脱，一点谦虚，在高级定制时装的世界里注入了一股友好的气氛，清新又充满善意。

索尼娅·里基尔
（Sonia Rykiel）

顶着一头浓密的红发，常年黑衣打扮的索尼娅·里基尔，有一点高傲，有一点疯狂，张扬艳丽，自恋虚荣。即便帕金森综合征打碎了她坚强、有头脑、有权威的女性形象，她仍然是时尚界最伟大的女宗师之一。她在很多方面都是独一无二的。她把毛衣翻过来穿，让时尚反向发展，推出了一种令人惊叹的风格。索尼娅·里基尔之所以在时装史上有着举足轻重的地位，是因为她从职业生涯一开始就着力研究去除多余装饰的设计，四十年一直保持着创造力。

从2007年起，她的大女儿娜塔莉开始掌握公司的领导权，但是索尼娅那双绿色的鹰眼透出坚定的眼神，肯定地说，从圣日尔曼大道175号走出来的所有产品都必须得到她的认可。她所创建的品牌，她所创造的时尚成为一个传说。这个时尚帝国有超过四百名员工，在2011年香港利丰（Fung Brands）投资公司收购其大部分股份前，它是仅剩的财政独立、自负盈亏的法国家族时尚集团。娜塔莉·里基尔在苏格兰人艾普莉·克里什通（April Chrichton）的支持下，继续担任公司的副总裁，并且在2012年9月迎来了新的创意总监吉拉尔多·达孔塞高（Geraldo da Conceicao）。他的使命就是要依托品牌丰富的内涵以及创始人与几代女性客户维持的良好关系，设计女装成衣和配饰，重振品牌的创造力。

1968年，在特别有象征意义的5月，索尼娅·里基尔的第一家精品店开业了，她是针织服装的灵感缪斯，是发明了我们今天所穿成衣的极少数设计师之一。她是女性穿衣新方式的开拓者，构建了一整套既有个性又普遍适用的衣着。这位双子座的设计师，她的服装世界也是两面性的。一方面极其女性化，另一方面极其严谨，非常好穿搭，但是总带着一些“改变全貌的小细节”。里基尔风格的主要特色就是柔软的针织、深沉的黑色、玻璃珠花、钩针小帽、极长的围巾。她使出了各种诱惑的手段挑战权威：她是第一个在服装上用涂鸦的设计师，第一个颠覆时尚的设计师，她去除了衣服的翻边，她将外衣翻转过来穿。她每六个月孕育出一个服装系列，热衷于“打破陈规，去除了时装内衬，拆开了折边，夸大了服装的尺寸”。时尚对于里基尔而言，就是自由、女人味、流动性。

****

索尼娅·弗里（Sonia Flis）1930年5月25日出生于巴黎，她本是犹太人，但是她的祖父母鲜少在她面前讲起他们的血统，她就像是个法国女孩一样被抚养长大。战争将很快破坏这一切。她的父母不信教，他们不过赎罪日。她的叔叔菲利普还记着自己的犹太血统，也是家里唯一一个会带他们一起参加宗教仪式的人。在宗教节日的时候，他会带索尼娅去犹太学校，或者参加她的堂兄弟的犹太男孩成人礼。星期六，女人们做美味的犹太饺子，小小的饺子里包的是奶酪或者蜂蜜，还有一点点肉桂。她的俄罗斯祖母有着像圣母像一样的乳白色肌肤，她的祖父有着哥萨克人的长相，蓝眼睛，高颧骨。因为她的红发和俄罗斯人的长相，索尼娅即便在斯拉夫族裔中也培养着自己的与众不同。索尼娅·里基尔对《ELLE》杂志记者说：“我的童年，我的根基，是乡村、书籍、小摆件、小点心和下午茶，非常有契诃夫描写的氛围，什么都很富足。太多的深情、糕点、音乐、感动和怀旧。我那个喜欢在空闲的时候画画的做医生的叔叔教我如何欣赏一幅画。那些姑姑和奶奶们，从大笑到落泪，从兴奋到绝望，只要几分钟的时间。”

在这个文化与艺术交融的俄罗斯—罗马尼亚资产阶级环境中，

她爱上了波西米亚和艺术。假期的时候，全家人都会聚集在位于孔拉维尔的别墅中，那里给她带来了很强的家族归属感，并且能让她火爆的脾气平息下来。“我那会儿不太漂亮，头发红得惊人。这让我显得特别与众不同。我知道，在中世纪，红发女子是要被当作妖术施以火刑的。所以我要么隐藏自己要么积极表现。我选择为自己争取荣耀。作为一个女孩世界里的跛脚鸭，这是更好的选择。”她从小就是个名副其实的假小子，骑自行车都不握车把，也不和别的小女孩一起玩过家家和洋娃娃的游戏。“我小时候很极端，”她承认说，“我曲解了变强大的意义，有点夸张。我那时候喜欢极致，喜欢壮的、宽的、大的。”

她讨厌褶皱装饰的连衣裙、流苏装饰的短袜、女式三角裤。她爬树，把裙子撕了，制服了她的同学们。“我那时候完全不像个女孩子，”她说，“我只和我的堂兄弟们玩，从来不和堂姐妹们玩。我总是有和别人不一样的想法。”法妮带来的影响是非常积极的。她总是灌输她的女儿们要尊重和热爱书本。就像她那个年代的很多女性一样，她没有接受过任何系统的教育，但是她非常喜欢文学并且非常小心地照管她书房里的书。对于索尼娅来说，阅读和触手可及的小说始终是必不可少的。

这是一个传统中产阶级平庸的童年吗？她的父亲阿尔弗雷德是一个钟表行业的旅行销售人员，经常神龙见首不见尾。索尼娅有四个妹妹：达妮埃尔、雅尼讷、弗朗索瓦斯和穆里尔。每个孩子出生的时候，法妮都会埋怨一句“为什么不是个男孩呢？”索尼娅扮演着老大的角色，看管着几个妹妹，并且非常享受这个位置给她的威望。她总是能以她的方式成为某个群落的首领。固执又叛逆的她和男生们吵架，当有人在校园里欺负她的妹妹的时候，也总是挺身而出，保护她们。

战争开始了，这个女孩的名字太特别，对她来说是一件危险的事。所以这时起，索尼娅改叫阿内特了，这是她身份证上的第二个名字。她只能逆来顺受，但是假装忘了这段灰暗的记忆，家人们的小弥撒，害怕被检举，躲到枫丹白露边缘一处租来的房子中。这是受到保护的童年没错，但也是承受了磨难和野蛮对待的童年。还好，阿尔弗雷德幸运地设法弄到了全家人的洗礼证明。

她真正的童年创伤不仅在于她没能吸引到父亲的注意，还在于她让母亲失望了。直到高中，她一直都是第一名，最好的那个。而之后，男孩子们开始让她分心了。她想要吸引他们的目光，引起他们的注意。这占据了她大量的时间，所以她就停止了学习。她获得了很大的成功，尤其是她总是目空一切，说谎，搔首弄姿。她第一次沦落到要留级的地步。她和妹妹们穿着同样的系带皮鞋，同样的高档社区的服装，田园诗般美好的形象在泰尔讷大道造成了一定的影响。“我高考失败又拒绝复读的事让我母亲受到了打击。她非常后悔，就好像我背叛了她一样。”索尼娅开始扮演风骚的懒人，用跳蚤市场上买来的装饰物点缀自己的裙子。她想要画画，创作，参观博物馆，还说想去美院学习。她喜欢雕塑、学院派绘画、裸体像。法妮以传统的方式对这一切做出了反应，她请一个开裁缝店的朋友帮忙照看她。他同意雇索尼娅了，但是她总是摆脸色，并且什么都不想学。

面对女儿各种一时兴起的想法，法妮劝说她进了位于歌剧院广场上的“布朗大商店”，让她可以有所事事。索尼娅说：“在我周围，大家都觉得这只是权宜之计。如果有人觉得我将来会从事时尚行业的工作，不管是什么工作，这个想法在当时都会被当成个笑话。”在公司里，一个被她的魅力吸引的金发男员工建议她试试做陈列的工作。她自由发挥想象力，创作了一些色彩缤纷、设计独特的橱窗。“一天早上，”这位设计师回忆，“经理把我叫去了办公室。办公室里有一个白胡子老人，他转向我说：‘小姐，您很有天分。我听说橱窗里的那些丝巾都是您选的。我很想把它们都买下来。’我说：‘谢谢先生。’后来我才知道，那是马蒂斯[1]。”他在这个年轻的姑娘身上发现了什么特别的东西呢？然而索尼娅并不想做一辈子的橱窗设计师。她这时唯一的想法是要找到一个丈夫，然后生几个孩子，就和她妈

---

❶ 亨利・马蒂斯（Henri Matisse），1869 年 12 月 31 日 ~ 1954 年 11 月 3 日。法国著名画家、雕塑家、版画家，野兽派创始人和主要代表人物。——译者注

妈一样！

****

她走进了一家巴黎大酒店，那里正在举办一场犹太组织慈善舞会。她遇到了山姆·里基尔（Sam Rykiel），一个大她5岁的英俊男子。他戴着眼镜，看起来就像是知识分子。她说她感受到了一见钟情："我嫁给了父亲一样的人。他强壮有力，博学多才。"一切都进行得很快：订婚，请附近的裁缝做长袖蕾丝婚纱，在犹太教堂里，在婚礼的欢呼声中，他们在犹太教士面前完成了婚礼，随后是在皇家蒙索酒店举办的招待宴。二十岁的索尼娅是美丽的，她总能成为目光的焦点。她看起来就像契诃夫小说中的女主角一样纤瘦，她的皮肤还保留着童年的气息：她是一颗真正的红发珍珠。这对年轻的夫妇最初住在位于国家广场的公婆家，后来搬到了穆拉大道的挑高公寓里。

山姆·里基尔已经在时尚业工作很久了。因为他的父母在勒克莱尔将军大道有一家名叫"罗拉（Laura）"的成衣店，所以他是从成衣业开始的。顺理成章的，索尼娅也将从这里真正开始她的时尚生涯。但是婚后的索尼娅只有一个愿望：早日怀孕。她很快就如愿以偿了！她的孕肚就是她的骄傲。但是当时市面上准妈妈们的衣服都很肥大，这让她很恼火。为了要凸显孕妇的曲线，她拿起画笔，画出了最初的针织连衣裙的草图，让她丈夫手下的工人去制作。那时的她既不会画效果图，也不会裁剪或者缝制。娜塔莉出生了，索尼娅很快恢复了纤瘦骨感的身材。

1962年，她有了另一个关于服装的点子，她让人为她做一件特别短且紧身的小毛衣。样衣在威尼斯的毛衣工坊和挑剔的索尼娅之间来来回回了很多次才终于让她满意了。这是第一件在她的亲朋好友中引起热烈好评的毛衣。从这里开始到把它们卖出去，只需要跨出一步，位于奥尔良门的迷你小店"罗拉"成为20世纪60年代年轻的粉丝们奔走相告的地址。不久，里基尔一家，山姆、索尼娅和娜塔莉一起搬到了勒克莱尔将军大道上一个漂亮的公寓里。

但是这刚刚起步的成功并不能让她开心起来。她连续经历了五次怀孕和流产。每一次得而复失的宝宝都给这个年轻的姑娘带来了伤害。于是她不停画画。“我并不是想给女性设计衣服，我首先想要的是自我表达。”她后来说。

终于在1961年，她成功地生下了一个金发的小男孩，就像是战胜了命运，他们给这个孩子起名为让·菲利普。这是一个早产儿。三个月的时候，他们发现这个孩子的眼睛没有追随的目光。他们咨询了眼科医生，然而诊断结果是残酷的：他失明了，他的视觉神经因为育婴箱的氧气阀没关好而被烧坏了。正如索尼娅最小的妹妹说的：“为了逃避痛苦，她加倍地工作。她所创作的服装首先是有独特触感的，就像是在读盲文。而她对黑色的特别热爱也不是平白无故的！”娜塔莉·里基尔也得出了同样的结论：“一切都是从这里开始的。索尼娅的创作是在让·菲利普的失明中编织出来的。这一天是她生命的转折。她不得不将自己生命的潜在价值挖得更深更远。”

在接下来的两年里，她几乎足不出户，并且饱受严重的头疼折磨。然后这对夫妻也终于劳燕分飞了。山姆试图对他妻子荒唐的爱情视而不见，但是他忍不了了，索尼娅在让·菲利普七岁的时候搬离了他们的住处。山姆还是保持着他的优雅和智慧，送了她一间位于格勒内尔路上的店面。服装就像是一种欺骗世界的方式，骗过了自己也骗过了扰人的忧郁。

****

1968年5月5日，索尼娅·里基尔的冒险开始了。铺路石下是针织[1]！针织女王很快就意识到了这一点，她着手在女性服装中掀起一

[1] 原文“Sous les pavés, la maille!”。1968年5月法国爆发罢课罢工的五月风暴，其中一条著名的口号是：“铺路石下是海滩！（Sous les pavés, la plage!）”，它表达了在被石头硬化的城市下面发现沙滩所隐喻的自由与希望。此处借用了这句口号。——译者注

场比拉丁区每年春天更加持久的革命。“1968年，我已经有两个孩子了。”她说，“我离婚了，想要工作。我并没有参与扔石头的事儿，但是这并不妨碍我感受到这个街区充斥的疯狂、自由、繁荣和各种文化的碰撞。在这里，我决定开一家全新的时装店，用我自己的方式来卖我的设计。我们的店开张了，三天后又关门了。革命的气氛对于卖毛衣没什么好处。最后，格勒内尔路上的这家店在8月底才正式开张营业。在之后的几十年里，店里一直顾客盈门。”店铺的门牌号是6，她的幸运数字。

索尼娅·里基尔很高兴只需要按照自己的本能行事。她还不知道她最初的成功和故事将影响整整一代女性。这些女性在寻求新形象，寻找能创造新的穿衣方式，掀起时尚革命的新设计师。1968年，73岁的巴伦夏加在宣告高级定制时装已死之后，关闭了自己的时装屋。1971年可可·香奈儿的去世标志着一个时代的结束。一切都为新品牌、新体系的到来做好了铺垫。很多人都在努力满足女性消费者想要有格调且价格合理的服装的要求。

20世纪60年代末成衣数量激增。随着婴儿潮出生的那一代人（一百三十万年轻姑娘）涌进了市场。这是一场完全彻底的革命，它将为时尚产业带来巨大的震动。新女性的形象确立了，青春成为关键词。在雇主联合会的支持下，厂家很快作出了反应，为了适应新的市场，他们雇佣年轻的设计师，这些设计师将为成衣带来更加多样的风格，也将为之注入更加强烈的热情、幻想和个性。先后任职于“热尔梅纳与让娜（Germaine et Jeanne）”和“蔻依（Chloé）”的热拉尔·皮帕尔、“V de V”的米歇尔·罗西耶❶、“卡夏尔（Cacharel）”的艾玛纽尔·康❷、“拉穆运动（Ramosport）”的安

---

❶ Michèle Rosier，1930年6月3日～2017年4月2日。法国时尚记者、时装设计师，创立了“V de V”运动服装品牌。1973年以后开始从事电影导演和编剧工作。——译者注

❷ Emmanuelle Kahn，1937年9月12日～2017年2月17日。法国时装设计师、眼镜设计师。20世纪60年代法国新浪潮运动设计师的代表人物。——译者注

娜·玛丽·贝尔塔[1]、“多罗泰·比斯（Dorothée Bis）”的艾丽·雅格布森和雅克利娜·雅格布森、克里斯蒂亚娜·百丽[2]、雅克·德拉艾、让·布坎、尚塔尔·托马斯[3]等，都是掀起穿衣革命的长名单中的先锋者。销售网络当然也顺应了这种变化：一些像“多罗泰·比斯”一样的制衣厂开设了时装店，还有像“居迪勒（Gudule）”“艾娃（Éva）”“淘气（La Gaminerie）”这样的第一批精品店在巴黎出现了。

随着成衣设计师的诞生，高级定制时装的霸权走向了末日。高级定制时装对一季又一季的流行趋势，面料、造型、色彩的选择，翻边的宽度不再具有绝对话语权。甚至伊夫·圣洛朗都在1966年开设了“左岸（Rive Gauche）”精品店，这充分显示了成衣不可逆转的重要性。成衣设计师和精品店成为先锋。街头创意和成衣交相呼应。

从20世纪70年代开始，第二代成衣设计师，“时尚创意人”开始带节奏定调性。他们中有蒂埃里·穆勒[4]、克洛德·蒙塔纳、让·保罗·戈尔捷、安娜·玛丽·贝尔塔、阿涅斯·B[5]、阿瑟丁·阿拉亚、伊丽莎白·德塞纳维尔[6]和索尼娅·里基尔。他们都选择自立门户，营造一个和他们本人相像的世界。这一切都让流行趋势变得多元化。

因为和山姆离婚了，索尼娅可以更好地投入到她新的嗜好中。

---

❶ Anne-Marie Beretta，1937 年 9 月 24 日出生的法国服装设计师，代表作是为 Max Mara 设计的“101801”大衣。1986 年被授予艺术与文化骑士勋章。——译者注

❷ Christiane Bailly，1932 ~ 2000 年。法国时装设计师、工艺师。1962 年与艾玛纽尔·康共同创建了“爱玛·克里斯蒂（Emma Christie）”品牌。——译者注

❸ Chantal Thomass，1947 年 9 月 5 日出生的法国服装设计师。——译者注

❹ Thierry Mugler，1948 年 12 月 23 日出生的法国时装设计师、摄影师、导演。——译者注

❺ Agnès B.，由设计师阿涅斯·特鲁布雷（Agnès Troublé）于 1975 年 8 月 13 日创立的服装品牌。其中的 B. 是她前夫克里斯蒂安·布尔茹瓦（Christian Bourgois）姓氏的首字母。——译者注

❻ Élisabeth de Senneville，1946 年 10 月 16 日出生的法国艺术家、时尚设计师、新科技面料设计师。——译者注

她觉得自己不会再结婚。时尚成为她唯一的真丈夫。山姆·里基尔在1975年遭到袭击猝然离世。还有什么比工作更能让人得到安慰的呢？在这个领域，索尼娅是个真正的工作狂，画笔和本子永不离手。

****

索尼娅从一开始就意识到针织是她事业的基础，也是创作必不可少的驱动力。她要探索这种材料，融入她的艺术灵感和各种流行趋势，创造她自己的针织系列。材料和式样是构成她的面料风格的基础，她用细小但是识别度很高的元素编织她独特的语言。十多年的积累使这些符号成为她绝对的标志。

她推出的紧身粗毛线衫、皮草领羊毛大衣、大领口的衬衫、全针织紧身连衣裙一下子就吸引了很多人。她的首席工匠之一，马德莱娜·夏普萨尔在接受《ELLE》杂志采访的时候说："她坐在高脚凳上，居高临下的位子像是个观察站，她一个人自言自语，就像被她称作'服装'的玩意儿纠缠，产生了幻觉，用她修长的双手在空气中雕刻，同时像摇旗一样地晃着她火焰般的头发。"

在她事业起步之初，索尼娅·里基尔就已经知道她要做的是什么了，而她对一份周刊所说的话可以说是预兆性的："我要破坏规则和约束，我要去掉时尚的里子，拆掉翻边，改变尺寸。我要让时尚得到舒展和解放，创造出适合于我这样的女子的生活方式。一个照看小孩、吸引男人、参加各种聚餐和晚宴、出入剧院的女性。一个既有女性生活又有职业生涯的全能女性。"

然而一开始并不能预测到这场战役会打赢："我并非心甘情愿地进入时尚行业的，"索尼娅在另一次采访中很明确地说，"在最初的十年里，我一直对自己重复说：这是最后一次了，我不干了。不管是我的出身环境、我的心理，还是我的学习经历，没有一样对我进入这个行业是有帮助的。而且那时候还没有成衣设计师这个概念。我一开始很不好意思地请人帮我做在别的店里看不到的衣服。最后，正是这种一无所知给了我最大的帮助。我不停地摸索、实验，东拼西凑。正是这种东拼西凑成为当时成千上万其他女性也在寻找的。”

是真谦逊还是假谦虚？她最好的朋友雷吉纳·德弗尔热[1]在这位设计师永远的疑虑中看到了她的成功得以持久的秘密之一：“索尼娅的成功归功于她一直保持怀疑的态度。”她纠结，她思索。她并不关注街头、过往和怀旧的年代。她只挖掘她自己，她的欲望，她的旅行，她读过的书和她的爱好。“我能让我的时代变得耀眼，”她有点夸张地说，“制造戏剧化冲突，解开蝴蝶结，把看得见的地方拆开，把藏起来的地方重新缝合，颠覆形象，扯掉标志。我只看到镜子里我的映像，并且说，这是穿我衣服的所有女性的映像，大喊着我是当下，我是新事物，而往昔只是绊脚石，最好将它忘却，盖上盖子，弃它而去。但我知道这是错的，在当下，也包含了一些传统，一些被更改的过去的符号，被修改的要素；我所做的是将我孤立的设计思想和其他创意世界结合，将它们融合；我生活在各种动荡和光芒的阴影下；我专注于这项令人疯狂的工作，让它更加动荡，更加光彩夺目。”现在我们能更好地理解为什么媒体将索尼娅·里基尔称为“时尚理论家”，并且将她比作大明星了。“我的日常就是要无中生有，整理、打乱，破坏、建造。演绎、带动、夸大、提取我的每一个内心情绪。实际上要厚颜无耻，要尽人皆知，因为创作是一场自我博弈。”

一切都在加速进行。这位“冒险家”意识到了自己“创意人”的地位。卡尔·拉格菲尔德将她的一场秀录像了，让·保罗·戈尔捷一场秀都不缺席。所有人都很喜欢她的冒险游戏：露在外面的缝边、毛圈绒跑步服、从头到脚的全黑造型、翻转的衬里、取消的折边。索尼娅发明了“不时髦”的概念，在她推出的时尚著作《垮掉的词典》（*Dictionnaire déglingué*）中，她是如此定义的：“根据自己的身体而不是根据时装大师眼中的身体来做时装。这就像是一种离心操作，因为这是在时装设计师的形象基础上创造的独特形象。”也许正因为她不是专业出身，她敢于做一些其他人不敢做的反传统的

---

❶ Régine Deforges，1935 年 8 月 15 日 ~ 2014 年 4 月 3 日。法国小说家、出版人。——译者注

事：改变规则，打乱服装的比例。她设计的服装千变万化，都很适合旅行和应对各种意外。她设计了一些很大的衣服，发明了“披毯服装”和多功能服装。大衣或者斗篷，珠绒或者平纹针织，一件包裹住身体，另一件抵御寒冷或者目光。她那些服装的灵动感成为品牌的一个标志。

索尼娅善于观察、思考和感悟。她永远清醒的视线为她捕捉一切信息。但是她知道，时尚是一个艰难的专业，需要投入巨大的精力。一件衣服的成功要经历很多次试衣，需要拆线、重缝、计算，改领子、改袜子的颜色，要站在它面前，跟它对话，等它成型。然后从头来过。等着风吹来，带走尘埃，打碎枷锁。她很新潮，在20世纪60年代末的时候就已经开始谈论游牧女性、职业女性、穿着“制服”也能展现个人特性的女性，她还穿上三角裤强调自己的女人味。她头脑也很清醒：“很多女人还觉得花时间为自己选衣服是一件没有意义的事，这一点从她们在我店里时流露出来的罪恶感可以看出。而我的看法正相反，我认为通过穿衣方式来表达自己是一件严肃的事。这就是为什么我不愿意给她们建议，我只会给她们推荐一些单品，就像是美卡诺[1]拼装玩具。每个客人都自己来构建自己的造型。

她是一个有女人味的女权主义者，总是不停地演绎诱惑和挑衅的双重游戏。她主张我的身体我做主，是让模特裸露胸部走秀的第一人。她很喜欢条纹图案，也对当时波普青年重新关注的关于无裤党[2]和苦役犯的革命图形很感兴趣。格勒内尔路的时装发布会很快就满座了，大家都涌来看这个充满了时代气息的时尚。她觉得，服装不应该是只流行一个季节的一时之好，而应该能延续多年。她标志性的条纹为她暗沉的色调带来了活泼的气氛。黑色在她的服装系列

---

❶ Meccano 是法国拼装积木玩具品牌，历史比乐高更加久远。——译者注

❷ Sans-culotte，也译无套裤汉。此词原指法国大革命初期衣着褴褛、装备低劣的革命军志愿兵，后来泛指大革命的极端民主派。无裤党大部分是贫苦阶级的人或平民百姓的领袖，但在恐怖统治时期，公务人员和有教养的人都自称“无裤党公民”。——译者注

中扮演一个核心的角色，在秋冬系列中，它被巧妙地与灰色、栗色、深蓝色搭配在一起，在夏季系列中，则是与赭石色、棕色、白色和杏黄色搭配。

一季又一季，她创作服装的基本原则就是严谨精确。她说："当我试衣的时候，我不断地修改，直到款式毫厘不差。"在四周一片轮廓朦胧的服装中，里基尔的风格脱颖而出、大放光彩。一件衣服从远处就能被人一眼认出出自她的品牌，这就是对她最大的褒赏。

毛衣、口袋、可叠穿、开衩、彩色玻璃珠花、露在外面的缝份、全套造型、织物造花、长围巾、缠绕、文字。服装与自由完美结合，取得了巨大的成功。香奈儿和圣洛朗让长裤变得女性化。索尼娅·里基尔在这一点上走得更远：她的女主角们穿着阔腿裤，显得非常有女人味，同时双手插在马海毛的口袋里，阔步向前，带着一种让人无法抗拒的吸引力。"长裤代表着平等，"她强调说，"不是说和男人间的平等，而是和那些有着修长美腿的美女间的平等。"她想让她的女性客户更加自由和美丽。"在我所从事的职业里，我经常觉得自己像是一个演员，"她承认说，"作为角色的诠释者，每隔六个月我就会躲在幕帘后面，怕得要死，怀疑一切，时悲时喜，感受着毁灭、惊恐和可怜的情绪，可是我还是被时尚这个角色深深吸引。(……)我推翻它、拆散它、操纵它、改变它，我保证它会成为一个偶像、一个明星。"

她写道："在连衣裙和我之间，那是一场战争！"这场战役从面料开始。每天都有人给她送来各种各样的面料小样，这些最后都落到她手里被做成衣服。助理们因为面料的印花或者色调或者流动感而惊呼。里基尔夫人可不停留在表面，她要深入材料的纤维和强度。在她的深究下，材料承认、坦白、显示出自己的弱点，或者相反，显示出还未被挖掘的特性。这种新发现的特性一定会被发扬光大。单单一块面料，什么都不是。要将它打褶、剪裁、弄乱，给它一个方向，给它扣上纽扣，给它压力，并最终让它留下深刻的印象。她很喜欢朦胧的效果，可以加以润色、修改、布置褶裥、重新开始。她还说过："没有朦胧效果，就没有面料、没有材料、没有游戏。"

她极力吹捧条纹图案："我的条纹是很有辨识度的，它们是与众不同的，我可以非常肯定地说它们就是我的。"在她眼中，这是轮廓上的切口，一条线又一条线的延续。黑色是她的另一个标志："这是女性真正的颜色，它可以和更多的妆容颜色搭配。"

她对黑色的喜爱让人将她与香奈儿相比较，媒体甚至给了她一个"可可·里基尔"的称号。而她本人强调说："当我刚进入时尚行业的时候，我对一切一无所知。当然，香奈儿除外。她本人的形象和魄力大大超越了她的职业领域范围。很奇怪的是，今天，几乎所有的时装设计师都是男人。香奈儿度过的一生和我所向往的是一样的，穿着几件永不过时的衣服，像披巾一样柔软舒适。相较于时尚，她更多表达的是一种永远年轻的生活方式。她在男性化和女性化之间游走的这一面一直给我很多灵感。"

****

她从来没有想过进军奢华的高级定制时装吗？1998年4月，她对《ELLE》杂志记者说："只要我想，明天我就能够进入高级定制时装的圈子。但是，开工坊，雇佣首席工匠，一次又一次的试衣，这些从来都不是我感兴趣的事……当然，高级定制时装对于所有女性来说都有着不可抗拒的吸引力，这一点在我观摩伊夫·圣洛朗和克里斯蒂安·拉克鲁瓦的秀的时候我就体会到了。但是我的生活风格和他们所推崇的是完全不同的。当有人跟我说一件晚礼服上的刺绣需要耗时一周来完成时，我觉得我的呼吸都要停止了。带着包去旅行，即便遇到行李员罢工，也不妨碍你继续行程。但是如果这时候你带着的是一个个大箱子，那你只能坐在箱子上哭了。"

作为女人的里基尔几乎没有时间让时间停止。她快速地穿衣，轻盈地更换衣服。然而有一天，索尼娅敞开了大门，她对《ELLE》的记者说："我想要做高级定制时装，因为想要使用最美的材料和面料，独有的工艺技术（比如套装裁剪工艺）和刺绣艺术。我时不时地会有这样疯狂的想法：啊，如果我能做高级定制时装该多好啊！

我就像是一个梦想拥有一把斯特拉迪瓦里小提琴的小提琴手……”然而Rykiel帝国在高级定制的门口止步了。因为如果没有大集团的资金支持，没人会贸然进入这个领域。而Rykiel公司坚定地保持自己的独立性。而且索尼娅也过于叛逆，无法屈服于那些必须遵守的规定和标准。她自我意识太强了。

她生活和工作的地方在巴黎最有文学气息的街区的核心位置，离各个出版社仅一步之遥。她是这个非常巴黎风情的圣日耳曼德普雷的文化遗产之一，抗议大量时尚品牌入驻巴黎六区核心的投石运动没有波及她。她在这里享受到了优待。“我原来是一个右岸的小姑娘，”她在书中写道，“后来我变成了一个左岸的少妇。我喜欢布洛涅森林和蒙索公园的空气，但是对于卢森堡公园我就喜欢不起来，太陈旧，太密集，太满了。我摆好姿势，静静等待。然后我出现在了圣日耳曼大道……我让自己淹没包裹在这种只存在于六区的‘时间艺术’中，在这种围绕在我们周围的作家和古董商的‘气息’中，并且深深被它震撼。”她很喜欢描述她位于圣父街的公寓：“我很喜欢那个奇特的房间，非常大，一边的窗口对着花园，另一边对着马路，一条条橡木隔板上放满了银器、古董陶瓷、现代雕塑、金属杯，我的俄罗斯祖母和罗马尼亚外婆给我的两把巧克力壶，我的铅制小人，蓬朋[1]的鸭子，科克托的绘画、油画，贾科梅蒂的雕塑，安迪·沃霍尔为我作的肖像。它们对我而言就像是镜子、标记，这些生活的影像、放置在空间里的物品是根据我的视线调整的。在房间的中央是一只五米长的巨大的沙发，两边都可以坐人，上面放了很多靠垫。路易十五时期的躺椅上到处都是书，还有一个十米长的书架。壁炉里生着火。”

---

[1] 弗朗索瓦·蓬朋（Francois Pompon），1855年5月9日～1933年5月6日。法国著名的动物雕刻家，代表作《白熊》。——译者注

透过窗口，她能看到花园里的栗子树，皮埃尔·沙罗[1]的故居，埃菲尔铁塔闪亮的尖顶。在她家里，她故意堆砌出杂乱的景象：弗雷米埃[2]的铜雕，拉拉纳[3]的鸟，博纳尔[4]和埃利翁[5]的作品。她很喜欢在书架前的躺椅边席地而坐，躺椅成了她的书桌，上面是所有正在进行中的草图、画稿、散落的诗歌和文字。作为一个圣日耳曼德普雷街区的合格居民，她收集了很多作者的全集或者精装本，并且在这个街区她能在“书页的泡沫（Écume des pages）”书店和“桅楼（la Hune）”书店中找到满足自己阅读热情的各种书籍。“当我无所事事的时候，我就随手翻开一本书。比如很多人都在研读的瓦雷里、萨罗特[6]、莫迪亚诺[7]、巴特、杜拉斯[8]等。也有我喜欢的经典之作，比如夏多布里昂[9]的《墓中回忆录》，又比如我小时候就喜欢读的博须

[1] Pierre Chareau，1883 年 8 月 4 日 ~ 1950 年 8 月 24 日。法国早期现代主义运动中很有影响的设计师，是以室内、家具为主要设计方向的著名建筑师。——译者注

[2] 埃马努埃尔·弗雷米埃（Emmanuel Frémiet），1824 年 12 月 6 日 ~ 1910 年 9 月 10 日。法国雕塑家。代表作位于巴黎金字塔广场的圣女贞德镀金铜像。——译者注

[3] 弗朗索瓦·格扎维埃·拉拉纳（François-Xavier Lalanne），1927 年 8 月 28 日 ~ 2008 年 12 月 7 日。超现实主义动物雕塑家、装置艺术家。——译者注

[4] 皮埃尔·博纳尔（Pierre Bonnard），1867 年 10 月 3 日 ~ 1947 年 1 月 23 日。法国画家、插画家、版画家。——译者注

[5] 让·埃利翁（Jean Hélion），1904 年 4 月 21 日 ~ 1987 年 10 月 27 日。法国抽象派画家。——译者注

[6] 娜塔莉·萨罗特（Nathalie Sarraute），1900 年 7 月 18 日 ~ 1999 年 10 月 19 日。法国当代著名的新小说派作家及理论家。代表作品有《向性》《陌生人肖像》《怀疑的时代》《金果》《童年》等。——译者注

[7] 帕特里克·莫迪亚诺（Patrick Modiano），1945 年 7 月 30 日出生的法国作家。1978 年凭借小说《暗店街》获龚古尔文学奖，2014 年获诺贝尔文学奖。——译者注

[8] 玛格丽特·杜拉斯（Marguerite Duras），1914 年 4 月 4 日 ~ 1996 年 3 月 3 日。法国作家、电影编导。代表作有《广岛之恋》《情人》等。——译者注

[9] 弗朗索瓦·勒内·德夏多布里昂（François-Renéde Chateaubriand），1768 年 9 月 4 日 ~ 1848 年 7 月 4 日。法国作家、政治家、外交家、法兰西学院院士。——译者注

埃[1]的《诔词集》。如果出门两天，我就带两本书，出门一个月，满满一袋子书。书是和我一起旅行的男人的灾难。他可别背疼。”

****

她喜欢写作是因为她交了很多女性作家朋友吗？比如雷吉纳·德弗尔热、马德莱娜·夏普萨尔、埃莱娜·希克苏[2]、娜塔莉·萨罗特、埃利耶特·阿贝卡西[3]等。1979年她在格拉塞出版社出版了第一本书《我想要赤裸裸的她》，1988年在女性出版社出版了《庆祝》，接着还是在格拉塞出版社，1989年出版了《时装系列》，2005年出版了《正反倒置》。她还发表了一些儿童故事和爱情小说。别忘了弗拉马利翁出版的让人无法抗拒的《垮掉的词典》，以及她时不时地在别的地方插一脚。在她眼中，写作就是模仿、固化、描绘、记录。要有简洁的文风，有些词汇要像色彩一样，时隐时现。在生活中，她的讲话是连贯、杂乱、固执、重复、创新的。她的用词艺术配得上她的造型艺术。

她的传说非常有左岸风格，她得到了很多社会党激进知识分子的支持：利昂内尔·若斯潘[4]，他的妹妹诺埃尔·夏特莱[5]，他的夫人

---

[1] 雅克·贝尼涅·博须埃（Jacques-Bénigne Bossuet），1627年9月27日～1704年4月12日。法国主教、神学家，以讲道及演说闻名。他是路易十四的宫廷布道师，宣扬君权神授予国王的绝对统治权力。——译者注

[2] Hélène Cixous，1937年6月5日出生的法国诗人、散文家、作家、女权主义者。——译者注

[3] Éliette Abécassis，1969年1月29日出生的法国小说家、哲学教师、导演。——译者注

[4] Lionel Jospin，1937年7月12日出生。法国前总理，在2002年大选中失利而退出政坛。——译者注

[5] Noëlle Châtelet，1944年10月16日出生的法国作家、演员。——译者注

西尔维安娜·阿加桑斯基[1]……还有马雷克·阿尔特[2]、亨利·韦博[3]、安托瓦内特·福克[4]、法比安娜·塞尔旺·施莱伯[5]。还有索尼娅的精致晚餐，她女儿为她组织的宴会，索尼娅的男人们。这些男人大都是名人，是她作为真正的自由女性收集来的。还有花神咖啡，那是里基尔一家的后方基地。

在花神咖啡一楼，有一张桌子是永远为她预留的。她的生活都在这里度过：工作上的约谈，朋友间的午餐或者情人间的约会。她在这里做记录、写作、读书或者只是观察人来人往。在这个她最爱的食堂对面，圣日耳曼大道和圣父路的转角，骄傲地屹立着她的公司门面。这栋气势宏伟的六层楼建筑中，设有负责媒体、风格、时尚、配饰、授权珠宝的办公室，还有各个设计工坊和总裁办。索尼娅端坐在六楼，周围都是昂贵的摆设和充满爱意的照片。精品店与设计工作室之间只隔了一层楼。在只有几个射灯照亮的昏暗房间里，她在助理汤姆和塞尔日的陪同下，给她的工坊首席工人祖祖提出建议或者调整方案。样衣由美丽的科特迪瓦模特摩根试穿。她是公司签约模特。在设计工作室中专门辟出的挑高隔层中，有二十来人为女装成衣的制作不停工作。

****

Rykiel时装屋与里基尔氏族很容易混淆起来。这是一个家族故事，也是一个女性故事，这份集体成就中有所有人的努力：除了她

[1] Sylviane Agacinski，1945 年 5 月 4 日出生。法国哲学家。——译者注

[2] Marek Halter，1936 年 1 月 27 日出生于波兰华沙的法国作家。——译者注

[3] Henri Weber，1944 年 6 月 24 日出生于苏联列宁纳巴德的法国政治家、法国社会党成员。——译者注

[4] Antoinette Fouque，1936 年 10 月 1 日 ~ 2014 年 2 月 20 日。法国女权主义者、精神分析学家、政治家、出版人、女性出版社的创始人。——译者注

[5] Fabienne Servan-Schreiber，1950 年 3 月 23 日出生的法国电影制片人。Cinétévé 电影发行公司主席。——译者注

的女儿娜塔莉（关于她，我们会在后文详述），还有她的妹妹达妮埃尔·弗里负责配饰线，她的女婿负责公司管理，她的外孙女罗拉后来成为美国市场的品牌大使。她的妹妹穆里尔总是在她周围。整个族群都为优雅波波族[1]的王太后服务。

索尼娅是一个纯粹的巴黎女人，她热爱孕育她的塞纳河。有时候她会在夜晚的巴黎行走几个小时，银灰色的雾将伏尔泰码头周围的房子包围。房子的上方，夕阳下的云彩被晕上了金边，就像是一幅威尼斯油画。她用自己的方式，将自己变成了文学作品中真正的女主角。她是穿越保罗·莫朗的《威尼斯》到达弗洛里安咖啡馆的那些女人之一（威尼斯总督府是她最爱的偷闲之地）。我们猜测她是热情似火、漫不经心、精力充沛的。我们想象她身穿灰色呢绒斗篷，从一列伦敦开出的蓝色火车上下来，入住的自然是豪华套房，红发的她穿着黑色连衣裙出现在各种以黑色漆面装饰的巴洛克风格的宴会上。

她很喜欢自己的明星特质，她也很清楚自己黑衣红发的精致轮廓辨识度非常高，所有人都认识她："我曾经想做演员，"她有一天不无遗憾地说，"这是一场错过的约会。但是从本质来讲，当我通过我的工作出现在屏幕上的时候，难道我不是在扮演一个角色吗？设计师和演员有点像。同样都脆弱而坚强。我感觉自己脸皮很厚。我什么都拿出来秀：我的红头发，我的个性，我的与众不同，我所做的一切。我什么都不掩藏。事实上，我觉得，我们说得越多就越神秘。我是一个躲藏在自白背后的女人。"

为了她，人们创作了一些以她的名字命名的甜点、三明治、果酱或者玫瑰。她在很多采访中（对于女性媒体来说，她是很好的客户）都谈及她对巧克力的热爱。她说："吃巧克力就像是进入了一种宗教，成为某个宗派、某个阵营、某段历史的一部分。"在这公开的热爱中，还包含了所有激情，所有对生命的渴望。所以她的肆意

---

[1] bobo一词是作者大卫·布鲁克斯（David Brooks）最有名的新词，是bourgeois bohemian（中产阶级式的波希米亚人）的缩写，为20世纪80年代"雅痞"一词的衍生词。——译者注

挥霍、享受生活就显得不足为奇了——她有一次在《费加罗夫人》报将自己定义为“食客”……她喜欢饱满强烈的葡萄酒，不要太浓郁但是能让人沉迷。她承认自己热爱粉红香槟。面包大师莱昂内尔·普瓦拉纳[1]直到去世前一直都是她的朋友之一。她在大韦弗尔餐厅有自己的专座（她非常喜欢柯莱特[2]），她像邻居串门一样经常去雷卡米埃餐厅，在那里也有固定座位。她很骄傲地负责了克利翁酒店中大使酒廊的装修设计，并且绘制了菜单。索尼娅·里基尔是一个美食的爱好者和鉴赏家，总的来说是一个热爱生活的美食家。看起来瘦小脆弱的她，几乎有点食欲过旺了。

她还做了些室内装修（她为路特西亚酒店、克利翁酒店、圣拉扎尔协和酒店所做的设计保持了几十年）、餐馆装修、家具设计、餐具设计、蜡烛设计，还涉猎字体设计、音乐合成、舞台秀导演。在她的服装之外，她添加了越来越多的附属产品：鞋子、珠宝、香水、男装线、童装线，所有能沾上的领域她都要占为己有。“当我设计一件衣服或者一个产品的时候，会从所有领域寻找灵感，”她说，“一个玫瑰花瓣、兰波[3]的一页文字、梵高的一幅画、一杯葡萄美酒。一个人如果不懂得如何品鉴围绕在自己周围的美食美物，他是不可能成为一个设计师的。”

她喜欢甜食，奥斯卡，奖赏，演出，钻石，花束，香水，《纽约

---

[1] Lionel Poilâne，1945 年 6 月 10 日 ~ 2002 年 10 月 31 日。国际知名的法国面包师兼企业家，他对制作高品质面包的承诺使他享誉全球。——译者注

[2] 西多尼·加布里埃尔·柯莱特（Sidonie-Gabrielle Colette），1873 年 1 月 28 日 ~ 1954 年 8 月 3 日。法国女作家、演员、记者。诺贝尔文学奖提名作家，龚古尔学院首位女主席，法国首位享有国葬之礼的女作家。被誉为 20 世纪法国最杰出的女作家之一。代表作《琪琪》（*GIGI*）改编的同名电影获第 31 届奥斯卡金像奖九项大奖。她是大韦弗尔餐厅的常客。——译者注

[3] 让·尼古拉·阿蒂尔·兰波（Jean Nicolas Arthur Rimbaud），1854 年 10 月 20 日 ~ 1891 年 11 月 10 日。19 世纪法国著名诗人，早期象征主义诗歌的代表人物，超现实主义诗歌的鼻祖。——译者注

客》杂志，松露，鹅肝，保罗·奥斯特[1]，星期天，花卉床单，心醉神迷，各种声音，绣球花，中国花瓶，建筑师的精致画稿，水果蛋糕，仙人掌，瓶贴作品。为了得到马蒂斯的作品和他的蓝色、夏加尔[2]的色调（她甚至大胆地去旺斯敲他家的门）、考尔德[3]的动态雕塑、苏拉热[4]、凯撒[5]、贾科梅蒂等艺术家出类拔萃的油画和雕塑作品，她可以付出一切。她很喜欢自己配色师的工作，将各种颜色混合、碰撞，产生不同的效果。她就像一个艺术家一样掌控色彩。

让我们一起来听听她的工作方法："我先拿出一个红色，然后比较。不要胭脂红，要更黑，更复杂，更深。我放上蓝色。太克莱因[6]了，太艳了，要更海蓝。黄色。太阳还是月亮的黄，赭石黄还是铜黄，橘黄还是柠檬黄，不管怎样，要用蓝色或者红色将它隔开，用黑色将它提亮，用金色将它勾勒，在上面画线让它发生变化……我

---

❶ Paul Auster，1947 年 2 月 3 日出生的美籍犹太人小说家、诗人、翻译家，也是电影编剧和导演，成名代表作为《纽约三部曲》。——译者注

❷ 马克·夏加尔（Marc Chagall），1887 年 7 月 7 日 ~ 1985 年 3 月 28 日。是现代绘画史上的伟人，游离于印象派、立体派、抽象表现主义等一切流派的牧歌作者。他的画中呈现出梦幻、象征性的手法与色彩，"超现实派"一词就是为了形容他的作品而创造出来的。——译者注

❸ 亚历山大·考尔德（Alexander Calder），1898 年 7 月 22 日 ~ 1976 年 11 月 11 日。美国著名雕塑家、艺术家，动态雕塑的发明者，代表作有《龙虾陷阱与鱼尾》。——译者注

❹ 皮埃尔·苏拉热（Pierre Soulages），1919 年 12 月 24 日出生的法国画家、雕刻家和雕塑家。——译者注

❺ 凯撒·巴勒达西尼（César Baldaccini），1921 年 1 月 1 日 ~ 1998 年 12 月 6 日。法国著名雕塑家。法国凯撒电影奖奖座由他设计，并以他的名字命名。——译者注

❻ 1957 年，法国艺术家伊夫·克莱因（Yves Klein）在米兰画展上展出了八幅同样大小、涂满近似群青色颜料的画板——"克莱因蓝"正式亮相于世人眼前，从此，这种色彩被正式命名为"国际克莱因蓝"（International Klein Blue，简称 IKB）。——译者注

寻找一个依据，找一幅席勒[1]或者克里姆特[2]的画来比较，还有内维尔森[3]的黑色，那么多黑色与红色和黄色的组合。”什么是里基尔黑？是一种完全的黑，比伊夫·圣洛朗的黑更暗。但是这种完全的黑却可以和多种色调组合。索尼娅对颜色有一种执念。她能把各个国家的花都带回来；她在珊瑚海里寻找沙子，因而错过了火车和飞机，让那些以为她眼中只有他们的男人们气疯了。她为自己解释道：“我在海地剪下遮阳伞的时候，并没有因为别人看着我就停手了……我的想法来自一切，可能是一个微笑的睡颜，可能在看到一个穿着白衣的身体时，我的眼睛已经为她画上了一条红色的带子。我眼中的装饰还不是准确的，但是会在一张纸上用渐变的线条记录下来。”

她的职业也是一个牟取暴利的职业。有一天她对《ELLE》杂志解释说：“我选择了一个掠夺者和故事大王的职业。我总是在玩双面游戏，时而笑，时而哭。我一直都在说假话，即便是在说事实的时候。我的合作者们时不时地就来问我一堆问题。我只能像机关枪一样地回答他们，不让他们知道其实很多时候我也没有什么好的应对措施。在这个行业里，我们通常都在好奇和焦虑，进攻与防守之间徘徊。没有什么是可以一劳永逸的，每一次发布会都要从头来过。这当然是令人兴奋的，但也是一个艰难历程。因为这就像俄罗斯轮盘赌一样，只能赢不能输。”她坚定地站在奢侈品令人充满幻想、非凡和圣洁的一面。她让人恐慌，她熊熊燃烧，她带来风暴。她是个不好相处的人，因为她太爱权力了，她与全世界对抗，她无视任何人。可能她的天后气场、她的高跟鞋、她坚定的话语，以及她看着

---

❶ 埃贡·席勒（Egon Schiele），1890 年 6 月 12 日 ~ 1918 年 10 月 31 日。奥地利绘画巨子，维也纳分离派重要代表，是 20 世纪初期重要的表现主义画家。——译者注

❷ 古斯塔夫·克里姆特（Gustav Klimt），1862 年 7 月 14 日 ~ 1918 年 2 月 6 日。奥地利知名象征主义画家。他创办了维也纳分离派，也是维也纳文化圈代表人物。——译者注

❸ 路易丝·内维尔森（Louise Nevelson），1899 年 9 月 23 日 ~ 1988 年 4 月 17 日。美国著名女性雕塑家，作品以黑色为主，很少的白色或金色。——译者注

那些把自己包裹得严严实实、性格四平八稳的女人时，审视的目光和隐约流露出来的优越感也都让人不舒服。

这位设计师玩的都是大手笔。整个集团构建了一个完整的时尚世界，里面包含了多个产品线："Sonia Rykiel"品牌下有高级成衣、鞋子和配饰，"Sonia By Sonia Rykiel"品牌针对的是更加年轻的客户群体，还有Rykiel童装线和家居产品线。她平均每年销售二十万件毛衣。公司公布出来的营业额接近一亿欧元。全球员工达到450人（其中365人在巴黎），在法国有50家连锁精品店（其中25家为品牌自营店），还有1700个多品牌销售点。除了成衣、配饰和香水之外，公司还进军家纺业（通过授权安娜·德索莱纳生产）、墨镜和眼镜业（通过授权拉米集团下的阿兰·雷热生产）。通过授权司康达尔（Scandale）特许生产，第一个内衣文胸系列在2005年问世，男女手表系列也是以同样的形式授权生产的。Sonia Rykiel家居系列在法国32家店有售，同时也在世界各国有售。

****

2008年，她大张旗鼓地庆祝公司四十年的辉煌。圣日耳曼德普雷的精品店重新开张，发行限量款。在布洛涅森林走秀并举办盛大的庆祝会，在这个注定雷鼓喧天的一年里，还有一件锦上添花的事：在装饰艺术博物馆里举办了她的回顾展。奥利维耶·萨亚尔组织的这场"索尼娅·里基尔展"回顾了一个女人的四十年，以及她与众不同的时尚。展览展出了超过两百套服装，还穿插了走秀和采访的视频，展厅被布置成奥斯曼风格的公寓。

一切都按照正常的节奏在进行：在巴黎，时装秀、服装系列推出总是按照规定的日程周而复始，就和四季交替一样雷打不动。模特们穿着她的衣服：连衣裙、毛衣、半身裙、长裤，一次次地来回转身。各种面料互相碰撞：平纹针织布、羊毛、绉纱、丝绸、开司米、法兰绒、天鹅绒和薄纱。各种颜色竞相争艳：黑色、白色、焦糖色、宝石红、胭脂红、橘黄。还是一样的配方，但是粉丝俱乐部年纪大了。必须找到新的标志元素让品牌年轻化。

从多年前开始，娜塔莉·里基尔就全面监管公司运作了。慢慢地，她将时装秀的导演工作掌握在了手里，并且显示出了组织天赋，还开发了对摄影的热爱。她很快成为香水与美妆分部的负责人，与日本企业签订了一些授权生产协议。在怀第一个女儿塔蒂亚娜的时候，她开辟了Rykiel童装线。也是她，作为艺术顾问帮助美国导演罗伯特·奥特曼[1]拍摄了以索尼娅为灵感的电影《云裳风暴》(*Prêt-à-porter*)。尽管她后来还生了两个女儿（罗拉和萨洛梅），娜塔莉把自己的身心都奉献给了她母亲的时装公司。她很喜欢做品牌的导演。她提出了一个又一个的新举措，然后不知不觉地取得了控制权，而索尼娅主要关心服装系列，对业务不太关注。这对母女的关系有点复杂，相似却又不同，互相牵制又形影不离。

《解放报》的采访揭露了这个双人组合的内心世界。两个人都说自己爱着对方，她们的工作是相辅相成的，但是话锋一转，敌对情绪就显示出来了。“娜塔莉不是一个艺术家。”索尼娅说。而娜塔莉直截了当地说：“时尚不是一种纯艺术，而是实用艺术。”当女儿对她的母亲说“妈妈，现在应该让我做公司主席”的时候，她要的并不是一个头衔，而是别人眼中都认可的权力。让贤给女儿对索尼娅来说是一件艰难的事。这是一个艰难的决定，从有些窃窃私语中可以猜测，过程比我们看到的结局圆满的幸福景象痛苦得多。她最终还是同意了，但是她对一个亲近的朋友说：“我觉得好像失去了什么。”

索尼娅的女儿看似接过了火炬，并且卓有成效，还做了几个大胆的举措（情趣用品线就是她开创的），给公司带来了新的气息。然而她也承认自己并非“时尚狂热分子”，她在2010年1月告诉《Grazia》杂志：“我喜欢时尚是因为我从中看到了一些人身上的深度、智慧和天赋，他们与别人口中所说的完全不一样。我热爱生活，在我的专业领域，我走了该走的路径，但这并不是我生活的理由。

---

[1] Robert Altman，1925年2月20日出生于美国密苏里州堪萨斯城，美国电影导演、编剧、制片人。——译者注

我有不一样的看法。我把它作为一个专业，我深入探索，并从中提取出别的东西。”

长久以来这个品牌被当作家族企业在管理。这没什么不好，但是在全球化背景中，这就有点过时了。头脑清醒的娜塔莉密切关注着奢侈品集团逐渐增长的实力。为了提高品牌的国际影响力，公司在2012年与中国的利丰投资公司接触，准备向其出让一部分股权。皮件业和鞋履业似乎是很明显的事业增长点。这是埃德蒙 · 德罗斯柴尔德财务公司给索尼娅和娜塔莉的建议。

最终，利丰集团收购了Rykiel公司80%的股权，剩余的20%仍由里基尔家族持有。这一联姻的目的是“将品牌推向国际”“合作双方都希望将公司发展成一个真正的全线奢侈品国际品牌”。利丰集团聘请了兰姿（Lancel）的副总经理埃里克 · 朗隆来组建一个国际水准的创意领导团队（公司在三十多个国家有一千七百多个多品牌零售点），并且在2012年秋天宣布一位加拿大设计师的加盟。

2012年春天，索尼娅 · 里基尔被覆上了伤感的色彩，她通过一本书告诉大众，她已经被帕金森病困扰了十五年。她对《ELLE》杂志记者说 :“我已经无法隐藏这该死的帕金森症了。”并且继续吐露心声 :“我已经默默忍受了十五年，没让任何人发现。我很坚强，虽然被病魔侵蚀，但是并没有被它打倒。”她用尽一切手段来掩盖她的病症，甚至在她后期露面的时候都没让人看出来。“我所害怕的是让人看到不同于以往我一直展现的女性形象。在我还能扛得住的时候，我不想展现我的痛苦。我曾试图隐藏起来，让大家觉得一切都很好。”

她还在那儿，坐在春夏系列发布会的第一排，一身黑，搭配防水台高跟鞋。她就是一个王太后，熟悉这场仪式的所有门道。作为因为共同利益而紧密团结的氏族里的勇敢女孩，娜塔莉成为这首室内音乐的独奏者，而这首音乐最初的音符是由索尼娅在怀着她的时候开始奏响的……这些乐谱扣人心弦。

薇薇安·韦斯特伍德

（Vivienne Westwood）

面对她，媒体总是能尽情发挥，因为这位永远的无政府主义者是无法归类的。这位疯狂的时装设计师被称为“朋克圣母”“荒诞的韦斯特伍德小姐”“怪夫人”“薇薇安女士”“古怪的巨星”。总之，在创立了朋克风格、经历了几次高潮、扯破很多长筒袜后，她如今被大家尊为伦敦时尚女王，可以骄傲地戴上她在摇滚乐和裙撑领域“威武女王（Queen Viv）”的皇冠。作为一名大胆、激进、叛逆的设计师，韦斯特伍德是时尚星球上最有创造力的设计师之一。她的肆无忌惮、她的精湛技艺、她的幽默诙谐，都让人过目不忘。做了很久的边缘人，现在的她在英国被认为是制造冲突和打造形象的绝对权威。

她给大家带来震惊、挑衅和欢乐已经有将近四十年的时间了，始终保持着坚韧、严谨和职业杀手般的冷静判断。相较时尚而言，制造轰动更像是她的本业。薇薇安·韦斯特伍德设计服装就像别人在放炸弹。或者至少也像是照明弹，而且永远都在你预想不到的地方爆炸。“唯有不受欢迎的构想才能颠覆常规，而我就做这个”，这位曾经装扮成撒切尔夫人[1]或者最近积极为朱利安·阿桑

[1] Margaret Thatcher，1925年10月13日～2013年4月8日。英国政治家，1979～1990年为英国首相，是英国第一位女首相，亦是20世纪英国连任时间最长的首相。——译者注

奇[1]发声的设计师说。她就像是圣女贞德一样，时刻准备着让英格兰摆脱束缚，这位游离于体制和流行趋势之外的薇薇安女爵（女王在1992年授予她这个荣誉称号）展现了伦敦迷雾之外的各种色彩，并且多次向权力集团发起挑战。

****

薇薇安·伊莎贝尔·斯怀尔（Vivienne Isabel Swire）于1941年4月8日出生于格洛索普的德比郡。她的父亲是航空企业的工人，母亲在一家杂货店工作。三年后，她的母亲多拉又生了一个女儿奥尔加，1946年生了个儿子戈登。这几个孩子都是按照加尔文教义的基本原则养大的，薇薇安似乎被这个宗教和它的各种仪式震慑了："当我在四岁时看到耶稣受难像的时候，我感到非常震惊，这让我寝食难安。我想知道这一切是怎么发生的。"她说。

她入学那天就发生了一件事。"我五岁第一天去上学的时候就挨了一巴掌，因为我去了男厕所。吃完饭回去的时候，我们排成两条长队，女孩一排，男孩一排。我真的不太懂为什么男女生要这么分开，于是我就去和男孩们走了。从这个年纪开始，我就被当成是色魔，一个怪物而不是一个小女孩。"她一点都不邪恶，伊妮德·布莱顿[2]、刘易斯·卡罗尔[3]、狄更斯[4]的作品和其他英国经典著作伴随了她

---

[1] Julian Assange，1971年7月3日出生，澳大利亚记者，泄密网站维基解密的董事与发言人。——译者注

[2] Enid Blyton，1887年8月11日～1968年11月28日。英国20世纪40年代的著名儿童文学家，她所著的《刁蛮女》系列及《诺弟》系列，在世界都很受欢迎，亦曾成为各地的课室指定读物。——译者注

[3] Lewis Carroll，1832年1月27日～1898年1月14日。英国作家、数学家、逻辑学家、摄影家，以儿童文学作品《爱丽丝梦游仙境》与其续集《爱丽丝镜中奇遇》而闻名于世。——译者注

[4] 查尔斯·狄更斯（Charles Dickens），1812年2月7日～1870年6月9日。维多利亚时代英国最伟大的作家，以生活见长的作家。代表作《大卫·科波菲尔》《雾都孤儿》《艰难时世》《双城记》等。——译者注

的年少时光。他们家的衣服都是在曼彻斯特的C&A[1]买的。他们的生活虽然朴素，但是很幸福。薇薇安先是在霍林沃思长大，到20世纪50年代的时候，她父母换到了廷特维斯的邮局工作，最后又搬到了哈罗。

不久薇薇安就穿上了文法学校[2]朴素的校服，并且对1953年6月2日的伊丽莎白女王加冕礼留下了深刻的印象。对这个小女孩来说，电视上播的这个极其奢华的仪式，那些军号、钟形帽和大炮都深深地印在了她的记忆中。她酷爱的伊丽莎白一世时期的车轮领、撑架裙、浮夸的配饰难道不是对保留的皇室仪式的一种呼应么？

她在青春期的时候觉得自己不漂亮，后来整了牙和胸。这可能就是她对自己的外形格外注意的原因吧。她喜欢彩色长筒袜、蕾丝、开司米。她故意把自己的裙子加长，让效果更加戏剧化。她也喜欢穿苏格兰短裙，并且对它的热爱至今不减。她花很多时间翻看《VOGUE》《Harper' s Bazaar》或者《Vanity Fair》等女性杂志，收集芭芭拉·戈伦、菲奥娜·坎贝尔·沃尔特或者布朗温·普格等当时最火的模特的照片。她很早就通过给自己做首饰，展现自己的原创能力，最开始做的是一对巨大的雏菊型的耳环。

高中毕业后，十七岁的薇薇安进入哈罗艺术学校的金银制品专业继续学业，但是她没学多久就辍学了。她继续学习秘书的课程，在决定成为小学教师之前，她在当地的一家小公司做过一段时间的助理会计。她最大的消遣是周末去跳舞。1961年末，在一场周末舞会中，她遇到了一位优雅的小伙子德里克·约翰·韦斯特伍德（Derek John Westwood），比她大两岁。他当时只是胡佛吸尘器厂的一名学徒，但是他目标远大，并且很快成为一家航空公司的空少。

---

❶ 总部设在比利时布鲁塞尔的一家国际服装设计和销售公司。在欧洲许多地方设有大型专卖店。主要销售价廉物美的休闲装。——译者注

❷ Grammar School西方一种历史悠久的普通学校，类型发源于古希腊。1944年《巴特勒法案》将其正式纳入国家学校教育系统，英国近现代主要中等教育机构，作为儿童11岁通过一次选择性考试所能升入的中等学校之一。——译者注

他们于1962年7月21日在格林希尔结婚，婚纱是由她自己画图设计的，完全遵循传统的款式。1963年9月3日，她诞下了儿子本杰明。为了补贴家用，她在离家不远的柯达工厂工作。然而这对年轻人的幸福并没有持续很久。1965年，她逃离了婚姻生活，躲到了弟弟家。

两年后，一个新的男朋友进入了她的生活，他就是马尔科姆·麦克拉伦（Malcolm McLaren）。1967年11月30日，她生下了两人的儿子约瑟夫。后来成为性枪手乐队（Sex Pistols）经理的麦克拉伦从小就热爱音乐，最后却读了美院。他是一个奇特的人，总是不遗余力地将自己打扮成街头泰迪男孩[1]，谈论艺术中的达达主义。薇薇安同样很迷人：美妙的身体凹凸有致，健美的双腿曲线迷人，非常具有视觉冲击力。她的字典里就没有平庸这个词。

"当我和她相遇的时候，"麦克拉伦说，"我为她深深着迷。薇薇安无师自通，有一双灵巧的双手。她是一个仙女，也是一个工作狂。当我从美院毕业的时候，我们老师就给我们灌输过一个思想：宁可做一个出色的失败者，也不要做一个平庸的成功者。那时我们俩手上都没有钱，我成功说服我奶奶帮我们租了一个公寓。我家里是做裁缝的，她又是个心灵手巧的人，于是我们照着猫王在一张唱片封面上穿的蓝色金属纤维面料的衣服做了山寨款。我穿着它在切尔西溜达，然后就被一个唱片店老板发现了。这个小伙子的唱片店在国王路430号，里面还有个点唱机。他答应让我在店里的一个角落卖我的衣服。"

麦克拉伦可不只卖衣服。他参加了1968年的学生暴动，并且向

---

[1] Teddy boy。20世纪50年代在英国伦敦开始形成，随后在英国各地迅速蔓延。泰迪男孩多为富裕的年轻人，特别是卫队军官，他们接受了爱德华七世时代的风格。主要是锥形裤、长外套、类似战后美国的阻特服和花哨的腰大衣。20世纪70年代的泰迪男孩经常炫耀他们华丽的蓬巴杜发型。——译者注

情境主义[1]靠拢。他加入了国王暴民组织[2]。在朋友杰米·里德[3]的帮助下，他在英国翻译并且出版了情境主义作品。两人后来在朋克运动中成为战斗伙伴。麦克拉伦喜欢用概念转移的方式，推翻原有的审美，以现成的标语、广告图像、市场营销活动为基本元素，创作新的作品，传达完全不同的信息。但是我们先放慢脚步！

****

摇摆伦敦的格局准备迎接各种挑战。追随着披头士乐队这四个处于潮流中心的男孩的脚步，英国小姑娘们走出了一片广阔的新天地。卡纳比街变成了离经叛道的皇家大道。玛丽·奎恩特将迷你裙变成了明星单品，穿着短装的切尔西女孩们生活在疯狂的节奏中。简·诗琳普顿[4]和崔姬定下了基调。那些独立小店都在20世纪60年代结束前搬到了国王路和切尔西街区，他们结合当下的浪潮，继续着自己的疯狂。“比芭（Biba）”精品店将浪漫主义颓废和初现端倪的嬉皮风完美结合，将伦敦风格推到了顶峰。自由恋爱让所有人为之神魂颠倒、趋之若鹜。反时尚及其极端个人主义的选择将显示出足够的力量，让任何一位当代设计师都无法忽略街头出现的自发现象。当然，朋克运动到1976年夏天才真正在伦敦成为一种现象，但是这对情侣已经率先带来了第一波冲击。在他们俩眼中，所谓“花的力量”和“和平与爱”都是老一辈人的过时之举。

---

[1] 20 世纪 60 年代出现在法国学生中间以反对现存社会结构为目的的运动。——译者注

[2] King Mob，20 世纪 60 年代后期到 20 世纪 70 年代初期以伦敦为大本营的英国激进组织。这是情境主义者和无政府主义者团体文化变异，其最终目的是促进无产阶级革命。——译者注

[3] Jamie Reid，1947 年 1 月 16 日出生的英国艺术家、无政府主义者，和情境主义关系密切。——译者注

[4] Jean Shrimpton，1942 年 11 月 7 日出生的英国模特。20 世纪 60 年代继 Twiggy 之后的又一位英国超模，摇摆伦敦的缪斯女神。——译者注

听听薇薇安女爵是如何回首过往的："一开始，我没想过要成为一个时尚设计师。我只是帮我男朋友做一些适合叛逆青年穿的衣服。我从20世纪50年代的街头时尚中挖掘灵感。通过带上政治色彩的嬉皮士运动可以看出，这个世界已经堕落到了什么程度。我觉得20世纪70年代标志着怀旧年代的开端。马尔科姆和我各自在摇滚和时装领域向老一辈传达年轻人反抗他们的规则、禁忌和道义的信息。实际结果是：在研究20世纪50年代的旧衣服的时候，我把它们铺平了看他们是怎么制作的。而我的技术也是由此得来的。"

她在国王路上的小店顾客盈门，店名更换的速度和各种运动的转变同步。1971年，她以"尽情摇滚（Let It Rock）"为店名，卖的是20世纪50年代风格的服装。披挂款服装、松糕牛津鞋、泰迪男孩、摇滚风。1972年，她将店招改为描写詹姆斯·迪恩[1]的名言"活得太匆忙，死得太年轻（Too Fast to Live, Too Young To Die）"，销售以爵士乐迷为灵感的服装款式和摇滚风格的黑夹克。她还推出了骑手造型，隐约是以马尔科姆管理的纽约娃娃[2]为灵感。

到了1974年，小店开始挑战大家的神经，店招用巨大的字母拼成了"性（Sex）"，店里的商品都是拜物教的饰品，里面的服装都是由黑色乳胶、铆钉或者各种暴力符号构成，激起了热爱安全别针的有施虐倾向年轻人的迷恋。她说："我按照专门杂志上看到的乳胶衣服的样子，试着完美复制所有隐秘细节，然后让普通人、办公室文员、秘书等穿着。"薇薇安甚至还创作了乳胶T恤，上面写着："保持理性，追寻不可能之事。"

穷人家出身的郊区青年是她的主顾，很喜欢来她店里闲逛。"马尔科姆反对一切，并不需要特别的理由，"薇薇安承认，"他特别憎

[1] James Dean，1931年2月8日～1955年9月30日。美国男演员，1999年他被美国电影学院评为"百年来25位最伟大的银幕传奇男星"之一（名列第18位）。——译者注

[2] New York Dolls，摇滚史上极其重要的一支乐队，他们是朋克音乐最早的先驱者之一。——译者注

恨权威。我更感兴趣的是如何去改变世界，让它变得更加宜居。我心里一直都有这个想法。所以我在设计所有这些T恤的时候一直在想：我要对现在的年轻人说些什么？这才是朋克，年轻人表达对世界的愿望。他们首先应该明白的是，他们是各种宣传布道的受害者。要做到这一点只能通过文化。文化是宣传布道的解毒剂。”

在华丽摇滚之后，朋克运动[1]在伦敦突然兴起。因为经济危机触及了英国无产阶级的利益，而威尔逊政府却并没有意识到它的严重性，朋克运动随着充满愤怒的音乐潮流而诞生了。朋克青年通过挑衅意味很强的服装和音乐表达了对现有风俗和秩序的反抗和拒绝。朋克身份有几个因素构成：朋克青年自己的风格、韦斯特伍德和麦克拉伦推出的服装以及麦克拉伦创建的性枪手乐队。乐队的贝斯手席德·维瑟斯非常具有想象力：他将吊袜带穿在牛仔裤外，或者在裤裆中挂一把扣锁。

麦克拉伦曾经说：“薇薇安和我，我们经历过了乳胶、皮革和锁链服装。不久后被我起名性枪手乐队的年轻人经常来店里听唱片，我就成为他们的乐队经理。我们给他们包装的是黑色皮衣和颓废的形象。让大家震惊的是他们穿的用带子束缚的‘绑缚裤’，还有一条绕着腿的拉链。这是我们的朋克年代，一种无政府主义的时髦，与迪斯科和嬉皮士流行完全相反。我们开辟了一个他择市场[2]，一种反文化。米克·贾格尔[3]突然光临店里。基思·理查兹[4]的女朋友安妮塔·帕伦伯格[5]也来了。所有人都想打扮成性枪手那样。我们在澡

---

[1] Punk 一词来自英语，原意是指无用或者没有价值的事物，表示废物或者不务正业游手好闲的人。

[2] 他择市场提供的产品或服务在功能和形式等方面与原市场提供的产品或服务均不相同，但是可以满足客户相同的要求。——译者注

[3] Mike Jagger，1943年7月26日出生于英国，英国摇滚歌手，滚石乐队创始成员之一，1969年开始担任乐队主唱。——译者注

[4] Keith Richards，1943年12月18日出生于英格兰肯特达特福德，英国歌手、制片人、作曲家，滚石乐队的创始人之一。——译者注

[5] Anita Pallenberg，1944年1月25日出生于罗马，意大利演员。——译者注

盆里将面料洗褪色，拉扯，漂白。我们在衣服上缝上拉链或者其他奇怪的东西，手工印上一些口号标语。我们希望丑陋也有它的美感。柜台下，一只老鼠走过。”

作为朋克领袖，薇薇安走上国王路的时候，身穿缠绕着锁链和挂锁的皮革迷你裙，破洞T恤，破了一半的网眼衫，脚上是细高跟鞋搭配PVC长筒袜。这就是她要的效果！之后，她将自己淡金色的头发竖起，用暗色的口红和黑重的眼线衬托她苍白的肌肤：朋克圣母！

****

这种时尚很快就风靡起来了。它很容易实现，而且又便宜（衣服可以去旧衣店或者剩余军需物资店淘），它表达了对那个时代体制的抗拒，抛弃了嬉皮士运动的旧符号，“和平与爱”那一代人的万能牛仔裤被扯破，长发被剃光，摇滚皮衣上缀满了别针、链条和钉子。青少年将头发染成了粉色、绿色、紫色，发胶很给力地让头发竖在了头上。薇薇安将T恤磨旧、撕裂、剪洞。有时，她将两块方形的面料粗略地缝合一下就算完成了，男女都可以穿。在这个基础上，她提出了DIY的概念，设计出一些很容易自己做的服装。

薇薇安还决定使用苏格兰格子呢，并改变其用途，将它穿在绑缚裤之上。至于鞋子，她最推崇的是松糕牛津鞋，鞋面上有两个孔，穿带打结；鞋底总是很厚，通常是黑色或者彩色。徽章变得具有象征性，妆容很夸张，身上各种打孔装饰，君主体制的象征符号被改用，媚俗的品味被刻意展现（豹纹图案、威尔士亲王格纹、千鸟格），机车夹克风靡一时。薇薇安有自己的诀窍，改变、扭曲甚至嘲弄着装规则，甚至用装橙子的网兜做成发网。

直到20世纪70年代末，朋克时尚分裂成了两种不同的表达形式：一种是将回收物品改造，打造自己的街头形象；另一种是商店里推出的，以朋克运动为灵感设计的服装。朋克文化已经融入了薇薇安的血液中，她两边都涉足。她的店变换成了煽动者，店名改为

“骚乱煽动分子（Seditionaries）”。在衣服的标签上印着“英雄的服装”，服装都带有挑衅的主题：莫洛托夫、竖起你的耳朵、无政府主义、摧毁等。

性枪手乐队将韦斯特伍德和麦克拉伦两人想要表达的一切推向了顶点。他们代表了一代人的声音，是英国母亲们的噩梦。为了压制他们，BBC拒绝在女王登基银禧年播放他们排名第一的单曲《上帝拯救女王》。在这张著名的单曲封套上，伊丽莎白二世的头像被歌名和大写的乐队名字遮去一部分，惊世骇俗。1977年6月7日，薇薇安和马尔科姆预定了一艘私人游船，让乐队在泰晤士河上表演。最后一切在美丽的混乱中落幕，在警察局的审讯中结束。

性枪手乐队在第二年的分裂和之后令人失望的发展，让薇薇安对朋克毫无怀旧情绪。她开始在服装史和裁剪中研究技术，并和她的伴侣一起仔细研究维多利亚和阿尔伯特博物馆的收藏，在历史中寻找灵感，寻求全方位的创新，坚定地挑战时代。他们的朋友吉恩·克雷尔说：“他们对所有的一切都仔细研究，从北美印第安人到社会败类和叛逆者。他们从中提取了很多浪漫海盗的想法。”那些标题就很说明问题了：罗曼史、黑胡子、金子、奇装异服者、纳尔逊❶、埃罗尔·弗林❷与罗莎琳·拉塞尔❸。这是一种怪诞而颠覆的风格。

就像是渴望炫耀的海盗，这对情侣步调一致地发现了一个新的出发点，定下了新浪漫主义的基调，将店名改为“世界末日”（一个酒吧和汽车站的名字）。店里地面倾斜，墙刷成了绿松石色，椅子都

---

❶ Nelson，成立于20世纪80年代早期的一支摇滚乐队，乐队的核心马修·纳尔逊（Matthew Nelson）和贡纳尔·纳尔逊（Gunnar Nelson）是双胞胎兄弟。——译者注

❷ Errol Flynn，1909年6月20日～1959年10月14日。澳大利亚男演员、编剧、导演、歌手。代表作《侠盗罗宾汉》。——译者注

❸ Rosalind Russell，1907年6月4日～1976年11月28日。美国女演员，曾5次获得金球奖，4次提名奥斯卡。代表作《风流案》《红粉金戈》《颠凤倒鸾》等。——译者注

是荧光的。“服装的色彩非常丰富，面料也很精美”，克雷尔说，“那个系列轻盈而富有质感。这是一个关于金子和宝藏、冒险和探索的主题。薇薇安将头发染成橙黄色，编成几个环，用金色的卷烟纸包裹牙齿。她不再用链条束缚自己，而是将大量精美的日本靛蓝面料“絣”，即伊卡特（ikat）穿在身上。”这个系列里包含了不对称T恤、海盗衬衣、灯笼裤、平底宽筒靴、红色和橘色挑衅印花图案的及膝宽松裤，它们营造出来的纨绔子弟形象非常符合一些流行明星的气质，吸引了诸如乔治男孩[1]、大卫·鲍威[2]的关注。黑色麂皮海盗靴不停地重版发售。

“在新店里，挂钟的指针是倒着走的，而且钟面上有十三个小时的刻度”，麦克拉伦说，“一开始店里卖海盗衬衫和强盗夹克。新店迎来的第一个客人是戴安娜·斯宾塞小姐[3]。随后所有的女孩都来店里疯抢和她同款的红白色衣服。当戴安娜嫁给查尔斯王子的时候，报纸的标题很醒目地写着‘王妃与海盗’。约瑟夫（Joseph）精品店向我们示好。然后就结束了。”

他们的工作关系还持续了两年。在这期间，他们的第二家商店“泥泞的乡愁（Nostalgia of Mud）”（店里看起来就像是一个挖掘工地）开张了，在1982 ~ 1983年秋冬季推出了“水牛城女孩”系列。穿在毛线衫外的绸缎大文胸成为明星产品。第二年，这位设计师首次在巴黎亮相，她让模特们在普鲁斯特最爱的非常优雅的安吉丽娜茶馆的桌子上走秀。

“那时的薇薇安不爱流行音乐了，”这让麦克拉伦很懊恼，“她开

❶ Boy George，本名乔治·阿兰·奥多德（George Alan O'Dowd），生于1961年6月14日，英国创作歌手，英国新浪潮乐队文化俱乐部（Culture Club）主唱。——译者注

❷ David Bowie，原名大卫·罗伯特·海伍德·琼斯（David Robert Haywood Jones），1947年1月8日 ~ 2016年1月11日。英国摇滚歌手、演员。——译者注

❸ Lady Diana Spencer，即后来的戴安娜王妃。——译者注

始听勃拉姆斯[1]。她想要吸收更多文化。而我已经有了文化，所以只想嘲讽它们。”于是这两个“时装恐怖分子”，解构主义和用户化设计的先锋分手了。麦克拉伦把重心重新放到音乐上，录制了四张个人专辑，制作了几个摇滚乐队和电影。而薇薇安将成为伦敦时尚界的顽童，大放异彩。她走向了一种新风格，相较街头时尚更接近于高级定制，她经常以不逊和世故的态度，当代和媚俗的方式，从历史中寻找灵感来设计服装，将打碎的古典元素重新组合在一起。

****

从20世纪80年代初结识艾里奥·菲奥鲁奇[2]开始，这位设计师就找到了坚实的基础。这位米兰设计师一开始就捕捉到了这个德比郡女孩的潜力，并且梦想和她一起推出一条产品线。她为他设计了一个“世界学校”系列，但是想法太超前了，所以最后并没有在商店里销售。这次出师不利会带来不利的影响吗？没有，因为几年后，她成功地与日本公司伊藤忠签订了协议，这家公司专注于欧洲品牌和授权在日本的发展。通过这个公司，她在1985年认识了卡萨诺瓦公共关系事务所的负责人卡尔洛·达马里奥和吉安尼诺·马洛西，他们将为薇薇安带来稳定的财政支持和国际化的定位，让她成功地建立起一个时尚王国（韦斯特伍德持有公司70%股份，而从共产主义者变为工商业领袖的达马里奥占30%）。

成为一个真正的服装设计师以后，薇薇安定期在巴黎举办发布会，这些新的时装系列继续挑战英国的成规，同时开启了创新的实用主义。1983年，这个系列名为“女巫”，巨大的尼龙雨衣搭配运动

---

❶ 约翰内斯·勃拉姆斯（Johannes Brahms），1833 年 5 月 7 日 ~ 1897 年 4 月 3 日。德国古典主义最后的作曲家，浪漫主义中期作曲家。——译者注

❷ Elio Fiorucci，1935 年 6 月 10 日 ~ 2015 年 7 月 19 日。意大利服装设计师，“芙蓉天使（Fiorucci）”品牌创始人，以富有反叛精神的街头风格与流行艺术闻名于世。——译者注

鞋。1984年，“修普诺斯[1]”主题和桶裙。荧光粉和荧光绿的“克林特・伊斯特伍德[2]系列”重新运用了绑缚概念，荧光单品收在拉链之下。1985年，“迷你撑架裙”系列，大胆尝试了带裙撑架的短裙搭配厚底鞋。吉恩・克雷尔记得“她选了一些胸部丰满的女模特，用一件充满挑逗意味的短裙撑或者一条蓬蓬裙将视线吸引到模特的臀部，从而突出了她们的纤腰。她将肩宽恢复到了自然的尺度”。

1987年，她回到伦敦展出她的“哈里斯粗花呢”系列。对紧身褡进行再设计用于成衣的做法让她赢得了很多赞誉。1988年的“异教徒一”、1988 ~ 1989年的“时间机器”、1989年的“文化征程”带来了全方位的创新。1990年“肖像”系列的成功巩固了她的地位。模特们就像是直接从油画里走出来的，面料看起来就像是画家们创作的。她解释说：“华莱士（Wallace）收藏馆里17世纪的杰作让我很想将麻、粗花呢、天鹅绒和裘皮等不同材料组合在一起。我找人制作了质感丰富的粗花呢、仿豹纹皮草以及以著名的布勒[3]的设计为灵感的蕾丝。当把这些都组合在一起的时候，我发现还少些什么，于是把一幅布歇[4]的油画呈现在紧身胸衣上。”

---

[1] Hypnos，古希腊神话中的睡神，死神塔纳托斯的孪生兄弟，其母为黑夜女神倪克斯，两兄弟一起生活于冥界，每当母亲令世界落入黑夜之时，他就会吩咐从者到大地上诱使人类入睡。——译者注

[2] Clint Eastwood，1930年5月31日出生，美国演员、导演、制片人。代表作《不可饶恕》《百万美元宝贝》《廊桥遗梦》等。——译者注

[3] Boulle，安德烈・查尔斯・布勒（André Charles Boulle），1642年11月11日 ~ 1732年2月29日。路易十四时期法国最著名的家具设计制造大师，特别擅长镶嵌工艺，被称为家具界的珠宝设计师。——译者注

[4] 弗朗索瓦・布歇（Francois Boucher），1703年9月29日 ~ 1770年5月30日。法国画家、版画家和设计师，是一位将洛可可风格发挥到极致的画家。曾任法国美术院院长、皇家首席画师。——译者注

不久，她让人为她拍了一些比顿[1]或者斯诺登[2]风格的宫廷照，将女王权杖顶部象征王权的十字架圣球改成土星光环，作为品牌标志。她一直都相信“心怀邪念者可耻”[3]！她用强烈的自嘲演绎了很多流行趋势，从而在20世纪90年代初影响了一部分热爱颓废的年轻人。安娜·皮亚吉[4]在很长一段时间里都是意大利版《VOGUE》的意见代表，她说：“我在薇薇安处于反叛时期的时候就认识她了。她是一个伟大的时装历史学家。她还有一个很大的优点，就是持续性。她的理念一以贯之。她是一个现代偶像，不同寻常。她将自己的时装技术和英式幽默很好地结合在了一起。她勇于表达自己的观点，因为她相信自己。我觉得这是自我尊重的一种表现。她也有非常简单的一面，比如，她骑自行车去公司上班。她以抽象的形式表达厚重的文化：当她要制作一件以17世纪为灵感的裙子的时候，她一方面运用出色的工艺知识，另一方面融入她的抽象艺术概念。”

薇薇安·韦斯特伍德为英国女性先后推出了紧身橡胶商务西装、无脚袜套、无紧身胸衣的裙撑架、吊袜带短裤、葡萄叶打底裤和其他反传统的设计。在撕破了装有拉链的衣服、绑缚了男式长裤、在鼻子上穿别针之后，她让逆反的青少年们穿上结构严谨的修身大衣，15cm厚的松糕鞋，她还再现了紧身腰带、紧身连体内衣、收腰外套下的臀垫、荷叶褶边、长裙拖等，展现了全方位的创造性。

---

[1] 塞西尔·比顿（Cecil Beaton），1904年1月14日～1980年1月18日。英国时装设计师、肖像和战争摄影师、画家、室内设计师、电影和舞台剧服装设计师。被誉为20世纪英国最伟大的摄影师，曾为奥黛丽·赫本、玛丽莲·梦露、可可·香奈尔、丘吉尔和伊丽莎白女王等拍摄。——译者注

[2] Snowdon，斯诺登勋爵，1930年3月7日～2017年1月13日。英国摄影师和电影制片人。他是伊丽莎白二世的妹妹玛格丽特公主的前夫。——译者注

[3] 英国国徽中的盾徽周围用法文写着一句格言：Honi soit qui mal y pense。——译者注

[4] Anna Piaggi，1931年3月22日～2012年8月7日。意大利时尚作家、时尚偶像。——译者注

****

1989年薇薇安搬到了戴维斯街6号。在这个伦敦最优雅的古董店和高级供应商街区，她的精品店开始面向更为成熟、更为古典的顾客群（或者是原来那些顾客群变成熟了）。当然，在她的首饰帝国中还是能看到一些勃起的阴茎或者水手文身，但是这位像仙女般灵巧的女裁缝最让人印象深刻的，还是她精湛的工艺和将各种造型、材料、风格混搭和转换的技巧。她用古老的元素做成全新的时尚，为当代时装创作带来了深远的影响。透过这些用裙环撑开的连衣裙和洗衣篮我们应该看到什么呢？也许是一种新的成衣的到来，相较于一件艺术作品或者一个工业产品，它更像是一场游戏。

将她的乙烯基面料外套翻转过来，你会看到里面是用茹伊印花布做的衬里，薇薇安很有预见性地提出了她的观点："回头看，这是创造未来的唯一方法。"在她看来，柯尔贝尔[1]和弗拉戈纳尔是对性枪手乐队的"没有未来"最好的回答。在这样搅动服装界之后，她只想回到法国大革命前的美好时光。金丝图案顺毛丝绒连衣裙，以18世纪的紧身胸衣为灵感的抹胸衣，橘红色塔夫绸撑架裙，以华托的一幅绘画为灵感制作的秋千或者长拖尾连衣裙。她疯狂热爱撑架裙，她解释道："撑架裙非常性感。没有什么时尚发明比它更性感的了，尤其在伟大的维多利亚时代。穿上一件衣服，然后就可以独自占领两平方米的空间，或许还要为此发明专门的椅子，这太棒了。我的迷你撑架裙摇摆、晃动，总能时不时地露出一些肌肤。因为面料的不同，它有时僵硬，有时灵动。"

她的"轻佻闺蜜"风格一炮而红，成为这位设计师永远的形象。腰垫、裙撑、紧身腰带、超长裙拖、卷毛假发、布满了假宝石的装饰，极其恋物癖风格的配饰，这些都将历史元素和幽默、高雅与挑

---

[1] 让·巴普蒂斯特·柯尔贝尔（Jean-Baptiste Colbert），1619年8月29日～1683年9月6日。法国政治家，长期担任财政大臣和海军国务大臣，是路易十四时代法国最著名的人物之一。——译者注

衅融合在了一起。浑圆的臀线、超厚的鞋底……韦斯特伍德从18世纪的法国、上流社会交际花、萨德侯爵❶身上寻找的元素，以她持续而积极的无序，打乱了成衣太过规律的秩序。

然而，和奥斯卡·王尔德❷一样，这位设计师的风格只有在面对其热烈抨击和鞭笞的上流社会的伪善的时候才有真正的意义。只有潜入英国大众媒体，看到小报上猥琐的版面及其近似色情作品的图片，才能真正了解被认为已经过时的维多利亚时代清教主义的影响力。同样，在伦敦街头的两辆劳斯莱斯和两个流浪汉之间，韦斯特伍德的形象勾勒出了英国人固守成规却又经常背信弃义的特质。1994年春天的巴黎时装周结束后，《每日邮报》和部分主要媒体的反应证明了这一点，他们称薇薇安的创作营造了“妓院的气氛”。他们甚至将裸胸的凯特·摩丝❸比作未成年的荡妇，将卡拉·布吕尼❹比作“廉价妓女”——她穿着人造毛丝鼠皮草比基尼裤的样子确实很滑稽。

克里斯蒂安·拉克鲁瓦是最早赞美她将自己的信仰坚持到底的人之一：“我向她激进、顽强和绝不妥协让步的精神致敬。她的设计既关乎文化，也关乎政治。这是时装设计最准确、纯粹、恰当的方法之一。因为时尚处于两条线的交叉点，一条是记忆、历史和掌握的知识，另一条是社会事件、艺术发展趋势和最尖锐的态度，它面

---

❶ 多纳蒂安·阿尔丰斯·法兰高斯·德萨德（Donatien Alphonse François de Sade），1740 年 6 月 2 日 ~ 1814 年 12 月 2 日。法国贵族，伟大的情色作家，他的作品所处理的不单是色情题材的问题，而且还宣扬性暴力和性虐待以及违反伦常的哲学。——译者注

❷ Oscar Wilde，1854 年 10 月 16 日 ~ 1900 年 11 月 30 日。19 世纪英国（准确来讲是爱尔兰，但是当时由英国统治）最伟大的作家与艺术家之一，以其剧作、诗歌、童话和小说闻名，唯美主义代表人物，19 世纪 80 年代美学运动的主力和 90 年代颓废派运动的先驱。——译者注

❸ Kate Moss，1974 年 1 月 16 日生于伦敦，模特。1988 年，14 岁出道。——译者注

❹ Carla Bruni，1967 年 12 月 23 日出生于意大利都灵，模特、歌手、演员、音乐人。2008 年 2 月 2 日，与法国总统萨科齐闪婚，成为第一夫人，萨科齐成为第一位在位期间结婚的法国总统。——译者注

对的是我们每天生活的世界。她从未自降身份。她总是将这种态度，这种与服装史的内在联系，以及她在面对政治问题时候的公民立场放在比金钱、市场营销、生意更加重要的位置。”

1992年，她成为维也纳应用艺术学院的荣誉教授，在这里，她遇到了比她小25岁的安德烈亚斯·科隆萨勒[1]，两人步入了婚姻，而他也成为她的设计师。在她发布会的后台，这位奥地利帅哥总是在她身边。是他劝说薇薇安在2000年从克拉珀姆的公寓搬到一栋建于1703年的安妮女王[2]的房子里。老牛吃嫩草的薇薇安回顾她的爱情故事时说：“当我和安德烈亚斯相遇的时候，我就深深爱上了他，但是因为我们的年龄差，我并没想过和他结婚。可是他是奥地利人，不能长期留在英国，所以我们是因为行政的原因才在1993年结婚的。最终，我很喜欢结婚的状态。这让一些事情变得很清晰，不管是在自己心里还是在大众的眼中。更重要的是，这是一段浪漫故事。”是不是因为他，她才在1992年推出了一条婚纱线和一个男装系列的呢？这个男装系列继承并修改了萨维尔街[3]的传统，服装线条优美贴身。

他们两人一起创作了很多系列，“大酒店”（1993）、“狂热英国迷”（1993 ~ 1994）、“咖啡公社”（1994）、“关于自由”（1994 ~ 1995）、“色情地区”（1995）、“宝贝儿万岁”（1995 ~ 1996）、“风情万种而不自知”（1996）以及“性爱万岁”

---

❶ Andreas Kronthaler，1966年1月26日出生的奥地利时装设计师，薇薇安·韦斯特伍德的丈夫。2016年，为感谢他在过去25年里为品牌所做的贡献，韦斯特伍德将同名金标系列更名为Andreas Kronthaler for Vivienne Westwood。——译者注

❷ Queen Anne，1665年2月6日 ~ 1714年8月1日。1702年3月8日起成为英格兰、苏格兰和爱尔兰女王。1707年3月1日，英苏《联合法令》正式生效，英格兰和苏格兰两个王国合并为大不列颠王国。于是她以“大不列颠及爱尔兰女王”的名义继续统治，直到1714年逝世。——译者注

❸ Saville Row，伦敦一条以传统的男士定制服装而闻名的街，被誉为“量身定制的黄金地段”，其中客户包括温斯顿·丘吉尔、纳尔逊子爵和拿破仑三世等。——译者注

（1997），他们创造了新的廓型、收紧的腰线、呼之欲出的胸部、平衡的下摆。1997年，两人推出了“红标”系列。她将莫卡辛鞋上的绒球装饰做成性器官的形状，生殖器的形状还用在了首饰、袖扣和钥匙扣上。她还很善于改变特别有苏格兰特色的粗花呢和格子花呢的用法，她做的一款马克安德烈亚斯（McAndreas）被安置在了苏格兰格子花呢博物馆。她对传统裁剪和工艺的执着，她的创新实用主义和她的服装所呈现出来的活力，一直都让人赞叹不已。

1997年春，英国报纸上出现了惊人的标题《朋克女王变身为邻家奶奶》。从1990年开始就没有在伦敦举办过发布会的薇薇安推出了她的“红标”秋冬系列，再一次带来了轰动。这次没有夸张的臀垫，没有怪诞的装饰，而是粗花呢的西装套装，鸡尾酒裙，可以称得上乖巧的帽子。挑衅来自她选择的模特：大约十五名十三岁到十五岁的早熟女孩。这些被称为“洛丽塔超模”的女孩是薇薇安和她的丈夫一起从各个学校里挑选出来的。1997年2月25日，在伦敦多切斯特酒店的沙龙里，英国的正统思想人士几乎要泼出他们手中的茶。对于薇薇安来说，她是要抵抗辣妹组合带来的影响，这支流行乐队“引导女孩们穿得像穴居人一样”。设计师为自己辩护：“这场秀是一场游戏，这些女孩穿的衣服没有任何违背常理的地方。它们是不同的。从我的童年开始，我就与不公正、愚蠢和现有体制抗争。我一开始觉得我能改变世界，后来发现我们什么都改变不了。我组织这场秀并不是为了引起公愤。大多数人分不清守旧和传统之间的差别。守旧的人总是在模仿，而传统则是发自内心的。我通过时尚努力活在一个有想法的世界里。”

薇薇安以都铎王朝为灵感，创作了以“五个世纪之前”为主题的1997～1998秋冬系列。之后是“绑在船桅上”（1998）、“穿上去攀登”（1998～1999），最后以“美丽的埃莱娜”（1999）结束了她的“狂热英国迷”时期。随后，新的篇章开启了，设计师将它定义为“探索”时期，这一阶段推出的系列有“金标”（1999～2000）、“夏日时光”（2000）、“冬”（2000～2001）、“探索”（2001）、“野性之美”（2001～2002）、“亲英派”（2002～2003）、“街头剧院”

（2003）以及“模糊裁剪”（2003 ~ 2004）。她的每个系列都有一个主题、一个概念。有些看起来像是传闻轶事，但是就像她的朋友吉恩·克雷尔在阿苏里出版社发行的关于薇薇安的著作中强调的那样：“她在自己的作品中所表达出来的智慧，让她在同行中占有了一个非常重要的地位。她天生就不是一个正统人士。是她的自我鞭笞，让她变得与众不同。她的态度是不信神的：所有值得被做的事都值得被做好；当有内容的时候，生活才能成为一种享受。”

时尚在她手中总是充满了戏剧化。“我是一个英国人，我戏谑地模仿英国人，同时希望我的服装能有国际影响力。”她解释说，“在殖民时期和工业革命时期，英国最重要的出口物是羊毛。它们是最美的装饰物之一。时尚不是来自美国或者东方，它历来就属于欧洲。真正的时尚，是法英之间的一种思想交流，现在仍然是如此。对于法国而言，是完美、细节、富贵。对于英国而言，是西装裁剪和自在本能的魅力。”舞台剧也向充满创新力的她抛出了橄榄枝。1991年，她为科文特花园和皇家芭蕾舞团的《鸟儿嘉年华会》设计舞台服装。1996年，她为在维也纳城堡剧院演出的布莱希特[1]的《三文钱的歌剧》设计了全部服装，然后是昂布鲁瓦·托马[2]的歌剧《哈姆雷特》。汉诺威的赫伦豪森艺术节请她为以亨德尔[3]为灵感的《塞默勒行走》设计剧服。

****

她发展自己的品牌，开发特许授权业务，推出香水“闺房（Boudoir）”“浪荡子（Libertine）”“淘气爱丽丝（Naughty

❶ 贝尔托·布莱希特（Bertolt Brecht），1898年2月10日 ~ 1956年8月14日。著名的德国戏剧家与诗人。——译者注

❷ Ambroise Thomas，1811年8月5日 ~ 1896年2月12日。19世纪法国作曲家，1832年曾获得罗马最高奖。——译者注

❸ 乔治·弗里德里希·亨德尔（George Friedrich Handel），1685年2月23日 ~ 1759年4月14日。英籍德国作曲家。代表作有《阿尔米拉》《哈利路亚》等。——译者注

Alice)”“俏丽爱丽丝(Cheeky Alice)”，与威奇伍德和煤港陶瓷公司合作推出餐具，和皮亚乔联名推出韦士柏(Vespa)踏板摩托，和沃尔弗德(Wolford)一起推出长筒袜，还推出了鞋子、眼镜、手绢、手表、婚纱等——不过她倒是把内衣留给了在运营“密探(Agent Provocateur)”品牌的儿子约瑟夫，她哪来的那么多精力？这位充满热情的坚强的斯达汉诺夫式工作者说：“我坚持战斗，因为我觉得我的衣服是真的好。如果我不做了，它们就不存在了，而我觉得它们有存在的权力。另外，时尚还是相当振奋人心的，因为人们还需要它们。人们不能无视自己的身体，他们想看着它，决定如何通过自己的穿衣打扮表达自己，与他人沟通。”

她是如何定义自己的风格的呢？“我的很多想法来自过去，但是我的看法又为它注入了一些新的内容。我的作品都是独特且现代的，但并非刻意为之。而且，我不喜欢‘现代’这个说法，我更愿意说它们是属于我们这个时代的。我的构思都来自传统。”薇薇安女爵将她的生活准则和乐趣融入了时装。就像她一个朋友说的：“这个女人能很好地把握造型，也很了解女性。她从女性的视角来看待女性。而且她好像也知道如何通过男性的视角来看待女性。她所塑造的女性是大胆、爱调情、性感、女性化的，绝不平庸。”她的服装赋予了女性一个故事、一个角色。如果买了一件她的衣服，就应该穿上它。她能让穿着她的衣服的女人自然而然地变得性感。她的鞋子也是一样，其中最著名的是那双1997年让纳奥米·坎贝尔在T台上摔倒的22cm高的蛇皮吉利鞋。

“当我的客人穿上高跟鞋的时候，她的所有曲线都充满了动感。”这位设计师补充道，“我大多数时间都是穿平底鞋的，但是有时候我也喜欢穿带防水台的高帮皮鞋。它们很漂亮，也很有戏剧性。这些配饰和服装一样，可以让穿着者迅速进入一个角色。鞋子对于女性来说是非常重要的：它们可以改变气质，平衡线条。我觉得帽子有着同样的作用。”这位设计师要的就是性感、热辣。她缔造了自己的王国，塑造了自己的形象，从一个毫无企业形象设计的格局出发，展现了自己的世界。她的审美融合了诱惑和挑衅。设计师们很喜欢被模仿，对于薇薇安而言，如果她的设计没有被剽窃，那简直就是一种侮辱。很多设计师都从她的设计中或多或少地汲取了灵感，比如她的西装套装、她的宽折边，她对面料的选择，她的配饰、纽扣和蝴蝶结。而她被抄袭最多的单品非迷你撑架裙莫属。

她曾三次斩获英国年度设计师大奖，维多利亚和阿尔伯特博物馆还于2004年举办了她的个人作品回顾展。她充满智慧且风趣幽默。她的服装讲述了一个故事，这位设计师非常渴望提高文学修养："在很长一段时间里，我很讨厌时尚。我开始从事这个职业是因为我意识到它对这个世界所带来的巨大影响。我把它当作一个政治工具，来传播我反成规的想法。我来自农村，所以我有点单纯和无知。相较于时尚，我更喜欢阅读和写作，一些更加需要智力的活动。我阅读量很大，并且把我的书都当成宝贝。"普鲁斯特、阿道司·赫胥黎[1]、尤瑟纳尔[2]、乔治·奥威尔[3]等都在她最爱作家的名单上。在绘画上，她钟爱提香[4]、委拉斯凯兹、维米尔等的作品。她对弗拉芒绘画有很深的研究，可以就弗兰斯·哈尔斯[5]的作品长篇大论几个小时。她也很欣赏法国的古典音乐。在她这里，没有摇滚！她不看电视，很少翻阅杂志。除了出门去剧院，她和她的丈夫和狗过着几乎隐居的生活。

她是一个完全不爱社交活动的人。她很坦率地承认："很多名人

---

❶ Aldous Huxley，1894年7月26日～1963年11月22日。英格兰作家，代表作《美丽新世界》《针锋相对》等。——译者注

❷ 玛格丽特·尤瑟纳尔（Marguerite Yourcenar），1903年6月8日～1987年12月17日。法国诗人、小说家、戏剧家和翻译家。1980年当选为法兰西科学院院士，是第一位入选法兰西科学院的女性。——译者注

❸ George Orwell，1903年6月25日～1950年1月21日。英国著名小说家、记者和社会评论家。代表作《动物庄园》和《1984》。——译者注

❹ Titian，约1488/1490年～1576年8月27日。意大利文艺复兴后期威尼斯画派的代表画家。代表作《乌比诺的维纳斯》《圣母升天》《神圣与世俗之爱》《爱神节》等。——译者注

❺ Frans Hals，约1580年～1666年8月26日。荷兰黄金时代肖像画家，以大胆流畅的笔触和打破传统的鲜明画风闻名于世。——译者注

都穿我的衣服，但是我都不知道她们的名字。”她加入了碧姬·芭铎和帕米拉·安德森[1]的事业，在她的服装系列中拒绝使用动物皮草。她变成了素食主义者，并且戒了烟，成功地改掉了这个由来已久的坏习惯。她还和丈夫一起做瑜伽。

****

这位颠覆性的女爵现在正在为重新造林和营造一个更加公平的世界而战斗。她成为一个真正的环境保护激进分子，不喜欢别人把她的绿色行动当成是肤浅的投机主义。她是如何进入绿色运动的坑的呢？2006年，她读了詹姆斯·洛夫洛克[2]的书后意识到，如果我们不做点什么对抗酸雨，人类将要走向灭亡。“我不知道还留给我们多少时间来作出反应，但是我已经在倍速行动。”她在自己的博客上说。薇薇安女爵优先考虑的问题归结为一句话：如果地球毁灭，人类将无法生存。经济危机和金融破产只是地球临死前的震动。

2012年1月，她向清凉地球协会（Cool Earth）捐了一百万英镑（折合一百二十六万欧元），用于保护亚马逊雨林。同年5月，为了让大家听到她的呼声，她和几个模特一起进攻了上下两院。2012年夏天，她设计了一些T恤，销售收入用于帮助气候难民和环境正义基金会组织（EJF）。“时装就是我的共鸣箱，”她解释说，“我在服装上加上口号，我想把超模们都变成为地球服务的缪斯女神。”在她的最新系列中有一些“绿色”口号，警告气候变暖问题的“+5°”或者“少买优选，理性消费”表明了她新的主题思想。

2011年她发表的“积极抵抗宣传”的宣言表达了她的核心思想，呼吁大家提高辨别力，摆脱宣传的操控。在说到她的态度的时候，

---

❶ Pamela Anderson，1967年7月1日出生于加拿大不列颠哥伦比亚省温哥华岛，演员、模特。——译者注

❷ James Lovelock，1919年7月26日出生的英国科学家，环境领域的主要作家，被誉为世界环境科学宗师。盖亚假说的提出者。——译者注

她可以滔滔不绝："我利用我的时装秀和我时尚设计师的身份述说我所关心的事。我为道德时尚非洲项目设计了一款包，名为'寻找生命真谛（Get a life）'。这款包是在内罗毕由一些社会边缘妇女（包括单身母亲、寡妇、艾滋病患者等）纯手工制作完成的，所用的材料是废弃的广告海报和狩猎远征时用的帐篷。为了保护环境，我建议大家少买衣服。但是我很清楚这是一个有私心的观点，因为我同时也说，要好好选择，而除了韦斯特伍德，就没有更好的选择了。我说认真的，不要花太多钱，与其把钱花在质量差的东西上，不如什么都不买。如今大家看起来都很沮丧，就像都是克隆人一样。人类的表情从来没有这么可怕过。但是种瓜得瓜种豆得豆。经常有人来找我，说是我的粉丝：都是些富有的小女孩。但是在我发表宣言的时候从来没见过她们……"

充满智慧和幽默的她与以查尔斯王子为首的环保主义运动的新骑士们成为朋友。对于从来没有注射过肉毒杆菌的她来说，直抒己见是她的基本原则。她一直都是纯粹而强硬的行动主义者，在她的秀场上，她会发放呼吁释放政治犯的请愿书，或者赠送金属水壶以鼓励大家减少使用塑料瓶。政治言论一直都为她的设计提供灵感，而现在它们已经成为她所关心的首要内容，她将自己的信仰融入她的设计中，她将动员口号覆盖在她的作品上，将销售收入中的一定比例投入公益事业。她持久的热情，她的原创性和顽强不屈证明真正的朋克精神并未消亡……"从某种意义上来说，我是一个无政府主义者，因为我希望人们都能够掌握自己的生活方式，而不是去听别人指手画脚。"她大声地说。

****

薇薇安·韦斯特伍德每天骑自行车或者坐出租车来到她位于埃尔科街9号的办公室。她的橘红色卷发上戴着一顶贝雷帽，画着精致的妆容，打扮得漂漂亮亮。薇薇安的工作坊离她位于国王路的"世界末日"精品店只有步行十分钟的路程，走到阿尔伯特亲王桥只要五分钟。韦斯特伍德的办公室在不久前还是一个电影工作室，她在里面加了一层，设计图纸还让风水专家过目了。这栋战后建起的建筑功能性很强。只在磨砂玻璃门上显示了公司的标志，韦斯特伍德的星球符号。她的助理克里斯蒂娜为她泡好咖啡，设计师进入自己的工作室，窗口正对着诺曼·福斯特[1]设计的巨大的蛋形建筑。

她总是从堆在她办公桌上的一堆面料小样开始她一天的工作。房间里满目都是纸张、纸样、画稿、随手记录的想法，它们或堆在桌上，或钉在墙上。她用她儿童般的嗓音，继续每天的战斗，监控最微小的细节。“因为每一个款式都是由上百个小决定促成的。”她的双手无比灵巧，工作无比投入。她的员工说，她对自己的选择非常自信，并且对最细小的配饰都很上心。她如何评价自己的构思的呢？“我向历史借鉴，”她承认，“发现历史中还未被挖掘的有生命力的元素——比如撑架裙，然后我就全神贯注地研究它，就像是在编曲或者作画。迪奥就曾花很多时间在博物馆里，有时候他会躺在其中一条大裙子底下，试图看清楚它们的结构。这种想法就是找一个已经存在的东西，把它完全了解透彻，最后做出一个创新的作品，因为你在里面加入了一些属于你自己的构思。你的落脚点还是在你个人，这和你看待事物的方式是相关联的。这些东西一定不会和它原来一模一样，即便你想要完全复制一件传统的衣服，你也不可能做到，因为你用的是现代的制作方式。”

她的一位资深媒体专员说：“我从来没见她在发布会的时候发过火。在后台，她习惯坐在椅子上，光着脚，安静地为那些服装作最后修整。让我印象深刻的是，她这么长时间以来一直使用同样的词汇：紧身胸衣、掐腰小西装、短上衣和球形裙……她设定了一种风格！”她知道自己的才华，但是也承认，她需要一直被认可，希望她的英雄主义能被重视。在面对“您是一个英雄吗？”这样的问题

---

[1] Norman Foster，1935 年 6 月 1 日出生的英国建筑师。英国皇家建筑师学会会员，国际上最杰出的建筑大师之一，被誉为“高技派”的代表人物，第 21 届普利兹克建筑大奖得主。——译者注

的时候，她的回答毫无虚伪的谦虚："我觉得，是的。也许我不应该这么承认，真可怕……但是我的性格就是这样。我想走出自我，去探索。我有勇气把自己变得荒谬可笑，或者做一些事来突破限制，尝试各种事，不按照别人要求的去做。我希望人们都能感受到自己的重要性，能够昂首阔步，能够爱自己。"她用服装表达自己的幽默和异想的能力，她赋予服装情感力量的能力，都来自于此。薇薇安・韦斯特伍德外表看起来就像是一个脆弱的瓷器，保护自己不受生活中各种喧闹的影响，将最好的自己献给她的王国。

她用自己的方式生活在自己的世界里，不太关注当代文化，也不关心外面的世界发生了什么。但是她以自己的方式，和她的先生携手工作。就像他们的朋友本・里尔顿所说："他们两个都欣赏艺术、喜欢戏剧，不听现代音乐，并且在风雨如磐的顿悟中互相启发。在另一半的陪伴下，他们都比原来更加出色；他们都深爱着对方，为对方而活。这一切都是那么美好。大家可能曾经以为会看到薇薇安变成一个威严智慧的女王，端坐在王座上，挥动她的星球，指向她认为正确的方向……但是没有！"说起他，她总能滔滔不绝："他是我整个职业生涯中遇到的最有才华的人。他太不可思议了。如果他不是为我工作的话，他一定会成为时尚界的一颗明星。他将会去某个大品牌，他将可以做自己想做的。他的主要标准是，衣服应该让人觉得像是由天使做的。不应该让人看到任何人为的痕迹。它们应该是轻盈的，女人穿上它们可以飞天。"

虽然她坚决反对将时尚看成是生意，但是作为指挥官，值得骄傲的是，她在全世界有二十多家自营精品店（三家在伦敦），四十多个大商场专柜，五百个零售点。她在伦敦、巴黎、米兰、洛杉矶和纽约都有一个媒体办公室，负责推广她的作品。在她身边有九十五名员工，平均年龄不超过二十六岁。如今，她的国际王国里包含了一条准高定线"金标"，一条成衣线"红标"，一条男装线"Vivienne Westwood男装"，一条副线"英国迷（Anglomania）"。她是英国时尚工业不可缺少的一分子，她的产品三分之一出口日本。

兰嘉丝汀（Lancaster）香水的市场副总监朱莉・麦基弗回忆她

们曾经的合作经历："她发行香水的时候，正是流行雌雄同体和垃圾摇滚的时期。她又一次站出来与流行对抗，这次推出的是极致女性化的香水。'香水是最后一层诱惑，'她说，'它应该表达出力量和信心。'她希望它们流露出'天真无邪'的假象。和她一起工作很艰难，但是也可以学到很多，因为她的想法是概念性的，而且她不相信营销学。她不是一个商人，而是一个艺术家。"

她是藐视一切的前卫风格女王，名人行列中的新贵，她在裁剪中能够实现绝对的古典主义，但是薇薇安女爵仍然坚持反对权势集团，她把代表王权的符号都据为己用，以更好地嘲讽它们。除了出色的挑衅之外，这位活跃的英国女人的风格在时尚界留下了反传统的烙印。好吧，上帝拯救薇薇安·韦斯特伍德！

缪西亚·普拉达
（Miuccia Prada）

穿普拉达的可不只是恶魔。缪西亚·普拉达将一个家族皮具企业变成了一个时尚帝国。普拉达成为国际奢侈品行业的新先知，她的粉丝们很喜欢自称普拉达狂热分子或者普拉达瘾君子。在《时代周刊》近期评选的“全球最具影响力人物百人榜”中，她是唯一一位入选的女设计师。她还进入了福布斯全球四百富豪榜单，《华尔街日报》将其列为欧洲最有权力的三十位女性之一。

她就是那些每年要构思十几个系列的设计师的代表，和庞大的团队一起工作，还要监管全球数百家商店。她经常被形容为时尚界的“硬驱”，因为她的服装是各种直觉的组合，敏锐把握时代气息的同时，展现巨大的文化遗产。她曾经是共产主义活动分子，学习的是政治学，她并不觉得这有什么矛盾，在统治了她的时尚帝国超过三十年之后，她继续用优雅的反成规和颠覆的复古风灌溉自己的生活和创作。

****

Prada公司是在1913年由缪西亚的爷爷马里奥·普拉达和他的弟弟马蒂诺共同创立的。他们在米兰最负盛名的地标性建筑，被称为“米兰客厅”的伊曼纽尔二世长廊里开了一家专营奢侈品的精品店。“普拉达兄弟（Fratelli Prada）”位于米兰大教堂和斯卡拉歌剧院之间，很快成为深受贵族和大资本家喜爱的地方。俄罗斯芭蕾的布景师亚历山大·尼古拉斯·贝诺瓦在一楼画了两幅以旅行为主题的壁画。1919年，这个皮具工坊获得了令人羡慕的“意大利王室官方供应商”的头衔，因此在它的品牌标志上装饰了萨伏伊家族的纹章和结饰。他很快在曼佐尼街开了第二家店，里面装饰着安吉洛·加利[1]为他画的肖像。

弟弟马蒂诺后来去参政了，被大家用米兰方言称为“马里奥松鼠”的他独自将公司业务发扬光大。Prada店里充满了用高档材料做的各种珍贵作品：皮包、箱子、手提箱、手套和其他精致的旅行配件，还有首饰、水晶、进口木材和象牙做的手杖、釉陶、玳瑁制品、银器或者用硬石做成的工艺品。他的化妆箱、雨伞、钱包和其他皮革饰品做工细腻，使这个品牌成为米兰的“爱马仕”。马里奥·普拉达不仅认真细致地诠释他所处时代的精神，而且非常具有创新先锋意识，非常有远见。他探寻最珍稀最有价值的材料，专研最复杂讲究的制作工艺，保持旺盛的求知欲，发自内心地渴望创新，这些都是他创作的基础。所有的制作都只委托给能确保卓越出品的工坊完成。皮包用细腻结实的摩洛哥皮手工制作，配以金质和象牙的配件，展现了意大利奢侈品令人尊敬的形象。

1958年，马里奥去世了，由他的女儿南达和路易莎继承衣钵。两姐妹中，路易莎效率比较高。她在米兰和一位海军军官路易吉·比安奇结婚，生了三个小孩：1946年是玛利亚娜，1949年5月10日是玛丽亚·缪西亚——就是后来被大家称作Miu Miu的那位，六年后生下了儿子阿尔贝托。南达阿姨和他们一起住在罗马门街的一栋豪华别墅里，就像是这几个外甥的第二个妈妈。因为没有结婚，她通过法律程序收养了缪西亚，让她可以冠以“普拉达”这个姓氏。她有令人惊艳的厨艺天赋，她做的米兰式扇贝和藏红花烩饭无人能及。

在这个伦巴底大资产阶级的天主教和温和保守派环境中，普拉

[1] Angelo Galli，1870 ~ 1933年，意大利雕塑家。——译者注

达—比安奇一家度假通常都去多洛米蒂山脉或者恩嘎丁山谷。周末他们就去位于科莫省莫里纳·迪·法吉托·拉里奥的别墅。年轻的缪西亚很快就习惯了和其他人一样，无所事事。她喜欢服装和配饰，精心打造适合自己的装扮。“我从很小的时候就开始喜欢给自己穿衣打扮”，她承认，“妈妈从巴黎带回来一些衣服。伊夫·圣洛朗是我心中绝对的大师。”在Prada风格中，一直都有童年天真纯洁的一面：泡泡袖和隐约的透明，改良的百褶裙和没有攻击性的性感。到森皮奥内公园散步，去布雷拉美术馆参观，都是她童年时固定要去做的事，就像每次经过曼佐尼街的佩尼斯（Pennisi）珠宝店的橱窗时都会驻足赞叹。她很早就喜欢歌剧、合唱曲、那不勒斯歌曲，当她唱起普契尼的无伴奏演唱的时候，全家人都为之陶醉。她很叛逆，并且承认至今都对多尔切之家（La Casa del Dolce）的软焦糖毫无抵抗力。

不久，她就进了位于康美达路的米兰贵族高中，乔瓦尼·贝切特高中的文科班。她在学校学业出色，也是他们学校唯一一个率先穿上嬉皮士服装的人。最初的反叛迹象：“受我父母的影响，我原来是守旧的人，但是大约十四岁的时候，我想要变得不一样了。我希望做第一个吃螃蟹的人。永远和别人不一样，这是我生命的永恒追求。”她坦言。她的第一个男朋友很特别，是个共产党员，这让普拉达—比安奇一家很紧张。

20世纪60年代的青少年都爱寻求新鲜，不走寻常路。她想要去考布雷拉美术学院——这推翻了说她没有画画天赋的传闻，但是她的父母都强烈反对。高中毕业后，她一边在米兰大学修了特别严肃的政治学，学习不太上心，马马虎虎地毕了业，另一边却在乔治·斯特雷勒和保罗·格拉西管理的小剧场认真学习戏剧艺术和哑剧艺术课程。之后，她在里沃利路上的工作室里度过了非常忙碌的五年。她说：“我一个朋友的姐姐也是其中一员。我去剧院的原因很简单，因为我热爱它。我是一个很好的哑剧演员，尤其是当灵感源很抽象的时候。”她喜欢哑剧因为它可以让人迅速理解，它的不逊和它对社会习俗的嘲讽。她从中掌握了身体语言和呼吸方法，培养了极强的专注力。于是她在斯卡拉小型剧场的歌剧中跑龙套，在电视广告中做背景，几乎不依靠父母生活。她解释说："戏剧是所有事发生的地方，是前卫思想表达的地方。在这个领域，我觉得哑剧是最奇特的。它代表着时代精神。我们想做些不同的事，或者说怪异的事。"

从青少年时期开始，她就对小饰物产生了浓厚的兴趣。她的零钱都花在了从跳蚤市场淘来的二手圣洛朗或者香奈儿。"我穿戴这些东西的时候都很低调。"她很肯定地说。如今她也很乐意承认自己总是从过去的风格中寻找灵感：她服装系列中的复古精神也是成功的原因之一。

她的下一步非常奇怪：她加入了意大利共产党，登记在了她所在的奥蒂街辖区。每天早上，当她去离家很近的卡德罗诺吧喝晨间卡布奇诺的时候，都会泡在党的办事处。对此，她解释说："这在当时一点都不标新立异。在那个年代，如果你不傻，你就会想要改变社会，你就是左派的。共产党已经是很'温和'的了。我有些朋友比这极端多了，在他们看来，我就是个保守派。"她在这里结识了一些终生挚友，比如雕塑家吉奥·泊摩多罗[1]，或者管理者基科·泰斯塔[2]。她还加入了共产党的女性分支：意大利妇女联盟，并且在各种会议上用喇叭声嘶力竭地争取流产合法化。有一张照片是她站在街垒上，对面就是一排排列队紧凑的警察，照片上除了她还有作家贝尼代塔·巴尔齐尼。游行的时候，她的同志们穿的长裤让她有点不舒服，她觉得这就像是一种制服。她更喜欢穿以自己的方式装饰的半身裙。她是唯一一个不穿牛仔裤的人。

她的矛盾让她非常痛苦。她很喜欢政治，很关心社会问题，同时，对于理论上她应该抨击的肤浅的外表问题：时尚，她也极其热

---

[1] Gio Pomodoro，1930 年 11 月 17 日 ~ 2002 年 12 月 21 日。意大利雕塑家、版画家和布景设计师。——译者注

[2] Chicco Testa，1952 年 1 月 5 日出生的意大利政治家。曾担任意大利国家电力公司董事长，意大利环境联盟主席等职。——译者注

爱。她说："想成为服装设计师，这对我来说是最糟糕的事了。我觉得这很愚蠢，很保守。我对此很羞愧。但是家里的环境熏陶又正好相反：对美好事物的喜爱，在时尚方面的天赋。我爱这一切。"每一年的团结日集会上，她的穿着都不太像一个无产者。另外，演说也给她带来了一个明显的问题："在政治上，应该要有一个统一的观点。而我却总是同时想到一件事和它的对立面。一旦我有了一个想法，各种不同的论调就开始在我脑子里打架。我是一个分裂的人。我的性格就是这样，这是我一生无法摆脱的宿命。"在公共场合发表讲话是一件让她有点不安的事——她的性格中有些腼腆——但是她能表现得很有趣，并且表现出极大的讽刺意味。

有几个男孩围绕在她周围，但是她非常坚定地不想走资产阶级的婚姻之路。她的长相就像是从莫迪利安尼[1]的作品中走出来的，鼻子有点太高了，一看就是一个非常坚定果断的年轻女孩形象。

****

20世纪70年代即将结束。政治辩论、皮影戏、西班牙城堡的时光也渐渐远去。缪西亚结束了政治生涯，开始和她的母亲路易莎一起工作。1978年，她接管了这个家族企业。也是在这一时期，她在伊曼纽尔二世长廊的精品店里遇见了时任意大利版《VOGUE》时尚编辑的摄影师曼努埃拉·帕维西。两人一见如故：她们的穿着完全一样，绿色圣洛朗套装搭配复古耳环。曼努埃拉建议她在作品中加入趣味的视角，并且向她保证，她的杂志会给予她支持。最终，她成为Prada团队中的一员。

---

[1] 阿梅迪欧·莫迪利安尼（Amedeo Modigliani），1884年7月12日～1920年1月24日。意大利表现主义画家与雕塑家，犹太人。受19世纪末期新印象派影响，以及同时期的非洲艺术、立体主义等艺术流派刺激，创作出深具个人风格，以优美弧形为特色的人物肖像画，成为表现主义画派的代表艺术家之一。——译者注

缪西亚的职业生涯从设计包袋交由工厂定制开始。她很幸运，因为这个时期正好是大家将手袋视为某种社会地位象征的时候。她负责的包袋首先绘制出来，再将尺寸标志到样板上，为裁剪面料或者皮革做准备。然后由专业的工匠将不同的面块仔细分割、缝制。最后加上Prada的三角标志，完美收工。这是家族传承的基本传统。在米兰国际皮革箱包展上，她在“罗伯特爵士”展位对一位托斯卡纳企业主发火，因为她觉得他抄了她的一款包。这一天是1977年6月10日，她28岁，他31岁。他叫帕吉欧·贝尔特利（Patrizio Bertelli），是位于托斯卡纳省阿雷佐的一个工业家，他为自己辩护。他看起来易怒又优雅，就像《狂欢宴》里的皮特·塞勒斯❶，但是较之更加神经质。

经过短暂的思考之后，她没有对他提起诉讼，而是提出与他合作。他的公司，意大利佩拉蒂耶里（Pellettieri）公司将生产她的作品。这将是一个让她毫无遗憾的决定。在同居八年之后，两人于1987年2月14日成婚，并生了两个儿子：洛伦佐（1988年出生）和朱利奥（1990年出生）。他是一个天才合伙人，缪西亚和他一起，将Prada从一个公司变成了一个全球知名奢侈品品牌。他于1946年4月6日出生于阿雷佐，父亲埃德加多·贝尔泰特利是一名律师，母亲阿德里安娜是一位工业家。他曾是备受困扰的左撇子，在六岁的时候，他的父亲去世了，他带着天生的领导才能长大。在博洛尼亚大学完成了工程师专业的学习后，刚满三十岁的他开办了自己的皮革公司。因此他很了解产品，经常去厂里检查包袋和鞋子的制作。有一点讽刺意味的是，他经常用托斯卡纳方式称他的夫人为“那个缪西亚”，而她也用米兰的方式叫他“那个贝尔特利”。“他们有时候冲突起来像动物一样凶猛，”他们的朋友杰尔马诺·切兰特❷说，“但是

❶ Peter Sellers，1925年9月8日～1980年7月24日。英国著名喜剧演员，代表作《风流绅士》《奇爱博士》。——译者注

❷ Germano Celant，1940年出生的意大利艺术史学家、评论家和策展人。——译者注

他们又完美互补。他是一个目光长远的大老板，而且易燃易爆。有些员工被他骂哭过。她是一个思想者，但是需要有人不停地把她拉回现实。”他暴躁易怒，有时令人讨厌，而她的铁拳则包裹在丝绒手套之下。时装秀的穿衣工和缝衣小工有时候称这对时尚界的神秘夫妻为“齐奥塞斯库夫妇”[1]，也有人说他们是“可怕的夫妻”。我们后面再详述。

一个偶然的机会，缪西亚发现了她后来用来做手袋的面料，那是一种尼龙面料，原先是为了制作意大利军用降落伞而开发的。这种材料轻盈、牢固、防水且不易燃。她用这种被叫作维拉（Vela）的朴素的黑色面料制作了普拉达品牌第一款尼龙双肩背包。包上唯一可见的装饰就是品牌标志。然而，虽然这款包外表非常简单，但是她的缝制工艺非常精湛而且也很牢固。用尖端的纺织机通过精细织造而成的面料，看起来就像丝绸。后来，针对这个让人震惊的营销行动，缪西亚解释说，她想把不可能变成可能，让尼龙也进入奢侈品行列。双肩背包和下一个黑色尼龙做的包袋系列都成为必备时尚单品。不久，以纳奥米·坎贝尔为首的所有超模都在全世界的时尚杂志上背着Prada的包出镜。她为忙碌的城市女性设计了形式多样的双肩背包：古典主义的设计、高级定制的细节、双层尼龙荷叶边、金属雕刻迷你挂锁、亮面皮革包带搭配羊绒。这时又推出了一条鞋履产品线。缝制技术还是传统的，但是鞋型和选用的材料都很有创新性。一抹现代的色彩让经典的产品线充满了活力。

在取得受人尊敬的成功之后，她大受鼓舞，决定离开家族企业的稳定舒适圈，在1988年秋冬季市场上投放了她的第一个成衣系列。那个时期的意大利时尚宣扬的是一种奢华性感的风格，比如詹

---

❶ 尼古拉·齐奥塞斯库（Nicolae Ceauşescu），1918 年 1 月 26 日 ~ 1989 年 12 月 25 日。1967 年任罗马尼亚社会主义共和国国务委员会主席，成为国家元首。1974 年 3 月当选为罗马尼亚社会主义共和国总统。1989 年 12 月罗马尼亚国内爆发革命，齐奥塞斯库的政权被推翻，齐奥塞斯库夫妇被处决身亡。——译者注

尼・范思哲[1]就是个中高手：夸张华丽的配饰、巴洛克风格的褶裥、大量裸露的肌肤。对于缪西亚来说，这一切都很怪异："我原来有个偏见：做时尚是肤浅、无聊、简单和不严肃的事。"她满怀情绪地诉说，"这对我来说是一场真正的悲剧。"她想要做一条极简、严谨的产品线。

但是她还是有必不可少的精神自由，将她自己的信仰搬上了时尚舞台：她的第一个系列有着现代的优雅感和精致的面料，把朴实变得性感。她创造了20世纪90年代奢侈品世界真正意义上的"酷"。她的信条很简单："只有当服装不展现肉体的时候，人们才有可能显示自己的灵魂。女性都应该停止穿着那些性感的衣服。裙子越撩人，穿着它的女子就越不性感。"在经历了20世纪80年代的过度奢华之后，Prada和海尔姆特・朗（Helmut Lang）、吉尔・桑达（Jil Sander）（这两个品牌后来都曾一度被其收购）一样回归极简，也就不足为奇了。这种新的极简主义有着计算精确的高级性。流畅的线条和现代的式样构成了设计基础，在此基础之上，她用各种材质、面料、印花和色彩进行组合，带来各种变化。

****

再也没有什么能阻挡Prada品牌的胜利前行。与之相伴的是这个时期各个品牌的快速发展，二线的崭露头角和时尚产业的全球化发展。她并没有真正意义上的标志性服装，就像吸烟装之于圣洛朗，黑色小外套之于香奈儿，水手衫之于让・保罗・戈尔捷，她最特别的是她对时尚的思维方式和内行人一眼就能看懂的联想。1992年，她开始商业化运作另一个品牌，这是一个更便宜、更叛逆的系列，主要针对更年轻的客户群体，就用她的小名"Miu Miu"命名。1994年推出了男装系列，1997年推出了Prada运动线，2000年不可避免地

[1] Gianni Versace，1946年12月2日～1997年7月15日。范思哲品牌创始人。——译者注

推出了Prada美妆。她成功的秘诀未曾改变：清晰的线条、柔和的色调和大地色的混合以及完美的做工，这一切都成为她这个离经叛道的品牌的烙印。

但是她最与众不同的是她使用材料的方式。她解释说："我大多数时间都在和面料打交道，我在做一个服装系列的时候，90%的工作是花在面料上的。我不停地做各种试验。比如，我是第一个使用像泰迪熊那样的卷毛马海毛的设计师，大家都觉得这不好卖。结果，它们成为畅销款。我还会将不同的材料混合在一起，比如在绸缎和羊绒中加入高科技纤维。"缪西亚还进行试验，将半透明乳胶、塑料、野蚕丝织缎组合在一起，用镜子碎片和电影胶卷作装饰。这种反传统的材料混合被有些人认为是明显的坏品味的表现，但是却轻松地被载入了时装史。她带着点幽默说："我设计服装的时候，有时会用一些可以称之为丑的面料——几乎到了可承受的极限。但是最终结果看起来还不错！"

****

普拉达属于赶潮流的设计师，可以随着季节的交替彻底改变服装风格，但同时不丢失品牌的精神。20世纪90年代，她将自己的创新信条强势推到了时尚界。她的毛刺搭扣、尼龙中山装、制服风格、乳胶衬衫和七分裤都带起了节奏。线条清晰、结构性强是她不变的风格。每一季，她的服装系列都给时尚信徒们带来了欢乐。Prada的半身裙一般都是长及膝盖，通常都带有褶裥，颜色巧妙地混合在一起，印花也会重复出现，大衣是军装风格的，罩衫却又是童装风格的。"媒体喜欢的系列都是很像我本人的那些"，她说，"如果看起来太顺理成章了，我就强迫自己去找一些不太寻常的点子。"

为了开辟新思路，她不惜去不熟悉的领域冒险。在她缺少灵感的时候，就先列出她不要的。然后由她的助理们开始画款。口袋的比例、一条背带的细节、拉链的长度……所有这些都很重要！每一个新品都先手工做出雏形（她的合作者来自各个年龄层），她动脑筋将各种技术和传统工艺结合在一起，比如丝网印和扎染、最新的尖端裁剪技术。她从不需要拿起画笔或者针线，对她而言，时尚是一项纯粹的脑力工作。她说："我对设计概念有一种直觉，我知道我想要做什么，但是我并不会提前就知道它是什么样子的。"因此，有时会让人感觉并不协调；或者相反，有些人觉得Prada故作清高。事实上，她永远都出乎你的意料——也许，这就是她成功的密钥，也是她的品牌长久不衰的秘诀。同样，在她的男装线上，我们也看到了伦巴底人的严谨，她是完美裁剪的捍卫者，无论是外套还是西装，设计概念都表现在了对当代艺术的选择上。时尚评论家不会忘了她2011年冬季系列中的有趣表现，她在毛衣、Polo衫等服装中加入了一些金属纤维，有双色的，也有织成菱形的等。这种金属线和其他线混织在一起，会给针织面料带来金属光泽，非常具有20世纪70年代的风格，手感有些粗糙，而且也有点脆，每个人都为这种看起来带着思想的线而喝彩。

普拉达热爱的艺术家弗朗西斯科·维佐里[1]在《世界报》上大胆地说："缪西亚之于时尚界就像斯坦利·库布里克[2]之于电影界。没有一部电影是相似的，每一部都是一个全新世界。"不管喜欢与否，她的秀都属于少数几个特别受期待而且每次都能带来新骚动的秀之一。因为她很乐于挑战对好坏品味的定义，并在现实环境中，就身体在社会舞台上的作用提出思考（她的秀场上从来不会过度暴露身体）。她从不否认图纸的意义，但是感觉尤为重要。"我越来越喜欢投入到我不熟悉的领域中。我天生就对人类的行为感到好奇，穿衣方式在某些时刻也能反映出您的思想状态。这是我的工作有意思的原因之一，因为它与个性表达和在社会中的自

[1] Francesco Vezzoli，1971年9月1日出生的意大利艺术家和视频制作人。——译者注

[2] Stanley Kubrick，1928年7月26日出生于美国纽约，美国电影导演、编剧、制作人。代表作《2001太空漫游》《闪灵》《大开眼戒》等。2005年，被英国电影杂志《Empire》选为"史上百位伟大导演第四位"。——译者注

我表现方式直接相关。”法国高级时装公会主席迪迪埃·格伦巴赫给普拉达狂热分子的热情泼了点冷水：“她很少犯错，但一直都是东拉西扯。”

她的厉害之处在于，从1993年开始，她就将自己的二线品牌Miu Miu做成了她的“突击部队”。这是另一种灵魂，更加叛逆。这个系列的产品更加年轻、更有活力，价格也更加亲民。“这个系列针对的是我在读书的时候很羡慕的那种有些叛逆的女孩”，她说。就像是一些性感的美人鱼，因为Miu Miu的设计就是以性感为特点的，并且在每一季以不同的形象示人。2002年秋冬系列中，长筒靴搭配迷你短裤和外套。2006年她第一次在巴黎时装周发布Miu Miu秋冬系列，这场秀上我们看到真丝印花面料、短裙、特别长的手套、厚底鞋和雕花鞋跟。2008年春夏季的蓬松迷你裙灵感直接来自《花花公子》杂志的兔女郎，并且玩起了复古风。2010年的衬衣是20世纪70年代风格的，颜色和印花都很纯真，有些洛丽塔的风情。Miu Miu的一条裙子同时登上了英国版《VOGUE》《ELLE》和美国杂志《W》的封面：前所未见！第二年，Miu Miu的绸缎连衣裙上强势地镶嵌一些星星的图案，腰线的分割就像是T恤，这个系列让人想到了《齐格·星尘》[1]。2012年春夏季，她用暗色调的优雅开场，随后彩色的蕾丝逐渐蔓延，非常图案化。

Miu Miu很喜欢玩各种符号，但是始终都创作属于自己的时尚表达。她的服装线条通常都很简单，但是用大胆的图案与棕色、赭石色、绿色和蓝色相结合。和Prada一样，正是因为去除了所有不必要的装饰，才使得印花得以被凸显。品牌风格采纳了优雅好品味的某些特征，但是又加上了充满新鲜感的首饰、俏皮的细节、动感的图案，使整体更加刺激。林赛·罗韩、蕾蒂莎·科斯塔、克尔斯滕·邓斯特、凡妮莎·帕拉迪斯、科洛艾·塞维尼和米娅·华希科沃斯卡都先后担任品牌的广告代言人。两条线很容易区分，但是其

---

[1] 英国著名摇滚歌手大卫·鲍伊在1972年发行概念专辑《Ziggy Stardust》，并创造虚拟太空生物齐格·星尘（Ziggy Stardust）。——译者注

家族血脉也一直都很清晰。Miu Miu是Prada的妹妹。

在Prada这边，从2010年开始，用越来越强烈的大胆表达，爆发了新的活力。大概是在探索方面有天赋？就像莱亚·法伦·格雷夫斯说的："品牌的特征在一场又一场秀中展现，但是这些服装系列总是比之前的更加耀眼……她推出的所有流行趋势都能一下子就变成时尚界无法规避的元素——我们不得不怀疑缪西亚有一颗魔法水晶球，会告诉她人们想要穿什么，在什么时候……"

Prada女性的概念是女商人、知识分子，强大而严格，不用装饰物，从来不性感。法国时装学院的教师弗洛伦斯·穆勒分析道："连接一个又一个系列的唯一线索是对女性概念的定义，这是一个有思想的职业女性，不是一个花瓶"。缪西亚·普拉达反其道而行之，为自己树立了知识分子时装设计师的名声。她说："我喜欢我作品中的讽刺意味。这才是我感兴趣的地方，同样的，我很喜欢分析哪些时髦哪些不时髦，为什么人们喜欢某些东西。我很喜欢玩弄那些陈词滥调。""在时尚领域，当您想要做一件事的时候，您已经想到下一步了。这可能有点疯狂。每一天，我都在想有什么新的东西。这是一种持续的焦虑，可能也是整个社会焦虑的一个缩影。"她补充道。永远不要躺在自己的功劳簿上，这是她的信条之一。

****

Prada在米兰的总部位于贝加莫路21号，白色灰色构成了它素淡的装修风格。她的办公室是极简风格的。但是连接会议室的由卡斯滕·霍勒[1]创作的滑梯口证明了想象力无处不在。这个米兰人屈指可数的几次采访就是在这里进行的。沉默让这个颠覆优雅传统的设计师更加神秘。她说得很少是因为对于东拉西扯的泛泛而谈和决定性的短句，很厌恶甚至可以说是恐惧。另外她将私生活保护得很

[1] Carsten Höller，1961年12月出生的德国艺术家，在瑞典的斯德哥尔摩生活和工作。——译者注

好。大家知道的仅限于她的儿子洛伦佐热爱哲学，而朱利奥热爱建筑。她总是画着很淡的妆，优雅的古着（她有曾经属于保加利亚王后的耳环），精致嬉皮的风格。一种说不上来的理性优雅和复古风的混合。她是一个颠覆了资产阶级符号，并且用轻微的变化搅动经典的资产阶级女性。

当《ELLE》杂志记者问她是不是会试穿自己设计的所有衣服的时候，她把事情捋了一下："不。我的工作是非常理论层面的。我通常都是围绕一个概念进行思考。我从来不试衣服。我做时尚的时候，我是在给我的想法做包装。对我来说，衣服就是想法。美的一般概念通常是毫无新意的。我的工作是要试着引进一种新的美。我尝试用出乎意料的方式重新审视一些概念。"

我们很难赶上缪西亚·普拉达，更何况她不是一个人在战斗。她的丈夫，托斯卡纳的帕吉欧·贝尔特利也是这个创意团队的一员。她有源源不断的才华，而他有罕见的直觉，能判断出什么好卖。这是一个谨慎的商人，大多数时候都很放松，但是也会爆发滔天怒火。"如果我没有遇到他，我可能已经在某一天放弃了，"她承认，"至少，我做不到我现在做的这一切。"她是艺术家，他是经理人。双剑合璧，他们共同缔造了一个世界，一个由服装、艺术和建筑共同构成的复合世界。这是一家全速前进的公司。缪西亚关注公司的一切动态：收购不同品牌，两次推迟上市时间，公司的良好运行。帕吉欧·贝尔特利是个大忙人。这一天他在米兰总部，第二天就去了托斯卡纳，视察他十家意大利生产工坊中的某一家，之后一天他飞去了上海，他领导的团队在那里有个总部。

专业圈子里熟悉他的人都承认，他有惊人的直觉，只要看一眼样品就能知道它是不是好卖："就像是打扑克，"他说，"可能会有失误，但是不会犯大的错误。"不担心在风格和反传统上的风险吗？他的目标是在明年将营业额提高到五十亿欧元。"他比我更加善于煽动。"缪西亚说。Prada在全球有七百五十家自营店。缪西亚的自主权就在这里，在这个她亲手缔造的帝国中。"她是少数几个自己就是品牌和集团所有者的设计师之一，不需要向其他人提交财务报表。她是唯一一个坚持自己的研究道路，不把市场营销和流行趋势放在眼里的设计师。”一位分析师强调，“流行趋势，那都是她引领的。”

20世纪90年代末，帕吉欧·贝尔特利大胆地投入到收购行动中，获得了古驰（Gucci）9%的股份，随后转手卖给了伯纳德·阿诺特[1]。接着先后收购了Helmut Lang、Jil Sander、Church & Co、Car Shoe，甚至突尼斯设计师品牌 Azzedine Alaïa。Prada从一家中小型企业变成了一个小帝国。几年后，当需要消化这些收购的时候，他就把他们出手了。2006年，贝尔特利将Helmut Lang卖给了日本投资基金领克·希尔瑞控股（Link Theory Holding），Jil Sander卖给了变更资本公司（Change Capital）。鞋履公司Church & Co进入了艾奇诺克斯基金（Equinox Fund）的大家庭，Alaïa在2007年卖给里奇蒙集团前，短暂地回到了阿拉亚的手中。Prada变身为一个非常富裕的集团，自从2011年7月第一次在香港证券交易所挂牌以来，翅膀也越来越硬了。帕吉欧·贝尔特利充分利用全球化的形式，对公司的发展前景抱有极大的野心。一个和他亲近的人悄悄地说："说他很喜欢大吼大叫，很难控制情绪，这一点都不假。”那些商业记者带着恶趣味津津乐道地说，他在公司总部的院子里一拳砸烂了一个讨厌的人的汽车引擎。

他是典型的多血质，如果他觉得被背叛了，可以在一分钟之内就把合作者赶走，也会邀请整个团队去科索·马特奥蒂路的饭店品尝最好的黑松露意面。一谈到自己的“红月亮号（Luna Rossa）”帆船参加路易威登杯或美洲帆船赛的战绩，或者他的当代艺术收藏，他的眼神就充满幸福。他也是一个明目张胆的反传统人士。当他的所有同行都在竭尽全力捍卫“意大利制造”的时候，他觉得“我们在全球各地都能找到高品质的工艺技术。不断扩大的业务让我们必须接受供应商的多元化”。为了寻求最好的品质，他在日本制作牛仔裤，在秘鲁生产羊驼毛衣，在苏格兰制作短褶裙，在印度加工刺

❶ Bernard Arnault，1949 年 3 月 5 日出生于法国，世界奢侈品教父、LVMH 集团缔造者、精品界的拿破仑。——译者注

绣和皮革编织。这个意大利品牌正是这样征服了全世界。更出人意料的是，在一次彭博社的采访中他强调，赝品并没有那么可怕："至少，这些仿制品为那些制造厂商提供了就业。"还说出了和可可·香奈儿一样豁达的观点："如果有一个品牌没人愿意抄袭它，你们不觉得这很可悲吗？"他的一些言论与很多大公司的官方发言背道而驰。这些大公司都积极打击抄袭本公司产品的行为，认为这是该行业最严重的灾难之一。

****

为何这个奢侈品品牌能拥有如此崇高的地位呢？普拉达不同于其他服装设计师的地方在于，她明目张胆地藐视时尚世界的某些原则。当其他品牌只想着追随每一季的新潮流，因而不创造任何非消耗性资产的时候，她却投资了一大笔钱用于店面的设计，使它们不仅仅是时尚精品店那么简单了，有些甚至是由知名建筑师设计的。荷兰前卫设计师雷姆·库哈斯[1]将漂亮的Prada纽约旗舰店几乎打造成了当代艺术博物馆。在这样一个精心设计的氛围中，服装变成了展览品，而公司的理念也有了实体。通过最好的材料和最好的设计之间的对话，产生出奇妙的化学反应。为了避免最终所有店铺都长得一样，品牌开发了两种类型的销售点：一种是性冷淡风格的店铺，装修特别简洁，突出商品的价值；另一种被称为"地震中心"，在建筑上更加概念化，在设计中结合了科技和空间运用。

这种审美追求是经过了很长时间才慢慢形成的，这位米兰设计师自己一开始也对是否要建立这些联系持怀疑态度："对于将时尚和艺术混为一谈，我从一开始就是非常反感的。在很长一段时间里，我觉

[1] Rem Koolhaas，1944 年 11 月 17 日出生于荷兰鹿特丹，荷兰建筑师，OMA 的首席设计师，哈佛大学设计研究所的建筑与城市规划学教授。早年曾做过记者和电影剧本撰稿人。代表作西雅图中央图书馆、中国中央电视台、台北艺术中心等。——译者注

得这很浮夸。有人像谈论艺术一样地谈论时尚，让我觉得很好笑。为什么？时尚有它的魅力，而艺术的魅力是完全不同的。它们各有各的特色，都是独一无二的。我曾经一直都认为，将它们明确地区分开是对它们各自的尊重。我希望尽可能不要让人误会我们试图利用艺术来提升公司形象。另外我也不希望被误会想要牺牲艺术来成就设计的趣味性。我避之唯恐不及。”然而，在2008年，她策划了一个名为“腰线以下”的巡回展，展出的都是她最炫酷的半身裙。2012年春天，她接受了纽约大都会的邀请，在一个奢华的展览“不可能的对话”中，用自己的设计和艾尔莎·斯基亚帕雷利的服装进行对话，虽然后来她对巴兹·鲁赫曼[1]摄制的这场超级时装秀表达了保留意见。

将两个意大利女人这样拿来对比肯定是很大胆的。斯基亚帕雷利把高级定制时装当成她的信仰，普拉达却绕道而行。那个罗马人热爱奢华，而这个米兰人却抨击这个概念。但是两人之间的相似点还是很多的。事实上，这两个女人一开始都没有想过要进入服装世界。斯基亚帕雷利三十七岁开始时尚设计，而普拉达进入这个行业的时候已经三十九岁了。她们两人处理颜色的方式也很相似。一个用炽热的荧光粉作品塑造自己的形象，另一个将品牌置于一个亮绿色氛围中。斯基亚帕雷利是第一个使用降落伞布的服装设计师。普拉达将它的尼龙大旅行袋变成了一个必备产品。创造力和革新力是她们的关键词。艾尔莎和缪西亚一样，热爱“艺术和建筑”。斯基亚普探索和运用超现实主义，普拉达对时尚与后现代主义的关系很感兴趣。前者是一些著名的“拿来主义”设计的开创者，后者敢于使用一些反传统的颜色搭配，将一些材料用在非常规的地方。她们俩都拒绝最初级的女性化形象，在她们的服装系列中运用视觉陷阱的效果，用几乎军装化的线条和大量的刺绣进行调和。在激起大家的不同反应和探索无人涉及的审美领域的时候，她们都很喜欢这种一

---

[1] Baz Luhrmann，1962 年 9 月 17 日出生于澳大利亚新南威尔士，澳大利亚导演、编剧、制作人，毕业于悉尼国家戏剧艺术学院。代表作《罗密欧与朱丽叶》《了不起的盖茨比》《红磨坊》等。——译者注

开始不能与大众达成共识的行为。

所有这一切都赋予了Prada这个品牌、这个公司一个知识分子的形象，吸引了作家、建筑师、艺术家等。“很少追求时髦的小女生，‘金丝雀’就更少了。”她的一个常客说到。这个结果可以说是无心插柳柳成荫。“我们给建筑师们的自由度源自于贝尔特利和我在1995年创建的当代艺术基金。”缪西亚说，“大家都不是那么好骗的，如果你缺乏诚意，他们是能感受到的。”这对夫妻不在乎别人的冷嘲热讽，继续丰富他们的当代艺术收藏：“我从来没有要求一位画家或者雕塑家为了生意而进行创作。这些艺术作品都在我们的收藏中，而不是在我们的店里。”这是他们的基本原则。

Prada在1993年创立了Prada基金会，旨在展示在国际舞台上享有盛誉的艺术家的作品。他们推出了一代卓越的艺术家，包括路易丝·布尔乔亚[1]、丹·弗莱文[2]、安尼施·卡普尔[3]、约翰·安东尼·巴尔代萨里[4]、迈克尔·黑泽尔[5]等。他们还出版建筑方面的专著，在奥

---

❶ Louise Bourgeois，1911年12月25日～2010年5月31日。法裔美国艺术家、雕塑家、画家、批评家与作家。——译者注

❷ Dan Flavin，1933年4月1日～1996年11月29日。美国极简主义艺术家，因使用市售的荧光灯具创作雕塑作品和装置而闻名。——译者注

❸ Anish Kapoor，1954年3月12日出生于印度孟买的印度裔英国艺术家，擅长于装置艺术和观念艺术。代表作芝加哥世纪公园的“Cloud Gate（云门）”、阿塞洛米塔尔轨道塔等。——译者注

❹ John Anthony Baldessari，1931年6月17日～2020年1月2日。美国概念艺术家，艺术作品的表现形式包罗万象：画作、摄影、影像、书籍、印刷、雕塑、装置等。以挪用图像为特色的作品最著名。——译者注

❺ Michael Heizer，1944年11月4日出生的美国大地艺术家，专研大型和特定地点的雕塑。——译者注

斯卡·尼迈耶[1]设计的法国共产党总部建筑中举行时装秀，或者在奥古斯特·佩雷[2]构建的框架中与经济和社会委员会合作。“对我们来说，卓越、创新和文化始终是最重要的，”帕吉欧·贝尔特利坦率地说，“这推动我们在全球社会中，在创新力、多样化和沟通方面提出新的想法，也让我们有了和全世界分享我们工作的愿望。”Prada从不资助学校、医院或者社会慈善项目。他们的信条就是当代艺术。为了在威尼斯展出他们的艺术作品，他们收购了由多梅尼科·罗西[3]设计的位于圣十字区的威尼斯王后宫（收购价四千万欧元），并将其变身为Prada基金会的一个新空间，于2011年5月开业。同时他们还筹备在米兰建一座十层楼的博物馆大楼——拉戈·伊萨尔科，由雷姆·库哈斯（2000年初的Prada纽约Soho店也是由他设计的）设计。为了扩大基金会的业务领域而筹备的众多项目中，包括一个可以举行展演、音乐会和专题研讨会的演播厅。缪西亚·普拉达和佩吉·古根海姆[4]同场竞技！

2009年12月，Prada出版了一本705页厚，含3885张图片的画册，全方位地宣传自己。这部巨作就和维达尔医药大辞典一样厚重，里面

---

❶ Oscar Niemeyer，1907年12月15日～2012年12月5日。巴西建筑师，拉丁美洲现代主义建筑的倡导者，被誉为“建筑界的毕加索”。在1956～1961年担任巴西新首都巴西利亚的总设计师。巴西利亚于1987年被联合国教科文组织收入《世界遗产名录》，是历史最短的“世界遗产”。1988年尼迈耶被授予普利茨克建筑奖。——译者注

❷ Auguste Perret，1874年2月12日～1954年2月25日。法国建筑师，为混凝土建筑先驱。第二次世界大战后，他主持重建的勒阿弗尔城被联合国教科文组织列为世界文化遗产。——译者注

❸ Domenico Rossi，1657年12月28日～1737年3月8日。瑞士—意大利建筑师。——译者注

❹ Peggy Guggenheim，1898年8月26日～1979年12月23日。美国艺术收藏家，波希米亚社会名流，所罗门·古根海姆基金会创建人。——译者注

的很多照片都是由彼得·林德伯格[1]、诺伯特·肖纳[2]、大卫·詹姆斯[3]、艾迪·斯利曼[4]等知名摄影师掌镜。Prada的世界可以首先从内部看起。这本书的章节依次是：过去、内部、舞台、产品、活动、场地、场景、外部、Prada+Prada基金会，它们凸显了品牌一季又一季各种大胆的实验。钉在墙上的面料小样、地上的纸样、缺胳膊的人台、最美的广告或者最隐秘的场景：一切都代表着这两位元首的荣耀。缪西亚解释说："越来越难吸引记者的注意力了。他们要的不是信息，只想听我们讲故事。"

Prada的每一个广告都围绕一个剧本展开：事先设定的氛围和模特的气质在这里起到非常重要的作用。服装就像是配饰一样，出现在为了打动各大洲的客人而编写的故事里。他们甚至请来了雷德利·斯科特[5]和罗曼·波兰斯基[6]为他们拍摄广告片。摄影师史蒂文·梅塞[7]拍摄了一个未来主义风格的动画短片，琳达·伊万格丽斯塔是其中的女主角。

他们公司的秀就像那些场场爆满的演出一样，深受期待。2012 ~ 2013秋冬季男装秀上，很多演员，比如阿德里安·布劳迪、威廉·达福、加里·奥德曼等都前往观秀。在他们之前还有蒂

---

❶ Peter Lindbergh，1944年11月23日 ~ 2019年9月3日。德国时尚摄影师和电影导演。作品中80%为黑白摄影，被誉为"最伟大的黑白照摄影师第一人"和"魔力诗人"。——译者注

❷ Norbert Schoerner，1966年出生的德国摄影师和电影制作人。——译者注

❸ David James，英国电影剧照摄影师，拍摄的电影有《碟中谍》系列、《星球大战》系列等。——译者注

❹ Hedi Slimane，1968年7月6日出生的法国服装设计师、摄影师。曾服务于迪奥男装系列、圣洛朗左岸系列、赛琳等品牌。——译者注

❺ Ridley Scott，1937年11月30日出生的英国导演、制作人。代表作《末路狂花》《角斗士》《火星救援》等。——译者注

❻ Roman Polanski，1933年8月18日出生的法国导演、编剧、制作人。代表作《钢琴师》《雾都孤儿》等。——译者注

❼ Steven Meisel，1954年6月5日出生的美国时尚摄影师，有时尚摄影教父之称。——译者注

姆·罗斯、杰昆·菲尼克斯、托比·马奎尔。然而Prada并不是一个亮晶晶的华服品牌，因为他们很少推出明星们走红毯穿的晚装款。但是很多明星都穿这个品牌的衣服：从乌玛·瑟曼到朱丽安·摩尔，从妮可·基德曼到麦当娜。在系列剧《欲望都市》中，莎拉·杰西卡·帕克穿的很多都是Prada，梅丽尔·斯特里普演的那部著名的电影中，凸显了好莱坞对普拉达夫人的风格的迷恋。她还参与了巴兹·鲁赫曼执导、莱昂纳多·迪卡普里奥主演的电影《了不起的盖兹比》，从自己的服装档案库中选了四十款进行修改，使之符合疯狂年代的审美。这位女设计师拒绝选定偶像，她的偶像就是女性们。另外还要补充一句“我的衣服都是想法”。

无论在米兰还是在巴黎，她的秀都在她的完美掌控之下。她在米兰小剧场度过的那些时光可没有白白浪费。从邀请卡的字体设计到观众们要坐的椅子的选择，从光影设置到模特的精致妆容，一个都不落。比如2012年春夏系列，这个系列从20世纪50年代汲取灵感，演化出色彩艳丽的女性主题和汽车主题，秀场被布置成像车库的样子，模特们从罗伊·利希滕斯坦[1]的画中一个个走出。这些穿着奶昔色调服装的美女们穿的凉鞋和拖鞋的细高跟上，装饰着未来主义设计的汽车尾灯。它们就像是电影《美国美人》的翅翼！摩托车手们喜欢的火焰纹出现在褶裥裙上，或者在泡泡糖色调的连衣裙和大衣的背面，呈现出一个特别玛丽莲的女性形象。这些媚俗的时装秀表达了品牌的哲学……它们是沟通的工具，充分表达品牌的形象定位。

在旧与新、传统与创新之间，一股令人耳目一新的能量在缪西亚的血脉中流淌。从Prada 到Miu Miu、从女性时尚到男性时尚，她每年要创作十五个左右的系列作品。她的服装和配饰已经被大家赞美了三十多年。对于她，每一次都会超出你的期待。以后的秀一定还会不停地带给我们意外的惊喜……

---

❶ Roy Lichtenstein，1923年10月27日～1997年9月29日。美国波普艺术家，美国艺术文学院成员，常以卡通人物如米老鼠、唐老鸭、大力水手等作为画中主角。——译者注

附　录

香奈儿小姐小课堂

对可可·香奈儿的未公开采访

1966年7月28日，记者乔·巴里（Jo Barry）在巴黎对香奈儿小姐进行了一次采访。这次采访的部分内容在瑞士洛桑的周刊《画报》（*L'Illustré*）上刊登。以下是全部内容：

加布里埃尔·香奈儿，著名的法国时装设计师，住在巴黎的康邦街31号。对于可可来说，Chanel时装屋既是住所，也是工作室和城堡。她已经在这里主宰了时尚五十年。也是在这里，她接受了我的采访。她话很少，但是一旦开口，说出来的话就很不留情面、尖酸刻薄，同时也能看出她内心深处对女性无限的爱，她希望她们变得值得尊重并且得到尊重，可爱并且被爱。

——我很难向一个陌生人讲述我的生活。我记得有一天，有两位年轻的美国记者想要采访我。他们说，他们想以向名人问三个问题的方式，开启他们的职业生涯。他们能向我提问吗？我同意了。第一个问题："您几岁了？"我回答说，这取决于在什么时间以及和谁在一起（在他们面前，我就像是千年老妖……）。然后我就发飙了："永远不要问一个不再年轻的女性关于年龄的问题，这么简单的道理你们难道不懂吗？回家吧，学好了怎么做人再回来见我！"他们向我道歉，然后就走了。门在他们身后关上的时候，我很想追上他们：因为我想知道他们的另外两个问题是什么。但是已经太晚了！

也许他们想问您对于我们所有人都焦虑的问题的看法：关于人类，无论男女的衰老问题？

——衰老的问题是生命本身的问题，没那么容易解决。

您是否真的认为我们应该从年轻直接进入老年，从而避免“中年”这个阶段？

——没错，我就是这么想的。

那我们应该在什么时候变老呢？

——四十五岁之后，没有人还能假装年轻……努力地掩耳盗铃，既愚蠢又肤浅。

可是您就是因为一直都能推出年轻的时尚而闻名于世。

——这意味着：让一位女性穿得尽可能的年轻。但是这并不是说要让所有人看起来都像十七岁。但是不管在什么年龄，您都可以是充满吸引力的。

如何做到呢？

——要用神秘取代年轻，不要尝试模仿洛丽塔。优雅并不是刚刚走出青少年时期的年轻人的特权，而是属于那些已经找到自己的平衡和个性的女人。她们不需要钱，她们应该拥有丰富的内心以及优雅。

那什么是优雅呢？

——首先，这不是钱的问题。优雅是庸俗和粗糙的反义词。一个人可能盛装打扮得过分夸张，但是优雅永远不会过分。如果您长得不好看，这种不好看最终会被人们忽略。但是如果您不修边幅，就会永远被记着。只要稍微做一点点的努力：减掉几斤赘肉，养成良好的站姿、走姿、坐姿。这不仅仅是打扮的问题；首先应该让您自身的存在让人欢喜。您可以保持魅力，这比美丽好多了，因为它更持久。有一天，X夫人来找我。她大概二十八九岁的样子。她很不高兴地对我说："看看这条皱纹，就是这几天才长出来的。"我对她说："别再盯着镜子看了，它已经不会再消失了。"

根据您的个人经验，您想对女性们发出怎样的信息？

——我说的也许会让您感到意外。简而言之就是，一位女子如果想要过得幸福，最好是遵循传统的道德规范。不这么做，需要很大的勇气。并且最终会走向孤独。没有人比我更清楚这一点，对一个女人来说，没有比这更糟糕的了。孤独会毁了她。相较于独自品尝孤独，还是和自己的丈夫在一起更好——哪怕他已经变得又胖又无趣。

那请允许我冒昧地问一下，您为什么一直没有结婚？

——我想，我的工作是一个原因。我爱的两个男人都并不理解我的工作。他们两个都很富有，他们不能理解已经有这么多财富了，为什么我还想要工作。但是我无法放弃Chanel时装屋，它就像是我的孩子，是我从零开始，用几块布一步步打造出来的。另外，离婚对于他们来说要花费大量的时间，而在当时，我们也都习惯了我们的关系。其他人也都是这样。"我们为什么要结婚？"我有一天对威斯敏斯特公爵说。那些夫妻们总是看起来互相厌倦的样子，这样的前景让我很害怕。我从来都没有遇到过好运气，也许除了十七岁的时候。您认识幸福的人吗？

对，有些个人，但是夫妻很少。也许在您内心深处，您追求的

不是幸福，而是您个人的充分发展。这是不是天才的本性？

——天才？（她笑了。）时装不是靠天赋做出来的。我们不是艺术家，我们是有品味的工匠。时装不是艺术，它是一个需要以非常严谨的态度对待的职业。不幸的是，时尚变化得太勤快了。为什么随着春夏秋冬的变化，时尚流行就要跟着变化？就我而言，我做的每个系列都是不一样的，每个系列都有变化。但是转变并不意味着走向另一个极端，落入可笑的境地。

如果有这个可能，您是否会对您的人生做一些改变？

——是的，当然。有时候，我应该换一种做法。我从来没有故意的想要伤害谁，但是事实上，我伤害了。我把有些人推向了灾难。我只想着我的工作。无聊始终都是我最大的敌人。我工作是为了打发无聊，而不是为了让自己变得富有。我已经足够富有了。我也不是为了女性而工作，我太了解她们了，尤其是那些无所事事的女子。她们的存在没有任何意义，她们已经死亡。

是否因为无聊才让您在1954年的时候重新开启时装屋的？

——是，也不是。也许是因为那个时期的时尚，它很荒谬地取决于裙子的长度，时而短、时而长。时尚当然是品味的问题，要有好的品味，而一条裙子的长度应该取决于腿。如果腿型漂亮，那就展现出来。如果不是，那就藏起来。这是最简单的道理。今天有些设计师无论如何都要露出女性的膝盖。但是有多少五十岁（甚至四十岁）的女性还有漂亮的膝盖的？非常少。那为什么要把它们展示出来？

那我们谈谈新风貌（New Look）？

——如果您想的话。这是男性对女性的又一次愚弄，这让我很生气。显然，您从来没有穿过迪奥的礼服。在那时，我的一个朋友有一件。当她第一次穿上的时候，她看起来非常不舒服。“您怎么了？”我问她。“有东西扎得我很疼。”她哀叹着，从上衣里取出了一条鱼骨！这些礼服都不需要女性来展现，它们自己就能站起来！然而时装不是建筑。一件连衣裙应该勾勒出女性的轮廓，并且让她们在活动中得到充分的自由。我一直都努力让女性感受到自己与时俱进，而她们的时代不是1900年那个时代。

您的灵感都来自哪里？

——我直接在人身上工作，我的灵感来自我的模特们。这也是为什么我经常更换模特的原因。我用一把剪刀和很多大头针工作。我画得很少，只有一些草图，是画给我的助手们的。画一件礼服并非是艺术。这需要品味和一点点技巧。我不喜欢业余爱好者。我很讨厌那些夸张的设计图，把模特画出了两米高的既视感，头只有大头针那么大。我再一次重申：我工作的时候，会在模特身上反复修改，直到我觉得这条裙子完全适合她为止。当有人跟我说一条裙子做得很好的时候，我立刻就想把它撕了。因为当它在模特身上调整的时候，它看起来总是好的。但是，还要考虑客人穿的效果！这才是成败的关键。这也是为什么我总是会先亲自试穿这些裙子，这是为了更好地知道，我是否可以就此做出一些复本。

说到复本，您是不是世界上被抄袭最多的服装设计师？这让您感到深受其扰吗？

——我觉得这不如说是值得高兴的事儿。一直以来，我都在被抄袭。您只要看看街上、店里，随处可见。我想说“太好了”。如今在法国，只有两三个人会做值得被抄袭的好东西。有人不喜欢被抄袭，有人注册了自己的商标。而我，正相反，我对此表示很高兴。那些抄袭我的人，证明了他们是有品味的。我一直都拒绝加入高级时装公会，我只会发展得更好。据说,80%的优雅女子都穿我的衣服，其他的……我认为，风格应该是有普适性的。流行易逝，风格永存。几个有趣的想法就可以变成一种流行，但是在一个新的服装系列中，它会很快被取代。风格是可以延续的，即便它也会演变。它就像是树。同一棵树，在每一个春天来临的时候，都有不一样的姿态。有人说我一成不变，那是他们不善于观察，无论是一条裙子还是一个棵树。裙子的面料是不同的、裁剪是不同的、工艺是不同的。

据说在战前的某一个晚上，您在仙乐斯餐厅里数到二十三件Chanel的裙子。但是您有没有说，里面只有一件是真的：我自己的那件!

——二十三？总是越传越夸张。大约就八九件吧。不管怎样，我觉得抄袭总好过偷窃。在法国有不下四万名小裁缝。如果不从我们中找想法，她们从哪里来想法？所以，就让他们抄去吧。我是和他们一个阵营的，而不是站在时装公司这一边。

您对于女性穿长裤这件事怎么看?

——长裤是我在几年前推出的，目的是为了让女子在田野里或者其他地方，也能感到舒适自在，同时又不失应有的风度。现在，所有人都穿长裤，不分地点，不分场合。如果要抄袭我，那要好好抄袭，要深入我的思想！我并不希望女人穿得像个男人。如果她穿得像个男人，行为举止也像个男人，那就完了。这里我不想点名，但是有那么一位非常著名的服装设计师，就是想把女性都打扮得奇形怪状，在这一点上，他做得非常成功。也许是因为他讨厌女性。这是我不能理解的地方，需要有人给我解释一下。用不了多久，就要在女性的嘴里套上马嚼子，然后跟她说，跑快点。我跟您说，她还真的会，而且我跟您保证，这一点都不好玩。对我来说，荒谬是致命的。

那香奈儿小姐，您对迷你裙有什么看法？

——女性们只要问自己一个简单的问题："露出衰老的膝盖会显得年轻吗？"年轻的姑娘想一下："露出丑陋的膝盖会变得漂亮吗？"女性不仅要学会观察一条裙子（要做到这一点，单单会量裙子的长短可是不够的），更要学会自我审视。穿着迷你裙的女人，坐下来的时候就很不自在。如果说现代就是要适应她的时代，那对于一条穿上它您就无法坐下的裙子（我在这里并没有想到羞耻心的问题），我们能称之为现代的吗？迷你裙和太短的连衣裙切断了大腿的线条——女性人体最美的部分之一。我说不！而且，您看那些穿着迷你裙的可怜的女人是怎么从她们的汽车里出来的？有一天，我的车子停得离步行道有点远。要下车，我需要一大步才能跨过排水沟，但是我穿了一条窄裙，所以就很难。看到我艰难的动作，坐在步行道边的两个工人大笑起来。从这天起，我就决定，我今后只做笑话别人的人，而不做被人笑话的人！

您对库雷热怎么看？

——在Balenciaga工作过几年的库雷热突然就冒出来了，还推出了一种风格。所有人都集体疯狂，追随他的潮流。他穿着白衣白鞋，但是我从来没在街上看到过穿着一身白的男人。他好像在地上铺了白色的地毯，墙上贴了白色的墙纸。所有这一切都象征着纯粹。有人相信这一套。当一个人很有才华，看到他如此糟蹋自己的才华，是件悲伤的事。

您对您的同行有什么建议？

——有些人做的东西是完全卖不出去的。他们是在浪费时间。这些设计师考虑更多的是自己，而不是他们的时装和他们的客人。

他们自命不凡，并且想用他们自创的新风格丑化女性。有些人用金属、纸张或者其他材料来做创作。我觉得这愚蠢、可笑又廉价。在我这里，您找不到任何这些极其荒谬的东西，无论是贞洁带还是塑料衣服。简直是噩梦。在我看来，裁缝这个职业就应该由女性来做。

您对伊夫·圣洛朗有什么评价？

——我知道圣洛朗在效仿我。所以，他懂得欣赏我，我觉得这很好。他设计的款式和我的很像，这证明了他很有品味。他越是效仿Chanel，越是能获得成功。也许有一天我会被取代，这样我会很高兴，因为我知道有个年轻人喜欢我所做的。

说说英国人吧，您应该对他们很了解？

——事实上，我的生活圈子里，大多数是英国人。我认识的那些英国人都很矜持保守。但是战争可能改变了一切。战争横扫了几代人。我很幸运认识了公爵，我们的关系维持了很长时间。他也是矜持而腼腆的，但是让我感受到了从来没有过的安全感。他整个人都给人一种非常安全的印象。他很理解我，当然，除了关于我的工作。我们俩在一起的时候，有时说英语，有时说法语。在那些年里，我从来没听到过他提高嗓门。我记得某一天，在苏格兰，我跟他表达了我想回家，回到巴黎的意思。第二天早上，在早餐时间我没见到公爵，只看到我的位子上有人放了一束花。"公爵先生去哪儿了？"我问他的老仆人。"他去打猎了。"他回答。然而，公爵并不喜欢打猎。这天上午他去打猎，是因为我让他生气了。

您是否想过将自己的人生写成传记呢？

——我对我的人生不感兴趣。而且，我也不是一个作家。我是一个经历过一些事的女裁缝，也许我的经历对其他女性来说有些意义。但是这还不足以让我做一个作家。

但是对于别人传说的关于您的故事，您不想说出事实吗？

——人们要怎么想，随他们去。当然，只要不是太令人生气就行了。

那么，如果您要写一本书，您会写什么？您想过这方面吗？

——是的，有时候。但是我工作太忙了，您知道的……而且，如果我说了实话，人们会恨死我的。但是不说的话，更糟。我想，有些专业的东西可以写……但是，我不喜欢像个业余爱好者那样做事……我仅限于在那些失眠的夜晚写上只字片语。

您有一句著名的格言说："某些情绪的缺失，会成就给人带来幸福的另一些情绪的实现。"是哪些情绪的缺失呢？

——主要是猜忌。猜忌是最阴暗的一种情绪，它毁了大多数人的生活。如果丈夫的私人生活没有妨碍夫妻之间的爱，妻子永远不应该去随便猜忌。

那男人呢，他们可以猜忌女人吗？

——有一天，公爵问我，当他不在的时候，我是否对他保持了忠诚。"是的，"我回答他，"除了在几个跳舞的场合。当我的舞伴太过胆大妄为的时候，我就不跳了。"在那个年代，当女人和别的男人跳舞的时候，男人们还是有猜忌的理由的。但是今天，每个人都是各跳各的。

您怎么看待夜总会?

——我对圣日耳曼德普雷很不熟悉，因为如今，我从不去那儿。夜总会，我不知道那是什么。从别人跟我说的来看，那是个可怕的地方，我想我在那儿待不过五分钟。别指望着我会去。这些俱乐部散发出一种无聊的气氛，大家都分享各自的无聊。有人来，有人走，有人坐着，有人看着。在我看来，它让人变得愚蠢。

您推荐年轻的姑娘戴什么首饰?

——就个人而言，我只戴假首饰。我觉得在自己的脖子上或者手指上戴着价值连城的钻石和祖母绿闲逛是一件令人反感的事。首饰不是为了让人炫富，而是为了装饰。一件做得很好的假首饰完全可以打败那些真珠宝，这就是我的目的。假首饰是一个让很多人就业的产业。但是要让它们比真的更真，是很难的。当一位女子将真的珠宝戴在身上的时候，就好比你让她用鲜花装饰自己。几个小时之后，它就凋零了。正是这些拥有真珠宝的人才更应该佩戴假首饰。但是她们都很蠢，这让我无法理解。我有一些真珠宝，其中有些还很有名。我从不戴它们。您看这块不规则的石头，它是一块从天上掉下来的陨石。一位中国的古董收藏家把它送给了我。这些中国人都很好。他们说，天上掉下来的东西是不能卖的。

香水之于女性意味着什么?

——香水是女性最重要的朋友。我们的生活离不开嗅觉。我想香水是一种奢侈品。哪怕是很淡的香水，轻轻一抹，若有似无，但是要选择正确，这很重要。保罗·瓦雷里曾经说过："选错香水的女人没有未来。"他说的太有道理了。一个女人用错了香水，这很可笑。一个女人不用香水，就是自负了，因为她以为自己的体香就能吸引别人。有一点"香喷喷的"，就像我小时候说的那样，这就太讨人喜欢了。

应该如何描述您那些著名的套装的面料？

——我有我自己的面料，是专门为我而设计制作的。其中有3/4来自苏格兰，质量非常棒，还没有在法国销售。谁都无法得到它们，除非使出一些不道德的手段。我知道在我发布新系列前，有人会去翻垃圾桶，试图找到哪怕一小块边角料，从而知道Chanel将推出什么，并且试图加以开发。他们这么做是很愚蠢的，因为他们不可能抄袭我所用的面料。

您在乎时尚评论员吗？

——在时尚评论员中，女性更加危险。她们对时尚一无所知，从纽约、伦敦、罗马或者汉堡来到巴黎，过几天舒服的小日子，等着收一些品牌为了她们之后写出来的文章不会太刻薄而为她们准备的伴手礼。自我从事时尚行业以来，我从来没有给这些女人付过钱或者为她们免费做过衣服。她们成群结队地来看每一场秀，服装和发型都很不讲究，完全没有女人味。她们又胖又丑，通常都很嫉妒那些模特的细腰和那些能买得起高级定制时装的女人，她们的评论都很糟糕。

您怎么看待高级定制时装的未来？

——关于高级时装的未来，大家谈论得很多。我一直都努力设计一些新的服装，让女性可以穿几年。我说我成功了，会显得自负吗？在为今年的女性提供服装的同时，也为她们的未来提供了服装。这就是风格的悖论。

参考书目

– **关于罗丝·贝尔坦**

GUENNEC (Catherine), *La modiste de la reine*, Jean-Claude Lattès, 2004

LATOUR (Anny), *Les magiciens de la mode*, Julliard, 1961

PEACOCK (John), *Le costume occidental*, Thames & Hudson, 2010

SAPORI (Michelle), *Rose Bertin*, *couturière de Marie-Antoinette*, Perrin, 2010

– **关于让娜·帕坎**

Elle, numéro 2294, 25 décembre 1989

BAUDOT (François), *La mode du siècle*, Assouline, 1999

SIROP (Dominique), *Paquin*, Adam Biro, 1997

– **关于让娜·朗万**

BARILLÉ (Élisabeth), *Lanvin*, Assouline, 2007

BERTERO (Ève) et GEORGE (Sophie), *Modes du XXe siècle*, éditions Falbalas, 2009

KODA (Harold) et MERCERON (Dean L.), *Lanvin*, éditions de la Martinière, 2008

ORMEN (Catherine), *Un siècle de mode*, Larousse, 2012

PICON (Jérome), *Jeanne Lanvin*, Flammarion, 2002

– **关于马德莱娜·维奥内**

CHAPSAL (Madeleine), *Madeleine Vionnet*, *ma mère et moi*, Michel Lafon, 2010

DALLOZ-RAMAUX (Sophie), *Madeleine Vionnet : créatrice de mode*, éditions Cabédita, 2006

DEMORNEX (Jacqueline), *Vionnet*, éditions du Regard, 1990

GOLBIN (Pamela), *Madeleine Vionnet : puriste de la mode*, les Arts décoratifs, 2009

KAMITSIS (Lydia), *Madeleine Vionnet*, Assouline, 1996

KIRKE (Betty), *Madeleine Vionnet*, Chronicle books, 1998

– 关于可可·香奈儿

BAUDOT (François), *Chanel*, Assouline, 2004

CHARLES-ROUX (Edmonde), *L'irrégulière ou mon itinéraire Chanel*, Grasset, 2009

CHARLES-ROUX (Edmonde), *Le temps Chanel*, Grasset/La Martinière, 2004

DELAY (Claude), *Chanel solitaire*, Gallimard, 1983

FIEMAYER (Isabelle), *Chanel intime*, Flammarion, 2011

GALANTE (Pierre), *Les années Chanel*, Mercure de France, 1972

GIDEL (Henry), *Coco Chanel*, Flammarion, 2002

LEYMARIE (Jean), *Chanel*, éditions de la Martinière, 2010

MORAND (Paul), *L'allure de Chanel*, Hermann, 1996

PICARDIE (Justine), *Chanel*, *sa vie*, Steidl, 2011

VAUGHAN (Hal), *Dans le lit de l'ennemi : Coco Chanel sous l'occupation*, Albin Michel, 2012

– 关于艾尔莎·斯基亚帕雷利

BAUDOT (François), *Schiaparelli*, Assouline, 1998

BAXTER-WRIGHT (Emma), *Le petit livre de Schiaparelli*, Eyrolles, 2012

BLUM (Dilys E.), *Schiaparelli*, ucad, 2004

SCHIAPARELLI (Elsa), *Shocking*, Denoël, 1952

– 关于妮娜·里奇

Elle, numéro 2311, 23 avril 1990

FRANÇOIS (Lucien), *Comment un nom devient une griffe*, Gallimard, 1961

HANOTEAU (Guillaume) et SAGAN (Françoise), *Il est des parfums*, Jean Dullis, 1973

POCHNA (Marie-France), *Nina Ricci*, éditions du Regard, 1992

–关于格雷夫人

BENAÏM (Laurence), *Grès*, Assouline, 1999

MEARS (Patricia), *Madame Grès : sphinx of fashion*, Yale University Press, 2007

SAILLARD (Olivier) et collectif, *Madame Grès : la couture à l'œuvre*, Paris-Musées, 2011

YOSHIDA (Daiho), *L'art de Madame Grès*, catalogue Japon, 1980

–关于卡尔旺

BERTIN (Célia), *Haute couture terre inconnue*, Hachette, 1956

DESFORGES (Michel), *Les lionnes de la Riviera*, Pygmalion, 2009

JOIN-DIÉTERLE (Catherine), SAILLARD (Olivier) et collectif, *Madame Carven grand couturier*, Paris-Musées, 2002

PAULVÉ (Dominique), *Carven, un demi-siècle d'élégance*, Gründ, 1995

–关于索尼娅·里基尔

ABÉCASSIS (Éliette), *Mère et fille*, Albin Michel, 2008

CASTILLO (Carmen) et PISIER (Évelyne), *Sonia Rykiel*, Grasset, 2001

CHAPSAL (Madeleine) et CIXOUS (Hélène), *Rykiel*, Herscher, 1985

MAURIÈS (Patrick), *Sonia Rykiel*, Assouline, 1998

PERRIGNON (Judith), *N'oubliez pas que je joue*, l'Iconoclaste, 2012

RYKIEL (Sonia), *Dictionnaire déglingué*, Flammarion, 2011

– 关于薇薇安·韦斯特伍德

L'*Express Style*，*Le sacre de Queen Viv'*，6 avril 2011

KRELL (Gene)，*Vivienne Westwood*，Assouline，1998

Madame Figaro，*Le sacre de Lady Vivienne*，20 mars 2004

MULVAGH (Jane)，*Vivenne Westwood : An unfashionable life*，HarperCollins，2003

Paris-Match，*L'extravagante miss Westwood*，19 septembre 1996

WESTWOOD (Vivienne)，*Fashion : Vivienne Westwood*，Taschen，2012

– 关于缪西亚·普拉达

Elle，n° 3013 du 29 septembre 2003

GRAVES (Laia Farran)，*Le petit livre de Prada*，Eyrolles，2012

KODA (Harold) et BOLTON (Andrew)，*Schiaparelli and Prada : impossible conversations*，Metropolitan Museum of Art，2012

LANFRANCONI (Claudia) et MEINERS (Antonia)，*Femmes d'affaires mythiques*，Dunod，2010

PARACCHINI (Gian-Luigi)，*The Prada Life*，Baldini Castoldi，2010

ROCK (Michael) et collectif，*Prada*，White star，2010

– 其他

BAUDOT (François)，*La mode du siècle*，Assouline，2006

BERTIN (Célia)，Haute couture : *terre inconnue*，Hachette，1956

DELPIERRE (Madeleine)，*Le Costume*，*la haute couture 1945-1995*，Flammarion，1997

LATOUR (Anny)，*Les Magiciens de la mode*，Julliard，1961

MENDES (Valérie)，*La mode depuis 1900*，Thames & Hudson，2011

SAILLARD (Olivier)，*Paris Haute Couture*，Skira Flammarion，2012

VINCENT-RICARD (Françoise)，*La Mode*，Seghers，1987

感 谢

作者在这里向费诺萨基金会、Lanvin公司的劳尔·哈里维尔（Laure Harivel）、瓦莱里·马丁（Valérie Martin）、Vivienne Westwood公司媒体部的杰西卡·莫洛尼（Jessica Moloney）、简·穆瓦格（Jane Mulvagh）、弗洛伦西亚·萨努多（Florencia Sanudo）、洛桑《画报》的卡罗琳·辛格（Caroline Zingg）和桑德琳·斯特罗比诺（Sandrine Strobino）、加列拉宫—巴黎时装博物馆图书馆文献中心的全体员工、福尼图书馆和伦敦维多利亚与阿尔伯特博物馆的全体员工、纽约大都会艺术博物馆服装学院媒体部的南希·奇尔顿（Nancy Chilton）、柯莱特·奥尔斯塔特（Colette Allstadt）和查尔斯·F·杜佩切（Charles F. Dupêchez）表达他诚挚的谢意。